《中国名人大传》
ZHONGGUO MINGREN DAZHUAN

李自成传

赵 波◎著

北京联合出版公司
Beijing United Publishing Co.,Ltd.

图书在版编目(CIP)数据

李自成传/赵波编著.—北京:北京联合出版公司,2013.11(2022.1重印)

(中国名人大传/马道宗主编)

ISBN 978-7-5502-2159-8

Ⅰ.①李… Ⅱ.①赵… Ⅲ.①李自成(1606～1645)—传记

Ⅳ.①K827=48

中国版本图书馆 CIP 数据核字(2013)第 253186 号

李自成传

编　著:赵　波
版式设计:东方视点

北京联合出版公司出版

(北京市西城区德外大街 83 号楼 9 层　100088)

北京一鑫印务有限责任公司印刷　新华书店经销

字数 230 千字　710 毫米×1000 毫米　1/16　15 印张

2013 年 11 月第 1 版　2022 年 1 月第 3 次印刷

ISBN 978-7-5502-2159-8

定价:49.80元

前　言

　　李自成（1606—1645 年），原名鸿基，陕西米脂人。其祖上皆务农，自幼家贫，以替人牧羊为生。因上不起学，故识字不多，长大后曾到银川当过驿卒。

　　明朝末年，陕北连年旱荒，农民纷起暴动。崇祯三年（1630 年）李自成因裁驿卒而失业，又因借贷被辱，遂投奔活动于四川的不沾泥张存孟。后因张存孟败降，自为一军。不久，李自成投闯王高迎祥，为八队闯将。崇祯九年七月，高迎祥在陕西盩厔（今周至）战败，被俘牺牲，自此，自成承袭“闯王”名号，转战于陕南及四川东北部地区。崇祯十一年，起义军败于梓潼，被迫出川北上。

　　崇祯十三年，河南省发生严重灾荒，农民纷纷暴动。李自成起义军针对明朝土地高度集中与赋税繁重的情况，提出“均田免粮”的口号。崇祯十四年初，李自成起义军攻下洛阳，杀明福王朱常洵。此后，李自成起义军在河南大败明朝陕西总督孙传庭的军队，明军主力被消灭，起义军控制了河南全省。李自成起义军成为明末农民起义军的主力。

　　崇祯十六年二月，李自成起义军攻下湖北襄阳，改襄阳为襄京，成立新顺政府。

　　十月，攻陷潼关，明军溃败，孙传庭战死。

　　崇祯十七年李自成起义军占领西安，即正式定国号为大顺，改元永昌，以崇祯十七年为永昌元年，并改西安为长安。李自成改名自晟，称王。同年二月，起义军分两路进攻北京。三月十九日，李自成起义军攻入北京。明思宗朱由检自缢于煤山（今景山），明朝灭亡。

　　李自成占领北京后，大顺中央政治机构在襄阳、西安两次建制的基础上加以补充，委派官吏。同时，李自成继续分兵略地，然后在新占领的地区委派地方官吏，建立基层政权。此时，大顺政权的北方劲敌只剩下驻防在山海关外的明总兵吴三桂了。后李自成进攻吴三桂失利，不得不败退回北京。

　　大顺永昌元年（1644 年）四月二十九日，李自成称帝后南下。同年九月至

九宫山地区时遭到地主武装袭击，壮烈牺牲。

　　李自成领导的明末农民起义虽然失败了，但它推翻了明王朝的反动统治，沉重打击了封建地主阶级，显示了中国农民反抗压迫的坚强决心和强大力量。

目 录

Contents

第一章　苦难年代 …………………………………………（1）

　一、政治腐败 …………………………………………（1）

　二、义军四起 …………………………………………（4）

第二章　自成出世 …………………………………………（9）

　一、出身贫寒 …………………………………………（9）

　二、拜师学艺 …………………………………………（10）

　三、自谋生计 …………………………………………（13）

　　1. 受雇富绅 ………………………………………（13）

　　2. 应募驿卒 ………………………………………（14）

　　3. 祸起李氏 ………………………………………（14）

第三章　揭竿而起 …………………………………………（18）

　一、投奔杨肇基 ………………………………………（18）

　二、加盟农民军 ………………………………………（19）

　三、明廷剿抚并施 ……………………………………（21）

　四、势力壮大 …………………………………………（24）

　　1. 崭露头角 ………………………………………（24）

　　2. 剿杀农民军 ……………………………………（27）

　　3. 移师中原 ………………………………………（28）

第四章　荥阳大会 …………………………………………（31）

　一、兵分两路 …………………………………………（31）

　二、陕西告急 …………………………………………（34）

三、转战河南 ·· (36)

四、荥阳大会 ·· (38)

五、凤阳之战 ·· (39)

第五章 号为闯王 ·· (44)

一、威望大增 ·· (44)

二、镇压农民 ·· (47)

三、联军作战 ·· (49)

第六章 连遭败绩 ·· (55)

一、九部入川 ·· (55)

二、专用杨嗣昌 ·· (57)

1. 制定作战方案 ·· (58)

2. 先抚后剿 ·· (59)

三、损失惨重 ·· (65)

四、积蓄力量 ·· (68)

第七章 东山再起 ·· (73)

一、张献忠复叛 ·· (73)

二、三家合兵作战 ·· (76)

三、杨嗣昌出京督师 ·· (79)

第八章 占领洛阳 ·· (83)

一、明廷加征练饷 ·· (83)

二、天灾人祸不断 ·· (87)

三、官逼民反 ·· (91)

1. 队伍壮大 ·· (91)

2. 招纳文士 ·· (93)

3. 攻占洛阳 ·· (95)

第九章 连战开封 ·· (100)

一、首攻开封 ·· (100)

二、大败明军 ·· (102)

三、永宁会师 ……………………………………………… （105）

四、二攻开封 ……………………………………………… （107）

　　1. 制造声势 …………………………………………… （107）

　　2. 激战开封 …………………………………………… （109）

五、郾城之围 ……………………………………………… （114）

六、襄城之战 ……………………………………………… （116）

七、三攻开封 ……………………………………………… （120）

　　1. 扫除障碍 …………………………………………… （120）

　　2. 围而不攻 …………………………………………… （120）

　　3. 朱仙镇大捷 ………………………………………… （122）

　　4. 水漫开封 …………………………………………… （123）

八、痛击孙传庭 …………………………………………… （127）

第十章　建制称王 ………………………………………… （131）

一、攻占襄阳 ……………………………………………… （131）

二、争夺郧阳 ……………………………………………… （135）

三、巩固地位 ……………………………………………… （137）

四、襄阳建制 ……………………………………………… （142）

五、觊觎皇位 ……………………………………………… （144）

第十一章　建元永昌 ……………………………………… （148）

一、角逐中原 ……………………………………………… （148）

二、鏖战陕西 ……………………………………………… （153）

　　1. 潼关大捷 …………………………………………… （153）

　　2. 占领西安 …………………………………………… （154）

　　3. 巩固后方 …………………………………………… （156）

三、编练童子兵 …………………………………………… （158）

四、建元永昌 ……………………………………………… （161）

五、清兵入犯 ……………………………………………… （164）

　　1. 攻略京师 …………………………………………… （164）

　　2. 进犯辽东 …………………………………………… （169）

六、明廷危亡 ……………………………………………… （177）

第十二章　进军北京 ·· （182）

　　一、王朝末日 ·· （182）

　　二、决议迁都 ·· （186）

第十三章　北京称帝 ·· （196）

　　一、皇室凄凉 ·· （196）

　　二、命归煤山 ·· （201）

　　三、闯王入宫 ·· （206）

　　四、令促称帝 ·· （209）

第十四章　大顺哀歌 ·· （218）

　　一、处处被动 ·· （218）

　　二、固守关中 ·· （220）

　　三、连遭失利 ·· （224）

　　　1. 潼关之战 ·· （224）

　　　2. 放弃关中 ·· （226）

　　　3. 亡命湖北 ·· （228）

第一章　苦难年代

一、政治腐败

在中国历史上曾发生过多次农民大起义，其中最重要的原因都是由于当时政治的腐朽。明朝末年之所以出现了李自成大起义，其主要根源是从万历皇帝以后政治日益腐败引发的。

在万历年间，初期只有张居正当政时治理得还比较好。他推行多方面的改革，特别是一条鞭法的实行，使国家财政收入大为增加，国势不断增强。张居正死后，朝廷的腐败倾向迅速发展起来。腐败主要表现在三个方面：一是皇帝不理政事；二是用大量宦官充任矿监、税使，对全国实行史无前例的大搜刮；三是朋党之争日趋激烈。

万历皇帝在位四十多年，居然有二十多年不上朝。在诸事都需皇帝"宸断"的封建时代，皇帝整天宴居深宫，不见朝臣，势必导致人心涣散，政事荒废。万历皇帝十分宠爱郑贵妃，就好比唐玄宗宠爱杨贵妃一样，整日于宫中宴饮，过着深居简出、醉生梦死的糜烂生活。大臣三番五次地请他出朝，他都谎称有病，加以拒绝。在宫中他却是"每餐必饮，每饮必醉，每醉必怒。左右一言稍违，辄毙杖下，外庭无不知者"。臣下的奏章他不去处理，有些大臣看不惯皇帝的行为，便上一封辞任的奏疏，不论准否，即挂冠而去。各衙署有很多官职缺额，他也不给增补，倒认为少一份官职就可以少支出一份俸禄。新考中的进士得不到委任，犯人也没人去及时审理，监狱里边长满了青草。这种怠政之风很快蔓延开来，上行下效，使得明政权处于止而不前的状态。各级官吏更是趁势贪赃枉法，中饱私囊，损公肥私。

万历皇帝还是一个贪婪成性的金银狂。为了满足自己的欲望，他任命宦官为矿监、税使，对全国进行疯狂大搜刮，许多工商业者和普通百姓因此而倾家荡产。各地时常发生反对矿监、税使的民变，全国哗然。

　　万历皇帝不仅宠爱郑贵妃，也十分喜欢她的儿子朱常洵，他一心想废掉皇长子朱常洛，立朱常洵为皇太子。朝廷中大臣围绕着拥立皇储的"国本"问题明争暗斗，各植党羽，水火不容。所以，明后期的"党争"问题便愈演愈烈，直到国家灭亡。特别是天启年间，魏忠贤为首的宦官专权，东厂特务横行不法，气焰嚣张。一些无耻官僚趋炎附势，给魏忠贤歌功颂德，到处建生祠，甚至呼魏忠贤"九千岁""九千九百岁"。他们勾结为"阉党"，残害东林党人，想贬就贬，想杀就杀，朝政渐渐破败不堪。崇祯皇帝继位后，开始还想大有作为，除掉了魏忠贤，定阉党"逆案"，朝政为之一振，大有复兴之势。只是好景不长，崇祯皇帝又重新开始起用宦官，门户之争或明或暗不停地进行。有些忠臣即便想为国尽力，在那种乌烟瘴气的形势下也难有作为，甚至含冤而死。

　　辽东女真的兴起是造成明后期社会经济危机的另外一个主要原因。女真万历年间在努尔哈赤领导下迅速崛起，接连不停向明朝军队发起进攻。明军节节败退，损失十分惨重。到崇祯皇帝继位时，辽东绝大部分已被清军占领。辽东战局成了满朝瞩目的头等大事，消耗了明朝大量的人力和物力。清军还时常破关而入，入塞南下，搞得举国上下一片恐慌，崇祯皇帝只得号召全国各地兵马"勤王"。崇祯二年（1629年）底清兵内犯，李自成就曾经作为勤王兵由甘肃入卫。为了对付辽东事变，明朝廷不得不增兵加饷，这就使得老百姓的负担更重了。本来明后期老百姓的苦难已经非常深重，百姓已忍无可忍，到处发动武装反抗。这种对老百姓加派等同于火上浇油。各种加派让国家的元气大伤。正像杨鹤向崇祯帝奏言所讲，"加派频仍"，使"小民元气伤"；由于连续不断战争，明军屡遭失败，"封疆之元气伤"；朋党相互倾轧，加害善类，"士大夫之元气伤"。明王朝就如一个"重病初起"的病号一般，应削减加派，以加强元气。崇祯帝与朝中大臣都认为杨鹤讲的有理，但加派还是照常征收不误。为了镇压烽火四起的农民暴动，明廷除加派"辽饷"外，还加派了"剿饷"和"练饷"。这等于是另一轮的火上浇油。如此恶性循环，老百姓的苦难越来越深重，明王朝也由此一天天土崩瓦解。

　　此时的官场也已非常黑暗，各级官吏完全到了贪得无厌的程度。官员利用行贿升官，升了官之后返过来再更多地贪污受贿，上下都是如此。在崇祯帝刚刚即位之时，给事中韩一良就曾向崇祯帝痛陈此事：

　　　　陛下平台召对，有"文官不爱钱语"，而今何处非用钱之地？何官非爱钱之人？向以钱进，安得不以钱偿？以官言之，则县官为行贿之首，给事为纳贿之尤。今言者俱咎守令不廉，然守令亦安得廉？俸薪几何，上司督取，过客有书仪，考满、朝觐之费，无虑数千金。此金非从天降，非从地出，而欲守令之廉，得乎？臣两月来，辞却书帕五百金。臣寡交尤然，余可推矣。

以上所描述的是当时官场的普遍状况。形形色色的加派已把老百姓逼得山穷水尽，再加之各级贪官污吏巧立名目的搜刮，老百姓的日子也就可想而知了。

到了明朝后期，国家的财政情况基本上陷于崩溃，只能一再"加派"，使得民穷财尽。各级官员借加派之风，中饱私囊，乘机搜刮百姓，更加重了人民的负担。如此，整个国家的百姓完全陷于困苦之中，而陕北最重。由于陕北地处黄土高原，土地贫瘠，雨量稀少，农作物产量极低。上面加派是按亩征收，不管土地肥瘠。陕北一带土地比较开阔，加派的负担比其他地区要重。加派都是征收银两，而陕北的工商业比东南沿海地区落后许多，用粮食换银子十分困难。这也无形中增加了当地百姓的负担。陕北属边防要地，驻扎的军队特别多，老百姓分摊的徭役也特别重。这里的军事长官多是阉党成员，克扣军饷十分严重，竟然积欠士兵的银饷多达三年之久，因而经常激起士兵哗变。这从另一方面加剧了当地的社会矛盾。

明末水利失修，大大减弱了抗御自然灾害的能力。崇祯皇帝曾问身边的大臣："水利为什么不修?"大臣答曰："修理需要钱粮。"崇祯帝以百姓"穷困已极"，不便再"扰民"，便把修水利的事慢慢放下。时间一长，遇到大旱，灾情就显得非常严重。当时留下了很多有关饥荒惨状的描述，即便今天读起来，仍让人毛骨悚然，难以置信。

崇祯二年（1629年），原籍陕西的官员马懋才上奏，陈述陕西饥荒的状况。老百姓先是采食山间蓬草，继而剥树皮为食，后来又掘食山中的青叶石。食青叶石的人没几天就会下坠而死。后来，小孩子一出门就不见踪影，听说是被人吃掉了。

这是一幅多么悲惨的饥荒图！老百姓的日子已穷困潦倒到如此地步，朝廷还要一再加派，"严为催科"，最后只能把老百姓逼上造反的道路。

除了明廷向百姓的加派外，各级军政部门还有名目众多的临时性摊派。《春明梦余录》的作者孙承泽在给崇祯皇帝的奏疏中就曾经讲道："臣待罪县令时，倏奉一文，取豆米几千石，草几千束，运至某营交纳矣；倏奉一文，买健骡若干头，布袋若干条，送至某营交纳矣；倏奉一文，制铜锅若干口，买战马若干匹，送至某营交纳矣。并不言动支何项钱粮，日后作何销算，惟曰迟误则以军法从事耳。"地方上的贪官污吏还借此暗中加派。由于这种毛贼太多，并且贪心太大，因此给老百姓造成的负担和苦难就更加严重。

没完没了的搜财刮民迫使大批农民逃亡。地方官为了征购足够数额，他们还制订了相应的惩罚措施，一户逃跑则由其他九户补足，二户逃跑则由其他八户补足，九户逃跑则由所剩下的一户补足。这样一来，更造成全村的农民逃散一空。他们毫无目的地从这村逃到那村，由这县逃到那县到处流浪。

身强力壮的人还可辗转就食，老弱病残的人及妇女儿童只能坐以待毙。人们出于求生的欲望，凡是可以吃的东西都找来充饥，不论吃下去的结果怎样。其中有些老百姓吃观音土、青叶石，也只能延续几天的生命。有史料记载，当时豫西的老百姓有的争食雁粪。最让人目不忍睹的是，在北方地区到处都有人吃人的惨状。有人公开在集市上买卖人肉，"每斤价钱六文"。还有人在家里腌制人肉，以"备不时之需"。有的人饿晕在路上，立刻就有人割他身上的肉吃。偶尔有人呵斥制止，拿刀割肉的人便说："我不食人，人将食我。"说者坦然，恬不为怪。一个进京赶考的举人发现，一个妇人一边烹煮小儿，一边哭。他上前去问道，女人回答说："此吾儿，弃之且为人食，故宁自充饥耳。"这种悲惨的情景一直在这个举人的脑中出现，很长时间吃不下饭去。

吴伟业在崇祯时任翰林院编修，入清之后任国子监祭酒，相当于现在的大学校长，他就详细记载了一些人吃人的事例：崇祯七年，"永宁民苏倚哥食父母"；南阳县贫民百姓郭廷玉的老婆霍氏，"以母而食女"；山西闻喜县的杨雷，"以父而食子"；张河图等十三人"杀人母子而并食"。他还写道，黄河南北"数千里白骨纵横，民父子相食"。这种凄惨的图景实在是催人泪下。

二、义军四起

正因这样，才迫使农民一次又一次地发动大规模造反运动。明末的李自成大起义也是在这种形势下爆发的。

那时社会上流传着许多恐怖的传说及预示着不祥的征兆。甚至有人向崇祯帝上书，说"崇"字不吉利是"山"压"宗"，应把它颠倒过来，把"宗"写在上面，把"山"写在下面，立刻能改变命运。连草木虫鸟好像也出现妖形。河南的草"生战斗状，有人马形"，都像"披甲执矛，驰驱纠结"。山东商人去淮南买卖花豆，"及出卖，如人首然，耳目口鼻咸具。"另外，花草树木好像都与过去长得不同，都长有妖形。许多鸟似乎也出现了怪样。在崇祯六、七年间，凤阳突然发生"恶鸟数万，兔头，鸡身，鼠足"，肉能当食吃，但如有人一摸鸟骨立马便死。

崇祯二年，北京宣武门外一百姓家喂养了一只白鸡，重四十斤，一个孝廉（明清两代对举人的雅称）看到后，说这鸡长的不象鸡，而是鹜，"所见之处亡国"。看似很平常的事，在崇祯时就会被议为不祥之兆。这从一个侧面也反映出，全国上下已对明王朝完全丧失了信心，一场大的社会动乱已经来临。

在古代历史上，任何一个事件的发生都不是偶然的，往往是由于诸多原因汇合的结果。明朝末年的农民大起义以陕西为中心，除了以上诸多因素外，还与当时裁减驿卒和勤王兵士的哗变有关，这些人后来都成了农民军中的骨干。

最初，设置驿站是为公务往来便利而提供交通工具和食宿。一般官员不能私自利用驿站。这一制度在初期能够严格执行，到了后期几乎已无制度可言。官宦人家往来道路，任意役使驿卒，不仅要为他们准备车马等交通工具，而且还常常受他们的敲诈勒索。驿站的人力物力原本无几，对这些人无尽的勒索难以应付。更为严重的是，地方官暗中克扣驿站的经费，使驿卒贫困不堪，甚至连驿站的马匹都无法供养。明末史籍中有许多瘦马走死道旁的记载。有的史料很具体地说到克扣驿站经费的情况："安定站银五万有奇，每发不过一二千金。县令例扣四百，余始分给驿所。"依此推算，驿站只能得到应得经费的百分之三四。这就可以想象驿站是如何的困苦不堪了。在几乎无法维持下去的情况下，整顿驿站的呼声变得越来越高。

崇祯二年，崇祯皇帝按照给事中刘懋的奏请，下令大量裁减驿卒，原本由驿站负担的一些差役转嫁给本地老百姓。崇祯皇帝认为，这样可以节省一部分开支，以补充日益捉襟见肘的军饷。据《明史·魏呈润传》记载，通过削减驿站和驿卒，明廷一年下来，节省驿站银六十万两。当时，明廷还特别颁布了一些章程，针对从前弊端采用了一些新方法，"以疏民困"。但是，由于吏治几乎败坏到无法收拾的地步，这些新制度不过是一纸空文。利用裁驿卒来补充军饷，无异于剜肉补疮。驿卒的薪水虽然少得可怜，但毕竟还是他们的一笔固定的生活收入。与老百姓到处流浪、生活无着的情况相比，驿卒的这点微薄收入也是很宝贵的。很多被裁减下来的驿卒无以为生，便纷纷加入农民造反队伍。李自成自身就是个驿卒，他的队伍中就有许多他当年的同伙。

崇祯二年（1629年）十月，清兵分三路大举入侵，连续攻陷遵化、滦州、永平等地，直逼北京，大肆烧杀掳掠。崇祯皇帝仓惶失措，急令各地官兵火速勤王。清兵的这次内犯对明王朝造成很大影响，其主要表现在三个方面。

首先，这次内犯虽然于次年春天撤退，但清兵对京畿一带大肆掳掠一

通，满载而回，给当地本已很微弱的经济又雪上加霜。

其次，这次内犯让辽东防务形同虚设，变得更为虚弱不堪。本来，在名将袁崇焕的领导下，辽东防务一度有所转机，并在宁远重伤了努尔哈赤。这次清兵躲过山海关，从遵化、蓟县一带南下，接连攻破许多州县。刚上任没几个月的遵化巡抚王元雅惶恐之下自缢身死，还有山海关总兵赵率教战死在遵化，兵部尚书王洽因失利被下狱。京师戒严，全国上下一片混乱。辽东督师袁崇焕立刻率师增援，可是崇祯皇帝中了皇太极的反间计，最后竟将袁崇焕下狱处死。辽东总兵官祖大寿非常害怕，匆忙率领队伍返回山海关。如此辽东防务更加虚弱。

第三，各地将领响应号召率兵勤王，减弱了地方上的防御力量。勤王兵不断发生哗变，并且有些人参加了农民起义军，为明末农民大起义的队伍增添了力量。当时，西到陕西、甘肃，南至湖广、江西，到处有将士赴京师勤王。山西离京师很近，山西巡抚耿如杞带领总兵官张鸿功以劲兵五千人最早赶到。按照军令，勤王兵到达第二天确定防地以后，才能领到军饷。耿如杞率兵赶到后，兵部命令他们守通州，第二天又调昌平，第三天又改调良乡。因防地多次变动，军士三天没拿到军饷。于是，饥饿的勤王兵特别气愤，于是就近抢掠，哗变离去。崇祯帝认为耿如杞和张鸿功治军不力，将二人下狱论罪处死。随之五千劲卒一哄而散，逃往山西，其中有许多人参加了起义队伍。甘肃巡抚梅之焕总兵官杨嘉谟率兵入卫，有位叫王进才的士兵率众哗变，杀死参将孙怀忠，逃回兰州。梅之焕只好回过头来镇压这次哗变，然后再赶往京师。等到他赶赴京师时，清兵已撤退到关外去了。参加哗变的士兵有不少人变成了造反农民军的主要力量。"其溃卒畏捕诛，往往亡命山谷间，为群盗，贼势益张"。因此，镇压农民军的明廷军士，这时变成了反抗明廷的骨干力量。崇祯三年，李自成和农民军由陕西进入山西，就与这些哗变的军士有密切关系。

天灾人祸连续不断，小民百姓无以为生，若有人登高一呼，应者便会云集。各地"盗贼"叛乱的事接连发生，使明末社会渐渐陷入严重的混乱之中。

这种动乱的日子自万历后期就已开始。那个时候，各地的白莲教徒活动十分猖獗，并且不时建号称王。到天启年间，动乱的规模越来越大，范围越来越广。天启二年，山东的徐鸿儒率白莲教徒起义，并建年号"大成兴胜"，设官建制，起义人数达到十多万。他们还一度把京杭大运河的漕运切断，也得到四川白莲教的积极响应。这次起义虽然后来被镇压下去，但它给明王朝二百余年的统治敲响了一次警钟。在天启皇帝在位的七年时间里，全国各地大大小小的农民起义几乎是接连不断。假如说，万历末年和天启年间的政治气候已经阴云密布，并不断传来雷声的话，那么，崇祯年间就进入了雷鸣电闪、急风暴雨的时期了。

崇祯帝即位那年，在陕西澄城发生过以王二为首的农民武装起义，从而拉开了以陕西为中心的明末大起义的序幕。

崇祯皇帝即位当年是天启七年，陕西一带发生了严重的旱灾。澄城及邻近的白水县原本就地薄民穷，多年的旱灾迫使老百姓大批流亡，使得这里的大片土地荒芜。明朝官府不仅不对老百姓进行赈济，反而不断向当地的老百姓追逼钱粮，进行敲骨吸髓式的榨取。澄城知县张斗耀就是这样一个善于逼钱粮的地方官。这年本来是个灾年，张斗耀秋后仍继续向饱受饥荒之苦的农民追逼钱粮。白水县农民王二率领满腔怒火的饥民冲入县衙，杀死了澄城知县张斗耀，后来逃到山里，聚集山中，继续与官府对抗。饥饿的农民纷纷加入抗议队伍，人数越来越多。王二第一次与官府抗衡时，他带领的数百人"皆以墨涂面"，意思是让官府找不出造反的人是谁。王二不是胸怀大志的人，他只是劫掠官府，抢夺仓库，以求一饱。他们在蒲州和韩城一带到处劫掠，并一度攻破宜君县城，并将狱中的犯人全部释放，一部分犯人也就加入到王二的队伍中。当时在陕西任巡抚的是胡廷宴，年老庸惰，特别讨厌别人向他汇报农民造反的事。各县派人向胡廷宴报告农民叛乱，他甚至命衙役将通报的人痛打一顿，说农民造反兵不过是一群饥饿的群氓，不久就会自散。后来农民造反的规模越来越大，胡廷宴这才重视起来。他自己吓得惊慌失措、束手无策，便说是边兵带头暴动，要延绥巡抚岳声和来处理。岳声和尤其害怕别人说"边兵为盗"的话，把责任又都全部推给内地。两边巡抚互相开脱隐瞒，使事情的发展未能得到及时控制，最终致使农民起义的星星之火终成燎原之势，熊熊燃烧起来。当时天下承平日久，突然之间农民起来造反，人无固志，官府懈怠，这给农民军的初期迅速发展提供了有利时机。

王二造反如同在遍布干柴的陕西大地放了一把火，火星溅到之处便烈焰顿起，于是很快便呈现出烽火连天的局面，越发不可收拾。

同年冬天，府谷县农民王嘉胤伙同杨六郎、不沾泥等起义，先是到处劫掠富家粮财。地方官派兵丁前往捕治，他们便武装反抗，遂"聚为盗"，走上了造反的道路。不久王嘉胤和王二汇合一起，兵力达到五六千人，在陕北的黄龙山一带活动。

于崇祯元年起事的农民军有许多支。如，高迎祥起事于安塞，自称"闯

王"；王左挂起事于宜川，与他同时的还有苗美、飞山虎、大红狼等；王大梁起事于汉南，自称大梁王，很快聚集了三千多人，攻克了陕西的略阳，并且曾一度逼近汉中府的所在地南郑县。

在此后的两年时间里，陕西各地的农民起义军更是数不胜数。据明末清初的有关资料记载，当时大大小小的农民起义队伍不下一二百股，小的有几百、上千人，大的上万人，甚至达到数万人。与此同时，在山东等地也发生了许多农民起义，由于当地驻军较少，因而哗变的兵士也较少，起义的规模远不如陕西大。其中比较著名的有：紫金梁、神一魁、神一元、混世王、老回回、闯塌天、过天星、满天星、蝎子块、上天猴、独行狼、点灯子、整齐王、黑煞神、乱世王、二郎神等等，难以详举。

也就在此时，号称八大王的张献忠和号称"闯将"的李自成都拉起了队伍，投身到起义中来。

第二章 自成出世

一、出身贫寒

万历三十四年（1606 年）八月二十一日，李自成出生在陕西米脂县李继迁寨。李继迁寨东距县城大约二百里，是个荒凉偏僻的小山村，总共才有几十户人家，住的都是土舍或窑洞。李继迁寨又叫李继迁宅，因为这里是西夏国的建立者李继迁的诞生地，后来就以李继迁的名字命名。李继迁的孙子元昊还正式称了皇帝，定国号为"大夏"，当时曾长期和北宋争战。李自成就自称是李继迁的后人。看来李自成还真有点帝王血统。只是到了李自成这时已经过去了六百多年，整个村子都已破落得不成样子。当然，李自成家自然也是相当贫寒。

李自成的曾祖父李世甫，祖父李海。父亲李守忠，又名李印、李务。祖孙几代都是单传，人丁不旺。李守忠为了改变这种状况，很想多生几个儿子。李守忠本来有个儿子，叫李鸿名，但李鸿名的母亲早死，李守忠遂又娶石氏。石氏到李家后多年未育，李守忠很着急，遂偕同石氏一起到华山进香，祈求神灵赐给他们一个儿子。后来，石氏果然生下了李自成。据历史记载，在李自成出生那天，李守忠梦见一个壮士骑马突然闯入他家，"长啸数声，周绕其室"，醒来时李自成即降生。他的母亲也做了个梦，梦见一骑马人到他家，所以就给李自成起了个"闯儿"的乳名。一月后，李自成的嫂子也生了个儿子，名字叫李过。李过后来混名"一只虎"，后又改叫李锦，成为李自成起义后的得力帮手。天命之年的李守忠接连添子、添孙，自然十分高兴。因此他给孙子起了个乳名叫"双喜"，意即双喜临门。李过出生后三个月，父亲李鸿名就得病死去。接着没过几年，他的母亲也改嫁了。这样，李自成虽曾有过一个哥哥，但对李家来说还是形同单传，一根独苗。

李自成祖上几代都以务农为生。李守忠也是个忠实厚道的农民，没有其他收入，全靠几亩薄地来养活一家人。陕北一带天旱雨少，土地贫瘠，是有名的穷地

方。因此李自成小时候经受了艰苦的生活。所以史书记载，李自成"少孤贫"。他当时除了帮着父母干些农活外，还曾经给大户人家放过羊，当过酒佣，还学过打铁。可以想像，小时的李自成必然是饱受艰辛。

据史料记载，李自成一家在农村中还不算是最贫穷的。他的父亲李守忠死了前妻后，又娶了至少比自己小十几岁的石氏，并且还有能力领着石氏不远千里到华山进香祈子，由此可以看出，这绝不是一贫如洗的农民所能办得到的。还有，李自成家自有墓地。当他的祖父李海去世时，先挖墓三穴，填两穴，用一穴，用黑碗点墓中灯。这在当时当地应是个中等之家。在李自成七八岁时，李守忠曾经送他和李过一起到私塾读书。但是，叔侄二人却不喜欢读书，而喜欢耍枪弄棍，李守忠还因此专门给他二人请了个武师。可以说，李自成家当时虽算不上富室，但也不是最穷困的，在正常年景尚可勉强度日。

二、拜师学艺

李自成最初的名字叫鸿基，长大后，决心要"自成自立"，遂自行改名为李自成，号鸿基。据《明史》记载，李自成高颧骨，"鸱目曷鼻，声如豺"，按照老百姓的通常说法，嗓音尖细如豺的人性情往往凶狠。李自成身材高大，力气过人，使他具备了成为一代枭雄的最基本条件。

除了"自成"和"鸿基"两个名号以外，他还有另外一些名号，分别是"黄姓子""黄来儿""枣儿""碾生""李自晟"等等。较为著名的还有"闯将""闯王"诸名号。

李自成虽说曾经在私塾读过书，但因对读书毫无兴趣，最终是学而无成。他却对练武特别感兴趣，于是父亲专门给他请了武师，便专心练起武来。这在某种程度上可以说决定了他后来一生的道路。

在李自成七八岁时，李守忠就把他和李过送到私塾去上学。李守忠艰辛地抚养着两个孩子，生计已相当困难，但他还是勒紧腰带，供孩子上学。在封建时代农家的孩子要想出人头地，似乎唯有读书这一条途径。"朝为田舍郎，暮登天子堂"的荣耀虽然有些可望而不可及，但它依然如同磁石一般强有力地吸引着试图改变命运的人们。在李守忠看来，孩子们一旦书念得好，就可以堂堂正正地为李家创下一个鸿大的基业，前途无量，即使不能金榜题名，至少也可以认几个字，是个读书人，可以在乡下不受别人的凌侮。但令李守忠老汉伤心的是，这叔侄二人似乎都不是读书的材料。不仅在私塾喜欢与人打架斗殴，而且一有机会就跑到外面，同其他孩子们摔跤斗勇。逃学成了他们的家常便饭。他们经常挨先生的板子，有时李守忠气极了，也关起门来揍他们。

尽管李自成叔侄二人调皮捣蛋，还是在私塾里待了五年。在李自成十三岁那年，母亲去世，父亲也已是六十多岁，家境越来越困难。他和李过一天天长大，反而更不听约束，李守忠也管不住他们。他们时常和几个年龄相仿的朋友一起在外玩耍，还偶尔到酒馆里喝喝酒。其中有个孩子叫刘国龙，和李自成同龄，二人相处得最投机。陕北地处三边，许多老百姓是养马户，为军队提供战马。这使得李自成自小就善于骑马。他和刘国龙等人经常到野外骑马奔驰，十分开心，比在私塾里读四书五经快活多了。这样，李自成的学业更加荒废，对读书也越来越不感兴趣。尽管如此，李自成还是粗通文墨，成为他后来纵横天下的重要资本。据记载，在雨过云收后，他的老师出上联："雨过月明，顷刻顿分境界。"李自成能够对出下联："烟迷雾起，须臾难辨江山。"李自成还曾写过一首《咏螃蟹》：

> 一身甲胄肆横行，满腹元黄未易评。
> 惯向秋畦私窃谷，偏向夜簖暗偷营。
> 双螯恰似钢叉举，八股浑如宝剑擎。
> 只怕钓蟹人设饵，捉将沸釜送残生。

从这首诗中可以清楚看出，文笔不足，带有几分粗豪，但毕竟还有些诗韵。与那些目不识丁的草莽英雄相比，李自成算得上是一个有文化的人了。有一天，李自成与李过、刘国龙三人一块喝酒，慷慨激昂地说道："吾辈须习武艺，成大事，读书何用！"打那以后，他们就暗地偷偷地拜师练起武来。

同伙中有人想离开，走读书科举的路，遭到李自成的讽刺嘲笑。李自成认为，世道太黑暗，社会上贿赂公行，要想金榜题名，不仅要书读得好和文章写得好，而且还要有钱行贿。对普通百姓子弟来说，那只能是可望而不可及的事。他想利用自己身强力壮的优势，凭武艺横闯天下，那要比读书科举痛快得多。

有一天，李自成杀了一只鸡，当做牲礼，和刘国龙、李过一起去关帝庙，模仿桃园三结义的故事，三人要结拜朋友，准备一块到外边闯天下。根据李自成的提议，三人要比武力。他们在神座前停放着一座铁炉子，重七十三斤，李自成上前抓住一手举起，绕殿转了一周，遂放回原处。刘国龙扎紧

腰带，也走上前用一只手来举，铁炉原封不动，用两手抓住才勉强举起，只走了五步，支撑不住把铁炉放下。轮到李过，他用一只手奋力一举，也没有举起，像刘国龙那样用两手举起，走了十多步就停了下来。李自成又一次走上前，用一只手举起，又绕殿一周，放回原处。一个道士路过此地，看到这种情景感到很惊讶，对李自成讲："你父亲一生做事行善，所以才有了你，你要继承父业。"李自成大声说道："大丈夫要闯天下，自成自立。若守株父业，还是男子汉吗！三岁前，曾梦伟将军呼予李自成，今即改名自成，号鸿基。"从此以后，李自成这个名字就开始使用了。刘国龙、李过和李自成他们三个人一年生，刘国龙和李过看到李自成的力量如此大，都甘拜下风。他们三人以后在一起无论干什么事，都以李自成为老大。

李守忠听说他们三人经常在一起喝酒玩耍，耍酒疯惹是生非，特别生气，便把李自成和李过叫到一起，把他两个人训斥一通，并准备延请个严厉的老师来管教他们。李自成不愿意受那种约束，便一个人偷偷离家跑到延安学武去了。他听说延安有个懂武术的罗教头，过去是军队中的将领，武艺高强，就拜他为师，和其他徒弟一起练习武艺。别看李自成在私塾经常逃学，但练起武来却十分卖劲。他天天和师兄弟奔逐骑射，玩刀弄棍，非常高兴。

李自成在延安只练了四个月，武艺颇有长进，便给李过和刘国龙寄信，要他俩一起来练武。李自成的父亲正为不知自己的儿子的下落而着急，突然间从李过那里见到那封信，这才知道李自成在延安学武。正月十六日是个吉利日子，李守忠于是起身去延安找李自成。李自成当时正练单刀，刚入门径，不愿随父亲回家。罗教头看到他父亲辛辛苦苦地找来，也一再劝李自成回去。李自成拗不过，只好随父亲回了老家。但他回家后，觉得在家是虚度光阴，便又生出想去练武的想法，甚至想和刘国龙、李过一起偷跑。李守忠发现后，看这样也不行，三个月后便从延安把罗教头请到自己家中，专门教他们三人练武。李自成当然十分高兴，练得非常起劲，进步很快。这使他的身体变得强壮起来，为他以后纵横天下打下了基础。

陕北是军事要地，历代王朝都曾在这里驻扎重兵，这里的民风也特别强悍。对于李自成来说，这段练武的经历非常重要，在某种程度上决定了他一生的命运。因为中国武术不仅讲究强身健体，而且特别重视武德。一般讲，自己懂武术，不得轻易伤人，而且要扶危济贫，除暴安良。同时，李自成通过学习武术也学到了为人处世的一些原则，比如不贪财、不好淫、要大度为人等。这为他以后成为农民起义领袖提供了有利条件。

三、自谋生计

1. 受雇富绅

李自成的青少年时代谈不上幸福。他很小就替父母分担起谋生的责任，可谓是饱尝艰苦，还时常受到大户人家的污辱。这使他从小就对大户人家充满着仇恨和敌视。

在明代，米脂县位于延安府绥德州。李自成的老家在延安北约四百里处，属于陕北地区，是历史上有名的苦寒地方，那里不仅天旱少雨，土地瘠薄，而且庄稼的生长期比较短。这就注定了粮食产量低，再加之大片土地让官府占为军屯地，稍好一点的地块又大多被大户人家所拥有，普通百姓的穷困就可想而知了。

当地的农民还有个忧患，即流经当地的无定河经常改道，给老百姓造成难以想象的灾祸。老百姓之所以称这条河为无定河，就是因为它经常不定期改道的缘故。时间一长，这条河原来称作"圁水"的名字反而被人们忘掉了。李自成的老家还是著名的古战场，诗句"可怜无定河边骨，犹是春闺梦里人"，就是描述当年在这里征战的情景。这种环境使得老百姓的生活极其困苦，李自成自然也不例外。

为了谋生，李自成给当地有钱人家姬家和艾家放过羊。后来，李自成还先后当过酒佣、锻工、雇工。李自成 20 岁时，他父亲去世了，养家的重担自然就落在了他身上，怎样的苦他都能咬牙承受，什么苦活、累活都得去干。18 岁时他和李过都结了婚，他是当叔的，又年长于李过一点，自然要比李过多操心，多干活。有史料记载李自成的经历道："丧父，为酒佣，日沉醉，主者遣之去。学锻，又不成。为人耕田，常枕耒而卧，不事事。"史籍记载简略，从这些简略的记载也可以看出，李自成干过许多营生，但经营得都不怎么好，他似乎也不愿干好，心里总想干点能让人瞧得起的事情。命运常常捉弄人，尽管他体魄强壮，还是免不了受富户人家的羞辱。

艾氏是当地的富户，也是颇有一定势力的乡绅。他家大门外有石坊，李自成中午经常躺在上面睡午觉，袒胸露背，颇不文雅。艾乡绅出门送客人，发现李自成在自家石坊上睡觉，心中十分生气，把李自成狠狠痛骂了一顿。李自成生气，第二天故意在艾家大门口撒尿，结果让别人看见了。几个庄丁把李自成抓住送到艾家院内，一顿毒打，打得皮开肉绽，后来又把他拴在一根柱子上大半天，饥渴难熬。这时，艾家的小儿子出来了，手里拿着馅饼，李自成也不讲男子汉的尊严了，低声下气地向这个孩子要剩下的半块馅饼吃。艾家的小儿子边骂边说："我宁肯喂狗，也决不给你吃！"然后把饼扔在地下，接着用脚在上边踩了几下，扬长离去。李自成受到如此羞辱，恨得咬牙切齿。

据记载，李自成在姬家放羊时，因饥饿难忍，竟偷杀过主人的羊，同几个小伙伴饱餐了一顿。主人知道了此事，便将李自成暴打一顿，"鞭之见血"。大概李自成明白是自己做了错事，以后他当了闯王之后，并没有因这事报复姬家。李自成的这种行为深受当地老百姓称颂。

2. 应募驿卒

陕北地处三边军事要地，有很多驿站。李自成 21 岁时，应募到银川驿当驿卒。银川本作"阋川"，因为"阋"与银同音，而"阋"字生僻，人们便习惯把"阋川"叫作银川。银川驿就在米脂县内，离李自成的老家约二百里。驿卒的任务是传递公文，护送来往官员和重要宾客，护送重要物资。这是一种特别苦的工作，一有公务，不论刮风下雨，都必须准时出发，若出点差错都要受到官府的严惩。驿卒的工资却很低，一天不超过工银三分。当时粮价飞涨，这点工钱也只能养活个人，根本不能养家糊口。这种工作在经济上虽没有太大收获，但却使李自成大开了眼界，接触了官府的许多事，增长了不少见识，使他对明王朝的腐败现象有了深切的感受。

李自成当驿卒也干得不顺利，经常出事故。也不知为何原因，他骑的驿马连续死了好几匹。驿马死亡是要赔偿的，这对连生活都保障不了的李自成来说，可不是一件轻松的事。死马的事还未了结，李自成又丢了要他投递的公文。好在他本人"能得众"，很多人为他说好话，打掩护，总算没丢掉驿卒这份差事。

3. 祸起李氏

由于做驿卒的收入不能养家，李自成不得不借贷。在那穷乡僻壤，向人借贷钱粮不那么容易，尤其是在歉收的年头，借贷就更加困难。艾家是当地的大户，只有他家有钱粮可借。李自成虽然十分痛恨艾家，甚至暗自发誓要报复艾家，但还是只能强忍着到艾家去借贷。李自成从艾家借了钱，却不能按期偿还。艾家发令让使邑令把李自成鞭打了一顿，并给他戴上枷锁，让其在烈日下暴晒并站在大街上示众。至此，李自成和艾家真成了一对冤家。艾家后来出了个艾万年，做官至副总兵，是镇压李自成起义军的著名的武将。真可谓是一波未平，一波又起，李自成在外边接二连三出事，这时自己家中又发生了一桩命案。原来，李守忠担心李自成在外边闯祸，便想趁早为他娶个媳妇。起初亲戚朋友介绍了几个，李自成都嫌人家不漂亮，没同意，并说自己要找个漂亮的妻子。李过不大苛求，所以结婚反而比李自成早。在十八岁那年，李自成娶了一同姓女子为妻，被称为"一盏灯"。

"一盏灯"，是一个刚到县中的名妓，容貌很是妩媚，举止也极其妖冶。一日，李自成见到"一盏灯"李氏，不禁魂飞魄散，当晚强行要李氏留髡。李氏惧怕自成凶横，只得勉强答应。谁知县役毛四，也相中了"一盏灯"李氏，经常到李氏的妆阁中去鬼混。李自成让"一盏灯"留宿后，岂能轻易地放弃，便假装喝醉了酒，和李氏纠缠。县中的富户子弟，听说李自成常往"一盏灯"家里缠扰，吓得他们裹足不前。好好的一个名妓，搞得门前稀疏冷落。鸨儿厌恶李自成蛮暴，偷偷贿通了县中书吏，借以事故，将自成重责，重重打了五十鞭，并责令人前去奉劝自成，别再去惹"一盏灯"。自成大怒，蛮横地去找"一盏灯"李氏问话，走进门去，发现毛四坐在那里，他见自成进来了，忙起身打招呼。自成忽然变下脸儿，向毛四大声嚷道："今天县尹打了我五十鞭，不是你串通出来的吗？"毛四惊异道："我和你是好友，怎能让你受刑！不要冤枉了好人。"自成想了想说："此话也有理。我明天慢慢打听清楚再说。"于是命李氏设上筵席，叫"一盏灯"出来侑酒。自和毛四开怀畅饮。席散，毛四辞别，自成又住在"一盏灯"家中。到了第二天起身，竟大摇大摆地出门去了，也不给半个钱来。那鸨儿把自成恨得咬牙切齿，一时却无奈何他。

过了一天，自成打听清了鸨儿贿嘱书吏、责打自己五十鞭的事，就邀请毛四，一块到"一盏灯"家里，照旧置酒对饮。自成狂饮了几杯，露出一副酒醉的样子，猛地拔出明晃晃的一把尖刀来，大声道："这是啥地方，老子也花钱来玩的！你们为什么贿通了书吏，让县尹来打我五十鞭？俺今天与你们决不善罢甘休！"说罢，又拿出两封银子，向桌上一放道："你们不要当俺是白玩的，银子有了，可恶的鸨儿，可要吃俺两刀子，才肯饶她！"自成一边说，一边握了尖刀，快步要去找那鸨儿，把"一盏灯"慌做一团。毛四知道自成的脾气，他说得出是做得到的，万一酒后失手，弄出人命来可不是好玩的。于是毛四忙把自成抓住道："你且忍耐，我叫鸨儿来赔礼就是。"那"一盏灯"也跪在地上忙哀求着。自成这才坐下了，消了气，由毛四唤鸨儿出来，对自成叩头认罪。自成趁势把两眼一瞪，大声骂道："你可知罪吗？"那鸨儿忙应着。自成将桌上的银子，朝地上一掷道："那么这银子你且拿去了！"鸨儿推辞再三，不敢接。毛四忙说道："李大爷赏给你的，你不会嫌太少吧？"鸨儿被毛四一说，只得连忙拾起银子，谢了自成往后面去了。等到酒席散去，已有三更多。"一盏灯"料想自成必要留宿，谁晓得这天自成竟不留宿，同毛四说说笑笑回衙中去了。

第二天一早，自成忽与毛四雇一乘青衣小轿，去"一盏灯"李氏家中，拉着李氏便走。鸨儿见势头不对,哭哭啼啼地挡住门口,不放自成出去。自成恼羞成怒道:"你昨晚已收了俺的身价银子,却不让俺领人吗?"鸨儿吃惊道:"昨日统共两封,共五十两银子,李大爷说赏给我的,怎么成了身价银子了?"自成笑道:"俺不是有钱有势家子弟,岂有平白无故地赏你五十两银子?你自己在那里白日做梦!"不由分说,将鸨儿拉在一边,迫着李氏上了轿子,飞也似的逃走了。鸨儿怎么能舍得?刚想要去追,毛四叫住她说道:"这姓李的是个混子,不要命,你和他较量,不可能占到便宜。还是认了吧!"鸨儿大声嚷道:"我这辈子还要仗着这义女为生的,如今被他劫了去,我该怎么活啊?"毛四说道:"那也没办法,你如果再和他没完,连那五十两也要没有了。"鸨儿听了这话,愣了半天,叹口气回到里面收拾收拾,垂头丧气地回扬州去了。

随后,李自成给李氏在县署旁租了一间房屋。在娶李氏时,毛四曾帮过忙,所以李自成很感激他,两人的关系也因此更加密切。但毛四对于李氏,依然是贼心不死。李氏又是个水性杨花的女人,常常同毛四眉来眼去,使得毛四想入非非,心神不定,不时借口来到李氏住处,暗中和李氏勾搭。只要李自成不在家,毛四就悄悄地来和李氏相会。时间一长,李自成已有些察觉,但碍于面子,便半聋半痴的装做不知道。

久而久之,毛四嫌偷偷摸摸的不畅快,便想出种种办法,常常密令书吏,将自成差往外省公干。毛四和李氏两个,就能够和夫妻一般,天天双宿双飞。及至李自成公毕回来,闲了没几天,又要他往山西去。李自成虽然心里不愿意,只是不好违忤。从此李自成在外的时候多,在家里的时间少。一次,李自成又要奉差往兰州。出得城来,忽然想起了一把护身的腰刀忘在家中。有些本领的人,出门远行时都带着器械自卫。于是,李自成匆匆返回家,见大门没有上闩。推门进去,里面静悄悄的,毫无声息,李自成心中疑惑,就悄悄地来到了内室。房门闭着,里面却有笑语声。自成从门缝向里一瞧,看到李氏和毛四拥在一块儿,谈笑饮酒。两人亲密的状态,真是艳羡煞人。李自成看到这里,不由得怒火中烧,抬脚向门上踹去,轰隆一声,那房门直坍下来,吓得李氏扑倒在椅子里,毛四也惊得连酒杯也摔在地上。说时迟,那时快,李自成直抢进来,从壁上摘下那口腰刀,直向毛四斩杀过来。毛四见状,急忙拾起一把椅子,去接李自成的刀。那知李自成用力过猛,这一刀剁在椅子上,把椅子劈做了两半。刀口顺势下去,正好将毛四的左臂削去。毛四痛得倒地乱滚。李自成抢上一步,踏住毛四的胸脯,一刀戳在毛四的胸中,鲜血往上直冒,毛四立即咽气死去。李氏顿时吓得花容惨白,跪着求饶。李自成一把拉起李氏道:"毛四这厮,已经死了,你且起来给俺侑酒。"李氏见自成不杀她,胆子就比以前大了。这时装出一副柔媚的姿态,百般奉承李自成。李自成谈笑欢饮，叫李氏脱了衣裙，一边饮酒，一边嬉笑调谑，备极绸缪。李氏以为李自成并无杀她之意，渐渐放肆起来。此时，蓦见李自成取过腰刀，狞笑着说道："你喜欢和毛四寻乐，你就去找他吧！"李氏未及反应过来，李自成的刀尖，已搠入了李氏的下体，向上一挑，噗的一声，把李氏削成两半。李自成杀了毛四和李氏，知道自己犯了弥天大罪，便匆忙打点起行装，一口气奔出大门，和侄儿李过一起向甘肃奔去。

他们叔侄二人先逃到绥德，在绥德有李自成以前的朋友，一个姓钟的武生。朋友便把他们安置在一个僻静的窑洞中歇宿。到了晚上，下起了大雪。窑洞里空荡荡的，显得格外寒冷，手脚几乎都要冻僵了。李自成实在受不了，就想弄些柴禾，生火取暖。但是附近没有什么柴禾，他们便来到附近的一座文庙中。庙里供着许多牌位，都是木板做成的。二人实在找不到其他柴禾，没有办法便把这些牌位收起，抱到窑洞中当作劈柴烧了起来。到第二天就坏事了，古代圣贤的牌位居然被他们烤了火，实在是大逆不道。二人马上被众人扭送到官府，被关押起来。还好总算没受到太严厉的惩罚，只是二人戴着枷，在街上游街示众后就释放了。叔侄二人这时 23 岁，在绥德是没法待了，于是他们决心到外边去闯天下了。

第三章　揭竿而起

一、投奔杨肇基

李自成和侄儿李过在绥德闯了祸，被戴上大枷示众。二人于是便从绥德来到甘肃，投奔总兵官杨肇基部下当兵。甘肃的小股农民起义时有发生，杨肇基总是派亲兵前去镇压。这些亲兵也同造反的农民一样，有机会就抢劫一通。李自成却与众不同，他不抢劫，还将他擒获的一些壮士偷偷放走，谓"东海舟头，亦有遇处"。当时各地的武将都特别留心网罗勇武之人，以便为己留用。李自成身材高大，强壮有力，又学过武术，所以深受杨肇基的赏识，很快提升为总旗，总统五十人。总旗虽只不过是个小头目，属下人员也不多，但对李自成来说，这也算是个施展抱负的机会。

甘肃东部有警时，李自成便自告奋勇，前去镇压。他心想，这些起义的"响马"中有不少英雄人物，可趁机结识几个，遇事时必有用处。当时高迎祥正率领百余人在陕甘边境一带活动，自称"闯王"，颇有英雄气概，时出劫掠。李自成在当地连续搜索了三天，连高迎祥的影子也没见着。忽然，身着白袍白巾的高迎祥带领着几个人来到李自成军前，并大喝道："高闯王在此，速让道！"李自成骑在马上对高迎祥说："看你也是条汉子，为何要做强盗呢？我是奉命来捉拿你。"高迎祥厉声喝道："能者来战！"遂飞骑前来。李自成迎战，他们对打了好大一阵，二人武艺不分高低。李自成便停下来说道："自古好汉识好汉。观汝状貌，定非凡品。可下马相见，有一言相告。"二人遂下马叙礼，并走到一个土山上结拜为兄弟，发誓"患难相扶，富贵共享"。二人依依惜别，李自成用杀他人报功，于是升任把总。

崇祯二年（1629年）底，清兵内犯，甘肃巡抚梅之焕和总兵杨肇基率兵去京师勤王，以王参将为先头部队，李自成和他的挚友刘良佳都变成了王参将的部下。他们二人发现王参将是个庸才，在他手下做事颇不甘心。李自成暗地对刘良佳说："宁为鸡首，毋为牛后。"刘良佳说："昔郭子仪本行伍中人，后为天下大元帅。我二人有才如此，宁忧不富贵！"李自成笑着说："大元帅何足道？汉高祖、刘知远、我太祖皇帝，岂祖宗传下天子？也是平空做成事业的人。杨王将安识吾两人！"这一席牢骚话一方面反映了李自成不甘居人下，很想有番作为，另一方面，也反映了当时远道行军，时间急迫，带着辎重，非常艰辛。再说，去北方与清兵作战，也是件很危险的事。这段话也说明，李自成想趁机另谋生路。

李自成等勤王兵来到金县时，县令竟避暑不出。王参将欲见县令，好大一会儿不见县令出来，有些士兵按捺不住便在庭中大叫大吵。王参将把大声喧哗的六个士兵臭打了一顿板子，其中有三人是李自成的手下。李自成听到后十分恼火，便和刘良佳一块儿赶到县衙，将县令捆绑起来，准备去见杨总兵。出来正好遇上王参将，二人便合伙将王参将杀死。这样一来，李自成二人在官军中已无法生存，便投奔起义军王左挂去了。

二、加盟农民军

其时，也就是从这时开始，李自成就投靠到造反队伍中来，时间大致在崇祯三年（1630 年）正月间。

王左挂造反较早，是继王二之后起事的较有势力和较有影响的农民军，在陕北怀宁河一带活动，起义兵很快发展到三四千人。王左挂也叫王子顺、王之爵，号称"横天一字王"。李自成知道王左挂的势力较大，便最早投到他的军中，并充当他手下的一个小头目，号称"八队闯将"。王左挂率众南下劫掠韩城，明廷总督杨鹤率兵来剿，王左挂的部下损失较惨，便逃往清涧一带。在官兵的追剿下，部下损失严重，便接受了官军的招抚。李自成不同意这样做，便愤然离去，投到张存孟军中。

张存孟也不是个成大器的人，也没什么策略，在洪承畴的围剿下，接连失败，便主动向官军乞求招抚。为了向官军表示自己的诚意，他还背叛朋友，杀害自己的同伙。张存孟活动在延绥一带，时而投降官军，时而反复，后来终于被洪承畴所擒杀。李自成看他胸无大志，也不能容人，只在张存孟手下待了两三个月，便领着李过和自己的一小部分人马投靠高迎祥去了。

大约于崇祯三年四五月间，李自成就已和高迎祥联合在一起共同作战了。高迎祥号称"闯王"，在当时各支农民起义队伍中实力是较强的一支。他是陕西安

塞人，在崇祯元年发动起义。因为他较有谋略，心胸开阔，大家都十分愿意和他联合起来共同作战。如"曹操"罗汝才，"革里眼"贺一龙，"争世王"刘希尧等一大批著名的农民军将领，当时都首推高迎祥，联合作战。李自成和高迎祥是结拜兄弟，自然备受高迎祥的重视。

　　大明朝廷对陕西各地农民纷纷起义颇为震惊，便调集能干的将领率重兵前往镇压。崇祯二年正月，明廷即命杨鹤为三边总督，围剿各路农民起义军。年底，崇祯帝又任命洪承畴为延绥巡抚，配合杨鹤进剿。陕西近年连遭旱灾，再加上官府加征勒索，老百姓已困苦不堪。官府对农民军采取剿抚并用的两面策略，有的被镇压下去，有的受抚招安，但大部分则流动到邻近的山西一带。崇祯三年年底，在陕西的各支农民起义队伍大都相继进入山西。高迎祥和李自成这时也都在山西一带活动。

　　较早起事的王嘉胤被杀后，"紫金梁"王自用人马较多，实力较强。各路农民军便共推紫金梁为首，大家一起协同作战，结成所谓"三十六营"，共同对付明朝军队。像高迎祥、张献忠、罗汝才等都是各营首领。这时的李自成兵力尚弱，但他也是三十六营的首领之一。由于各地农民军都聚在一起，力量就强大起来，声势更加浩大。"紫金梁[名王自用]，复纠众起兵三十六营，号二十万"。由于各地农民军都有相当大的独立性，强者为王，如果谁的势力强大，威信高，便推举谁为雄长，以利于协同作战，长期共存。闯王高迎祥和闯将李自成二人关系虽比较密切，但并不是从属关系，都自领一营，他们有时单独行动，有时则联合起来对付官军。

　　各营的情况也千差万别，有的纪律较严明，有的纪律就较差。他们的粮饷来源，大都是劫掠而来，他们劫掠的主要对象是各地富室大户。高迎祥还曾经把自己抢来的漂亮女子邢氏送给李自成为妻。由此也可见，二人确实有着一种不同寻常的亲密关系。

　　各营为了扩大自己的力量，甚至硬逼着一些青壮年加入自己的队伍。总体而言，这些农民队伍基本上是饥寒所迫的农民自发组成的，也有少数人是被迫加入的。据记载，有的农民队伍抢劫后，还要放上一把火，称为"放亮儿"。他们将抢来的财物要乡民送到营中。如果他们想让你入伙，就拿着刀问你愿不愿意加入。如你不识相，不愿意去，他们就说："那我就送你回去！"便一刀将你杀死。如你愿意入伙，他们还要问有没有妻子儿女，如没有，也就完了，如果有，还要问想不想老婆孩子，倘如说想，他们也会一刀将你结果了。凡是新抓到的人，一定要捆绑到第五天才会放开你。如你逃跑后又被抓回来，要么割去耳朵，要么黥其面。另一方面，官兵如果遇到这些人，就会说他们是造反的贼，抓到长官那里去请赏。这些人就往往会被"斩首示众"。如此，即使有些人不愿加入农民军，只要被农民军抓去，也不得不入伙。这种现象只是少数，而不是普遍现象。在那良莠不齐、鱼龙混杂的时期，个别起义军首领采用这类做法也并不为奇。但李自成部却大不相同，他在各营首领中是较有心计的一个，他不仅勇力过人，而且有谋略，"御众严，号令一，领一军不敢仰视，以敌制胜，雄于诸寇"。正因如此，他的人马也壮大得特别快，李自成部逐渐成为最强大的一支。

总体而言，这些起义的农民大都是出于生活所迫，他们把矛头指向地方贪官污吏和富家巨室，很少人有想要推翻皇帝这样的远大志向。恰恰相反，他们大都自认为自己是朝廷的子民。起义军从人数上看起来好像很多，但真正能冲锋陷阵的人不多。因为他们绝大多数都是逃荒的饥民，抱着"吃大户"的想法，想在军中混饭吃而已，所以往往拖家带口。因此，这些农民军的战斗力与他们的人数并不能真正成正比。当明廷对他们"赦罪招安"时，他们就往往会接受招安，投降明廷。当生活再次无着落时，一遇到机会便又会再次起来造反，使明廷伤透了脑筋。所以，在明廷剿抚并用的情况下，李自成和其他农民军一样大都经历了分化、组合，再分化、再组合的过程。

三、明廷剿抚并施

面对烽烟四起的农民起义，明廷与各级地方官都主张围剿和招抚并用的原则。但是，在具体实施中是以剿为主还是以抚为主，就存在着很大的区别。崇祯三年（1630年）初，杨鹤接替武之望为陕西三边总督，掌管镇压农民造反一事。当时王二、王大梁等最先造反的农民军已被官军镇压下去，但接下来起义军却越来越多，大有"野火烧不尽，春风吹又生"气势。杨鹤上任后发现，陕西一带灾情严重，成千上万的饥民到处流浪，纷纷加入到造反的队伍中来。官军虽竭力镇压，却是劳而无获，收效甚微。杨鹤并不是一个很懂用兵的人，感到靠军事手段难以取得较好的效果。崇祯二年底，清兵内犯，陕西的精锐部队奉命赴京师勤王，杨鹤更感到兵力不足，镇压农民军更加力不从心。于是，杨鹤便主张在剿抚并用的总原则下，采用以抚为主的方针。

在镇压李自成等农民起义军的过程中，杨鹤及其儿子杨嗣昌是非常知名的人物。杨鹤是湖南武陵（今湖南常德）人，曾任御史、巡按、右佥都御史和巡抚等

职。天启年间时，魏忠贤忌恨杨鹤袒护熊廷弼，把杨鹤的职务罢免。崇祯帝继位后，重新启用杨鹤为左副都御史。杨鹤刚刚复官就上书崇祯帝，认为从万历做皇帝以后国家元气大伤，就好比人大病初起一样，"风邪易入"，应重在培养元气。朝廷的大臣们都认为他的话切合时弊。《明史》上记载他"素有清望，然不知兵"，基本合乎杨鹤的情况。大概也正是由于杨鹤的这种特点，所以他主张对起义军以抚为主原则。

招抚要完全收到实效，就要让这些被流浪的饥民生活有着落，能够生存下去。不这样的话，他们受抚过后还会造反。所以，剿需钱粮，抚也需钱粮。为此，杨鹤在给崇祯皇帝的奏疏中说得很清楚透彻：

> 盖解而散，散而复聚，犹弗散也。必实实赈济，使之糊口有资，而后谓之真解散。解散之后尚须安插，必实实给与牛种，使之归农复业，而复谓之真安插。如是，则贼有生之乐，无死之心，自必贴然就抚。抚局既定，剿局亦终。……费之于剿，金银一去不还，且斩首太多，上干和气。费之于抚，金钱去而民在。活一人即得一人性命，盗息民安，利莫大焉。

当时，朝廷中大臣有一部分人坚持这种主张。崇祯皇帝也说："寇亦我赤子，宜抚之。"并拨发帑银十万两，作为"招抚流贼"费用。这时已是崇祯四年初，李自成、高迎祥和张献忠等大部分农民军已调转入山西活动，留在陕西的农民军力量大都偏弱。杨鹤以抚为主的方针得到崇祯帝认可后，他便派人持牌四处活动，对各支农民军全面招抚，一时间奏效。各支农民军纷纷表示愿意招抚，接受安置。例如黄虎、小红狼、一丈青、龙红水、掠地虎、郝小泉等，都给免死处置，安置在延绥河西一带。杨鹤最成功的收获还是招抚神一魁一事。当时，神一魁是陕西各支农民军中势力最强的一支，起义军多达六七万人。杨鹤为了招抚神一魁，先将其女婿招至自己帐下，和他"同卧起"，以示真诚相待。此法果真有效，神一魁得知后果然投降。崇祯四年（1631年）四月十六日，神一魁亲自赴宁州觐见总督杨鹤。杨鹤摆出一副恩威并施的架势，把神一魁的所谓罪行数落一番，并要他发誓，保证日后不再起事，然后宣布赦免，将其部下解散，发给饥民印票，遣返回家。一时间，留在陕西的各支农民军几乎全部接受了招抚。杨鹤首先向受抚的农民军宣读崇祯帝的诏谕，然后让他们宣誓，保证今后不再谋反，随后发给他们一些钱粮，将他们遣散回乡。

杨鹤的这种做法一开始就遭到名将洪承畴和杜文焕等一些人的反对，有时他们虽不敢公开反对，但对杨鹤的政策也不认真执行。洪承畴和杜文焕他们都主张以剿为主，认为只有使起义军害怕官军，然后才能将他们招抚，这时的受抚才是真受抚。洪承畴在陕北一带严加督剿，一些起义军首领感到走投无路，居然"招徕二十八寨"，都自觉自愿就抚。杨鹤将神一魁的降兵安置于宁塞，而在宁塞镇守的杜文焕不相信神一魁真心受抚，准备完全将其剿灭。杨鹤则下令说："官兵妄杀一贼者，以两兵偿。"杜文焕认为神一魁由于是被自己击败才受抚，让神一魁安置于宁塞无异是养虎贻患。但对于杨鹤的严令，杜文焕也不敢违抗，便停止了对神一魁进击。他感到在宁塞待着不安全，就带自己家人离开了宁塞。不久，杜文焕不知为何得罪杨鹤而被免职。

这种招抚政策共推行了四五个月，很快即陷于瘫痪状态。一方面，去往山西一带的李自成等各支农民军拒绝受抚，力量一天天壮大，成为明廷的心腹之患。另一方面，由于用在招抚方面的钱粮太少，根本不能解决这些起义农民的生活问题，故时降时叛，反复无常，使招抚的局势无法长期维持。为此，有的大臣还在奏疏中对崇祯皇帝算了一笔账："……赈臣携十万金往，度一金一人，止可活十万人。而斗米七钱，亦止可活五十日耳。皇上宜敕赈臣回奏，前十万金果足乎？不则当早沛恩膏，虽内帑不宜惜也。"让皇帝拿钱粮去救济饥民，无异于虎口谋食，于是，这种杯水车薪式的救济自然无济于事。尽管杨鹤费尽心机，绞尽脑汁，勉强坚持了几个月的抚局，最终因难持久，不免以失败终结。

招抚政策坚持不下去的根本原因在于，明廷没能从实际上解决造反农民的生计问题。应该承认，杨鹤的招抚政策开始还是有一定效果的。当时很多造反的农民的确是考虑生计问题，只要有一线生路，他们是不想铤而走险的。当他们回乡后，仍是衣食无依无靠，官府的各种征收依然"猛如虎"，自然他们就会重新回到反抗的道路。

受抚较早的小红狼、一丈青、掠地虎诸部，也是"降叛不常"，有的甚至"淫掠如故"。正当杨鹤艰难维持抚局的时候，点灯子、浑天猴等几支农民军又从山西返回陕西，一举攻破金锁关，杀死了驻守都司。到了七月间，已经受抚的上天龙、马老虎、独行狼等重新反抗，攻占鹿州。杨鹤只好率兵亲去镇压，上天龙又率领部下大约二千人投降。这时的抚局本来就是个烂摊子，到了无法收拾的地步。而主剿派的官员又不配合，甚至诱杀刚刚受抚农民军首领。例如，崇祯四年四月间，洪承畴就命令贺人龙以设"鸿门宴"为名，"降人入谢，伏兵斩三百二十人"。这就让受抚农民军不免疑虑。他们有的名义上受抚，但实际上并不解除武装，甚至不时劫掠富室，也就是所说的"打粮"。一遇到风吹草动，看到架势

不对，便立即"剿掠如故"，继续同官军对抗。七月底，势力较大的神一魁部也反叛，并占领宁塞，在众多官兵的围攻下，他的部下黄友才突然叛变将其杀死，向官府邀功请赏。没几天，黄友才也叛变。实际上，神一魁部的复叛标志着招抚政策的彻底失败。

当时，有些大臣头脑比较清醒，认为无论是剿还是抚，最根本的问题是让农民生活下去。例如职方郎中李继贞，他于崇祯三年十月上疏，请官府赈济陕北饥民："皇上以数万金钱而活数十万生灵，福泽莫大焉；活数十万生灵，而农桑复业，赋税常供，所获不止数十万金钱也，利益莫大焉。"他同意发粮，而不能发钱，这样可以"抚饥，可以赏功，而依贼之民必渐散。贼不就降，即就缚耳"。他还讲道："抚非抚贼，抚我饥民之从贼者也。已从贼者虽多，尤有限，未从贼而势必从贼者无限。当此斗米四钱之日，慈父不能有其子，而能禁其束手就毙乎！……尽心赈济，贼就抚者，给以耕种，推诚安插。如此，则民之已化为贼者，将还化为民；而将化为贼者，且永不为贼。"

李继贞说的有情有理。崇祯帝采纳了他的建议，于是命御史吴甡拿十万两银子前去赈济百姓。李继贞认为十万两银子太少，一个饥民若得一两银子，仅"可活十万人"。当时"斗米七钱，亦只可活五十日耳"。他又请求崇祯帝"早沛恩膏"，拿出内帑中的一部分银两来救济百姓。但崇祯帝视金如命，不肯增加一两银。十万两银子对于那么多饥民自然无济于事。后来的事态发展都为李继贞所言中。他看到天下大乱，朝廷一天不如一天，居然忧愤而死。

吴甡赈济陕西饥民有点效果，崇祯帝为此特命他为陕西巡按。但终因赈济银两太少，明廷的苛征政策不改变，所以这种成效是有限的，也是短期的。

四、势力壮大

1. 崭露头角

针对官府的剿抚两种策略，李自成的头脑非常清楚。他明白，不论是剿还是抚，其最终目的都是相同的，即镇压这些造反的农民军。因此，李自成对这种招抚和围剿的政策一直是不闻不问。明末的农民起义军首领大多都不同形式地接受过招抚，只有李自成无论顺利与否，从不受抚。正当官府对农民军剿抚无常的时候，陕西一带的灾情更为严重，官府的加征仍是有增无减，如同火上浇油，使得大量无以为生的农民纷纷加入到造反的队伍中来。

陕西造反农民军最多，也是官府镇压的重点和难点。官府一去镇压，他们便渡过黄河，进入山西一带活动。李自成的势力也是在这种情形下在山西一带一天天壮大起来。

山西和陕西只是隔河相望，农民军忽来忽往出没不定，往来于两省之间十分容易。后来，山西官府借口"防盗"，禁止把粮食运入陕西。农民军为了"就食"，暗中进入山西的越来越多。崇祯三年春天，老回回、八金刚、上天猴诸部领导农民军都移师到山西，高迎祥和李自成也出没于山西。杨鹤主抚的政策落空后，主剿的洪承畴代替杨鹤为三边总督，加紧对陕西的农民军进行镇压。于是，在军事上受到压力的农民军又大批转移到山西一带。

山西的灾情虽没有陕西那么重，但农民不堪忍受加征带来的负担，也有许多破产的流民。他们也积极加入造反的农民队伍中，有的高举起义军旗帜，自发地起事造反。山西有个乡绅在崇祯三年时就曾经说："始之寇晋者，秦人也；今寇晋者，半晋人矣。二三月间从贼者十之一，六七月间从贼者十之三，至今多而从贼者十之五六矣……欲除晋之盗，莫先于抚晋之贫民。"很明显，这为李自成等农民起义军在山西的发展提供了非常有利条件。

最初，在山西的各支农民军以王嘉胤的势力为最大最强，大家也就以王嘉胤为首领。崇祯三年（1630年）四月间，王嘉胤率领自己的农民军占领了蒲县，使明军极为震惊。崇祯四年（1631年）六月初，明廷的悍将曹文诏给官府出谋划策杀害了王嘉胤。王嘉胤死后，各支农民军又共同推举"紫金梁"王自用为首领，继续与明军对抗。当时，各支农民军共有所谓"三十六营"，闯将李自成就是三十六营的一营首领。各营其实都是一个单独的军事单位，营与营之间只存在一种松散的联合，紫金梁算得上是这种松散联合的盟主。他们主要活动范围是在晋中以南地区，有时一个营部又忽而返回陕西，这样来来回回飘忽不定，使官军疲乏作战，苦于奔命。有时一支农民军被镇压，剩下的人又用过去的绰号继续活动。这时李自成主要活动在山西汾河以西地区，有时和高迎祥联合作战，有时单独出击，还不时进入邻近的河南。

洪承畴在陕西围剿农民军频频得手，农民军的主力部队绝大部分都转入山西，洪承畴也派兵尾随而来。陕西总兵官王承恩和悍将曹文诏都随之到山西追剿。因清兵撤退到辽东，勤王的甘肃兵在总兵官杨嘉谟的统领下，也奉命到山西协剿。此外，明廷还调用河南兵往西截杀。面对多省兵力的围攻，以紫金梁为首的农民军便开始向山西北部转移。

崇祯五年（1632年）秋天，李自成等农民军接二连三攻克了隰州（今山西隰县）、大宁。年底，正当宣大总督张宗衡和总兵尤世禄紧追紫金梁不舍的时候，

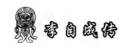

李自成等部却一下攻占了辽州（今山西左权县）。张、尤二人没法，只得带兵掉转方向，增援辽州。尤世禄也是位大员勇将，他和他的儿子尤人龙奋勇参战，攻打城市，激战两天，二人都被农民军射伤击中。李自成虽奋力抵抗，但终因寡不敌众，最后决定弃城而走。在突围时，李自成等农民军损失相当大，战死一千三百余人。但这次战役为掩护紫金梁等部转移起了重要的作用。紫金梁等部在西阳山被官军打败，损失惨重，他自己也受了重伤。在尤世禄等官军的共同追击下，他接连失利。正是因为李自成攻占辽州，牵制住了官军，紫金梁才从容地往晋北转移。紫金梁在山西北连续打了几个胜仗，并进入榆次，其先前部队逼近太原不足五十里。

李自成的起义军势力起初很小，有时只好投靠在别人名下。但李自成在众头领中是一个比较有心计、会笼络人才的人，打起仗来也知道讲究些方法，所以他的农民军势力壮大得较快。在山西活动的所谓三十六营中，闯将李自成是唯一独立的一营。在和官军的几次战斗中，李自成次次显示出其特有的才能，使他在三十六营中的地位日益提高。

崇祯五年秋天在攻打隰州、大宁的战役中，李自成就已成为主要的头领之一：

> 李自成、八大王、老回回、紫金梁、翻山鹞等寇掠蒲县，攻城三昼夜，不克。是夜，贼令精锐三百人袭大宁，三更城陷。八月，自大宁袭隰州，守备高逸开北门遁去。知州杨玮拒守，射伤贼甚多，中流矢坠东城下。贼住城中三日。

攻克隰州、大宁是农民起义军在山西的一次重大战役，李自成在此时已是崭露头角的人物。

同年九月十四日，李自成由山西南部突然进入河南，一举攻占修武县城。修武知县刘凤翔慌忙逃走，后被李自成捉拿杀掉。李自成在修武县停留三天，立即撤出，他接着又率部攻破清化镇，并连续攻打武陟、辉县、济源等诸多县城，兵锋直逼怀庆。李自成这支农民军突袭河南，使明廷大为震惊，因为他使得农民造反的战火开始向中原燃烧。河南的地方豪强纷纷上奏，请求朝廷派兵镇压。河南巡抚樊尚景匆忙派兵增援怀庆，明廷又急令副总兵左良玉由昌平驰援河南。山西巡抚宋统殷也率军参战，企图截断李自成回山西的退路。李自成行军打仗，特别注意掌握各路官军情况。他大量派出探子，到处侦察官军动向。他看到官军四集，于是马上决定往北撤退，很快撤回山西平阳，在汾西一带活动。

2. 剿杀农民军

当时，明廷正集中兵力围剿山西的农民军，李自成以迅雷不及掩耳之势突入河南，打乱了明廷的军事部署，分散了明廷的军事力量，有力地配合了山西农民军主力的转移。尤其是李自成等部于年底攻克辽州之战，迫使尾追紫金梁等部的张宗衡不得不掉转方向，赶紧赴辽州增援。李自成部在辽州之战中虽损失惨重，但对掩护紫金梁等部北移的大局分析，这种损失还是非常值得的。

从李自成参加起义军的战绩来看，他在各部农民军中的地位已变得越来越高。崇祯五年（1632 年）秋天，一个御史就曾经向崇祯皇帝奏言："……晋中贼首掌盘子等十六家，最枭者为闯将、紫金梁，戴金穿红，群贼效之，遂皆以红衣为号。"从这里看出，李自成已俨然与紫金梁并驾齐名不分上下了。就整体而言，还是以紫金梁的势力为最大，诸部仍以他为盟主。

洪承畴足智多谋，他一边调集大军对农民军实行围剿，一边派人在农民军中潜行反间，以招抚为名，许以重赏，使得不少农民军首领纷纷上当投降，有的竟变成了明廷镇压农民军的悍将。像白广恩率部投降后，连续镇压了数支农民军，后来他一直升到总兵官，崇祯皇帝最后还授予白广恩"荡寇将军"的特别称号。这样，在陕西和甘肃的农民军便慢慢地被镇压下去，陷于沉寂。于是，明廷就集中力量调转方向去镇压山西的农民军。当李自成和紫金梁诸部由晋中、晋南移师到晋北后，明军的多路大军也紧随而到。其中，崇祯皇帝还对临洮总兵曹文诏特命加升一级，许他节制秦、晋诸将领。他的两员战将曹变蛟和马科也分别嘉奖升级，以资激励。崇祯六年三月，崇祯帝责令曹文诏于三个月内平定起义军，曹文诏于是加紧了对农民起义军的围剿镇压。加之河北和河南协剿的官军，使李自成、紫金梁诸部面临非常严峻的形势。

曹文诏是官军平定农民起义军的一员勇敢将士，《明史》记载他"勇毅有智略"。从前在辽东随名将熊廷弼和孙承宗征战时立有战功。当陕西农民起义如火如荼时，明廷诏令曹文诏入陕，并晋升为延绥副总兵。此时在各支农民起义军中王嘉胤的力量最为强大，成了各支农民军的盟主，占据河曲一带。崇祯四年四月，曹文诏督军围剿，占领了河曲，王嘉胤被迫出走，转战到阳城一带。曹文诏尾随其后穷追不舍，并采取离间计，指使王嘉胤的部下将其杀死，随后，王氏部下就投降了曹文诏。这次胜利使明廷十分高兴，马上提升曹文诏为临洮总兵官。正是由于曹文诏配合洪承畴围剿农民军连连得手，一些不愿投降的农民军就纷纷转入山西活动。曹文诏也随之跟到山西督剿。他在稷山一役击溃点灯子，谕降七百余人。虽然当时点灯子得以脱逃，但后来还是被曹文诏俘获斩杀。曹文诏节节

胜利，成为农民起义军最强悍的对手。当时流传的一句俗语说："军中有一曹，流贼闻之心胆摇。"

曹文诏在晋北一带又击杀了一支农民军的首领混世王，使太原周围一带的农民军纷纷撤离，转移地方。曹文诏乘势穷追猛剿，又擒杀了滚地龙等几个农民军首领。山西一带的各支农民军渐渐陷入困境，处于劣势。

在山西的诸支农民军中，紫金梁的力量最为强大，他就成了各支农民军的盟主。在大军压境的情况下，农民军内部出现了严重的分裂，"贼分为三"，削弱了战斗力。原来，身为盟主的紫金梁不去团结诸路起义军，打破围剿，却反而为了争夺一个女人与乱世王闹翻了。乱世王蔺养成就派他的兄弟混天王向明军投降。当时，各路官军锐意进剿，处于胜势，讳言受降，因此没接受混天王的投降，而是提出条件，要他先杀掉紫金梁，然后再向朝廷请降。乱世王、混天王和破甲锥等密谋，准备向紫金梁发起突然袭击。但紫金梁也早有提防，乱世王等部的突袭计划未能得逞。这一事件造成的直接后果，就是诸部农民军开始各自行动，当然他们之间也有分有合。有的起义军将士还偶而杀死本部的主要首领，借以向官军请降邀功。例如，崇祯五年年底，赵和尚就把他的首领霍维瑞给杀掉，然后便投降了官军。这使农民军的战斗力受到严重削弱。

崇祯六年（1633年）初，曹文诏、左良玉、邓玘等悍将对晋北一带的农民军再次进行大规模围剿，大批的农民起义军将士被杀害。曹文诏仅在代州、忻州（今山西忻县）一带即消灭农民军主力一千五百余人。满天星等首领作战中被杀，八大王张献忠和蝎子块、扫地王等部连续遭受失败。"紫金梁"王自用从晋北一带败退到阳城、济原等地，被率领川兵的总兵官邓玘等所迫，连遭重创，损失严重。崇祯六年五月，他在济源的善阳山被邓玘击中，受了重伤，不久死去。以三十六营名义为盟主的紫金梁之死，显然让农民军遭到重大挫折，使农民军受到很大打击。它标志着三十六营松散的联盟宣告到此瓦解。正如官军的一位将领所说："惟紫金梁死，其党归闯将，无复称其号。此贼似能统领诸贼也，此贼死后，众贼各自为队，时分时合。"紫金梁的剩余部下大约有两万余人，大都归附了李自成部，从而大大增强了李自成所率领的农民军的力量。

3. 移师中原

针对官军的重兵围剿，李自成和高迎祥密切配合，发挥流动作战的优势，避实击虚，主动从山西转移，避开官军重兵。他俩率部辗转来到河南，活动于黄河以北地方。与此同时，另外几支农民军也由山西移师河北。这时，由于闯王高迎祥和闯将李自成所率领的农民军力量较大，所以就成了官军追剿的主要目标。河南巡抚玄默督曹文诏、左良玉、邓玘等大将，在河南对高、李诸部农民军大举围剿。

崇祯六年夏秋交替之际，高、李二部在汲县一带与官军展开了一场恶战。他们从汲县一直打到怀庆、济源一带，其兵锋势不可挡。巡抚玄默不得不调集四路官军合剿，兵力上占据了明显优势。在七月里，双方展开了一系列的大战，高、李的农民军伤亡十分惨重。这时，留守在辽州的"老营"有一万余人，多数是农民军将士的家属和农民军伤病员，只有极少数能上场的战士。官军对"老营"突然发动袭击，老营的伤亡更为悲惨。这种局势对高、李二部已非常不利，这时高、李带领部下转入山区。

崇祯六年八月，高迎祥和李自成计划攻克林县，接着攻打水治。玄默发觉了农民军的动向，派出重兵设下埋伏。李自成攻打林县失利，便移师到淇县烟霞沟一带。李自成在这里连打数仗，皆获小胜。李自成在中秋节这天率部进攻水治，在横河被埋伏的官军团团包围，形势非常危急，但他毕竟有一定的军事经验，临危不惧，沉着应战，边战边退。官军尾随其后紧追不舍，农民军死伤惨重，李自成自己也中箭受伤，几乎被官军俘获。

十一月，李自成等十几营农民军在涉县、武安一带活动。玄默于是调集曹文诏、左良玉诸部准备大举合剿，想一举把李自成等消灭在黄河以北。从双方力量的对比来看，农民军也明显处于劣势。农民军活动的范围越来越小，并且"打粮"也十分困难，时刻都有被官军彻底剿灭的危险。尤其是曹文诏，使一些农民军将领闻风丧胆。

为了摆脱这种被动局面，李自成和张妙手、满天飞等首领秘密协商，决定诈降，表示愿接受招抚，以拖延时间，想乘机渡河南下。张妙手、贺双全等人前往彰德（今河南安阳），求见京营总兵官王朴和监军太监杨进朝、卢九德，表白他们本来都是良民，只是因为天灾人祸，无以为生，不得已才走上了造反违法这条路。王朴等人受崇祯皇帝派遣，率京营兵六千来剿灭农民军，这时看到他们主动乞降，非常高兴，以为不费一兵一卒即可平定大患，便马上向朝廷奏报，与此同时，也下令停止了对农民军的围剿。在向官军开列的受抚名单上，也有闯王高迎祥、闯将李自成、八大王张献忠。但李自成没到官军中去，因为这只是一种地地道道的缓兵之计，是一种策略。正当明军首领庆功之际，约十余万农民军悄悄地从四面八方集结到黄河北岸。此时已是农历十一月底，天气特别冷，又在刮大风，黄河上结了厚厚的一层冰，尤其是在渑池县境内的野猪鼻，冰结得最厚，俨然成了天然的冰桥。在这里守卫的明将是守备袁守权，下属的兵士不多。李自成率众向袁守权发起突然攻击，将其杀死。崇祯六年十一月二十四日，李自成等诸部农民军便浩浩荡荡地从冰上渡过黄河，进入

了河南。在武安、涉县一带的农民军听到消息后，也迅速渡河南下。于是，十几万农民起义军便陆陆续续进入了河南，从而开辟了一个新天地。由于渡河地点在渑池县境内，因此史书上称这次事件为"渑池渡"。从此以后，主要战场就由秦、晋转移到中原地区。

第四章 荥阳大会

一、兵分两路

李自成等农民军渡过黄河后，迅速攻克了渑池和伊阳县城。于崇祯六年（1633年）十二月二日，李自成部又攻占了卢氏县城。这里地处中原，是明王朝的心脏地带。农民军在这里到处活动，对明王朝造成极大的威胁。河南巡抚玄默虽然在黄河北围剿农民军得心应手，可现在战火居然烧到自己身边，不免有些慌乱。他一边督促众军加紧围剿，一边火速上奏，奏请崇祯皇帝派兵增援。崇祯皇帝急忙颁布诏令，凡与河南接界各省，都要严阵以待，"严防奔突"。尤其是陕西和湖广地方长官，要选调精兵强将，扼守要冲，严加堵截。各级官吏，都要"鼓励乡兵，各图堵御"，如有人"疏泄误事，必不轻贷"。洛阳是河南的重镇，玄默更担心农民军攻破洛阳再去攻取开封，所以他急命邓玘、李卑两位将领率兵固守洛阳，以阻挡农民军向东进军。玄默又命左良玉赴援永宁、卢氏等地，他自己也亲自率军围剿，想一举消除这一心腹大患。

农民军渡过黄河后开始分兵行动。一路南下湖广郧阳地区，由"曹操"罗汝才率领。郧阳是湖广行都指挥使司驻地，也是军事要地。但这是多山地区，农民军可以在这里神出鬼没自由活动。另一路西入武关，打算重回陕西，由满天星、一斗谷等首领率领，兵力大约八营十余万人。第三路从卢氏向东进发，由李自成、张献忠和高迎祥等部组成，在攻打汝宁未果的情况下，转而进入南阳和湖广的襄阳一带。诸部分头行动，这不仅行动起来比较方便，而且也可以分散官军的注意力。

此时中原地区承平日久，人们皆不习战。再加之自明初以来重文轻武之风，即所谓"能马上夺天下，不能马上治天下"，所以明朝建立后就形成一种"天下右文"的习尚。即使将帅家的子弟，也大都以舞文弄墨为荣，耻于习武。甚至于参加武举考试，中试后其家人不但不以为荣，反而认为自己的

孩子不争气。这种风气尤其在中原地区更盛，致使人们"不知弓刀为何等物，厮杀为何等事"。有的官员奉命领兵，"公然披鹤氅衣，戴道遥巾，骑款段马，决拾而往"。他们的士兵都是由临时征集的农民组成，都未经过任何训练，往往是不战而败，没有任何作战力量。例如，李自成等攻打邓州时，守御千户王承萌仓促组织一些乡兵应战，双方一交战即溃不成军，一败涂地，他本人也命归黄泉。

当时，河南一带还出现这样一种现象，即那里的农民受到李自成等农民军的启发，也纷纷组织起来，拿起武器，反抗官府。河南虽不像陕西那么残破，但各种苛捐杂税也多如牛毛，老百姓困苦不堪，难以维持生计。当李自成等农民军进入河南后，他们就乘机行动起来。例如在南阳，有李灿起义，并且队伍很快发展到数千人。当时何腾蛟任南阳知县，较有胆略。李灿这支起义军后来就被何腾蛟给镇压下去。

尽管官军百般围剿，但农民军在河南还是得到很大的发展。这主要是由于河南连年饥荒，官府却不断加征，大批农民流离失所，四处流荡所造成的。李自成等农民军的到来，吸引大量流民参加到起义行列中来。有的州县"十室九空"，官府却依然催征不已，"旧额未完，新饷已催；新征甫毕，旧逋又下；额内难缓，额外复急。村无吠犬，尚敲催呼之门；树有啼鹃，尽洒鞭朴之血……触耳有风鹤之声，满目皆荒惨之色。欲使穷民之不化为盗不可得也，欲使奸民之不望贼而附不可得也。"在这种情况下，必然会有大批流民起来反抗。

明廷为了更有效地围剿中原地区的农民军，特晋升延绥巡抚陈奇瑜为兵部右侍郎，总督陕西、山西、河南、湖广、四川五省军务。这样，陈奇瑜就能够协调五省兵力，统一部署，集中优势兵力对付流动不常的各部农民军。同时也反映出，崇祯皇帝对农民军纵横驰骋中原感到忧心忡忡。

从李自成诸部在中原的活动状况来看，虽然不断有新生力量的补充，但军事进展并不怎么顺利。原因有两方面，一是农民军在黄河北屡遭挫折，已损失惨重，进入河南后，各路官军又尾随而至，对农民军造成很大压力。再者，河南巡抚玄默在黄河北已与农民军多次交锋，斩获颇众，是一个对付农民军的老手。他担心农民军闯入河南心腹地带，命各州县早做防备。有的地方乡绅还自动组织地主武装，协同官军防守。例如，李自成和高迎祥攻打内乡时，一些乡绅就协助知县艾毓初顽强抵抗，使农民军久攻未下，损失十分惨重，高、李二部不得不撤离。因此，农民军不得不到河南、湖广、四川交界处的山区中活动。于是，李自成和高迎祥便打算重返陕西。

明代设置湖广布政使司，管辖地区大体相当于今天的湖南、湖北两省。湖广北部同陕西、河南接邻，而且是多山地带，对于农民军与官军周旋特别有利。李自成诸部进入河南后，时而进入湖广、四川，有的农民军由四川直接进入陕西，有的不定期又返回河南。李自成在河南遭到巨大压力后，他和高迎祥、张献忠等便转入湖广、四川，进行游击作战。

这时李自成很注意搜罗有用人才。他周围除侄子李过以外，还招揽了顾君恩、高杰等。高杰是员猛将，是后来史可法于扬州抗御清兵的江北一带首领之一。顾君恩是个谋士，颇有战略头脑，李自成的许多重大举措都由他出谋划策。许多农民军首领本身没有文化，但又瞧不起读书人，只凭自己血气方刚，常常只能横行一时，不能横行一世，不久就陷于困境。李自成懂得重用人才，利用顾君恩这样的文人谋士，表明他比其他农民军首领高出一筹。通过在河南的一段转战，李自成在诸部农民军中的地位日益提高，成为和高迎祥不相上下的农民军首领。

郧阳府（今湖北郧县）虽然是湖广行都指挥使司的驻所，但兵马极少，原来兵额只有五百，各镇合兵不过九百人，这些兵的主要任务是防止流民随便进入这一地区。所以有的史书上说，这里"虽名为一军，仅与道将等"。因此，李自成等农民军在这一带倏忽往来，如入无人之境，很少遇到有力的抵抗。

在崇祯七年上半年，除少量农民军活动在河南、陕西的交界地区之外，绝大部分转入湖广北部和四川的东北部。李自成本来欲从豫西到陕西，由于在商州、雒南等地不顺，连战失利，便掉头折回卢氏山区。这里有许多流民以开矿为生，官府称他们为"矿盗"，他们中间有不少人投靠了李自成的队伍。他们熟悉这里的地形，便带领着农民军抄小道南下，进入湖广北部。郧阳巡抚"蒋允仪束手无策，上书请死而已"。明廷将蒋允仪谪戍为边卒，一面调兵围剿。李自成并不想在此地多呆，与官军打了几场小仗，便进入四川的东北部。崇祯七年（1634年）二月二十一日，李自成攻占了夔州府（今四川奉节），随后大宁、大昌、开县、新宁（今四川开江）等地也被农民军攻陷。当李自成等打到梁山（今四川梁平）时，官军联合乡勇，在高处用石块猛击乱砸，使农民军受到不小的损失。李自成遂回到巴州（今四川巴中）。这时，四川巡抚刘汉儒督兵来剿，石柱土司秦良玉也率兵闻讯赶来。李自成率部边战边退，向陕西方向转移。在巴州他又被官军打败，便移军邻近陕西的太平（今四川万源）。这里的官军也早有防备，李自成接连失利，便又西去攻战广元。农民军连续作战七昼夜，官军顽强反击，李自成的部下死伤颇重。这时，李

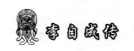

自成、高迎祥、张献忠诸部一块儿沿两省交界山区往东进发。由于不熟悉道路，他们竟误入兴安州（今陕西安康）的险要地车箱峡。

二、陕西告急

崇祯七年（1634年）夏初，李自成等被围困在车箱峡一带，形势十分危急。据有关地方史志记载，车箱峡俗称狗脊关，位于狗脊岭和万安州分界处，在兴安州城东南约五十里，峡长约四十里。车箱峡四周全是高山峻岭，地势险要，陡峭难攀。峡中怪石嶙峋，道路崎岖不平，住户稀少，农民军"打粮"非常困难。官军只要堵住峡口，农民军几乎完全陷入绝境。

这次追剿李自成等农民军的将领是陈奇瑜。在前期镇压农民起义军的过程中，他表现得特别能干，剿杀了不少农民军首领。他开始任陕西布政使，崇祯五年时晋升为右佥都御史，替代张福臻任延绥巡抚。他看到，老百姓之所以频频加入起义军，主要是由于各种苛捐杂税使得百姓民不聊生。崇祯六年五月，他上书崇祯帝，极力强调陕西饥荒的惨象，请求皇上免收延安、庆阳两县当年的赋税，得到崇祯帝批准。使得当地老百姓的苦难多少有点舒缓。这年陕西一带的农民起义军起事较少，就与陈奇瑜上书皇帝有一定关系。

陈奇瑜在镇压农民起义军时毫不手软，接连擒杀截山虎、金翅鹏等众多支农民军，使得陕西一带"诸渠魁略尽"，他也"威名著关陕"。他很得意，于是上书崇祯帝："流寇作难，始于岁饥，而成于元凶之煽诱，致两郡三路皆盗薮。今末顿一兵，未绝一弦，擒斩头目百七十七人，及其党千有奇。头目既除，余党自散。向之斩木揭竿者，今且负锄荷未矣。"崇祯帝自然十分高兴，对他大加褒奖，不久又提升他为兵部右侍郎，总督陕西、山西、河南、湖广、四川五省军务，以统一军权，专门对付李自成等农民起义军。此时他将李自成等人围困在车箱峡内，以为马上就要大功告成。

李自成等在车箱峡内被围困达两个多月之久，备尝艰辛。除了官军和少数乡勇从山顶投石投火以外，又赶上连日大雨，两个多月时间里几乎见不到晴天，"弓矢俱脱，马乏刍，死者过半"。粮草缺乏，刀剑锈蚀，军士接连几天都吃不上一顿饱饭，以至许多人给活活饿死。

此时的李自成却表现得十分冷静，也比较坚强。有不少人情绪消沉低落，甚至于悲观绝望，李自成则想方设法地激励大家，并用从前多次转危为安的事例作比喻，说这次也一定能摆脱险境。如此勉强坚持了两个多月，形势愈来愈严峻。这时，谋士顾君恩向李自成献计伪降陈奇瑜："吾辈万里远掠妇女辎重，何不以之饵群师？处穷山绝坂之中，可文降，而狡焉以遁也。"李自成和高迎祥、张献忠等人决定采用这个计谋。他们将掠来的大量金银珠宝拿出来，派人送到陈奇瑜营中，"遍贿左右"，再让他们代为请降。陈奇瑜任五省总督仅仅五个月，自以为大功马上告成，横行数省起事六七年的农民起义马上就要被他平定，心里十分得意。陈奇瑜毕竟不是洪承畴那样深谙战略战术的人，以为农民军确已走投无路，肯定是真降，于是便决定接受李自成等人的投降。陈奇瑜报告朝廷的受降名单共有三万六千人，其中造反的头目要予以"正法"，其余的兵众将遣散归农。他限令李自成等农民军要按时到达指定地点，听候处置，并派出安抚官一路监视。"每百人以一定抚官护之。檄所过州县，具糗粮传送"。陈奇瑜自以为这是自己的一大杰作，得意洋洋，认为措施得当神速，"数万凶徒，一朝被解散遣返，天下自此无患矣"。因为这支农民军成员大多是绥德、米脂和青涧县人，陈奇瑜准备把他们分批遣返回乡，并命沿途州县供给食物，但对农民军首领则要处死。农民军按照陈奇瑜指定的时间和路线秩序井然出峡，他们表面上与官军相处无间，暗中却在加紧准备。当他们一走出车箱峡绝地，马上就如同老虎挣脱了锁链一样，不再听官军节制。"一夜，众贼尽缚诸安抚官，或杀，或割耳，或杖责，或缚而掷之道旁"。他们杀掉所有的监护官等人，接着四处攻掠，"始纵横不可制矣"。李自成出峡后连续攻破七个县城。另外，原来在陕西一带活动的农民军也纷纷前来汇合，然后分兵两路，与官军展开周旋，这一举动使明廷大为震惊。

　　陈奇瑜的招降彻底失败，自知惹下了塌天大祸。他为了逃避罪责，采用恶人先告状的手法，就把责任推到别人身上，指责别的官员破坏了抚局。例如，他说是凤翔知县李加彦杀降激变。原来，李自成等人走出车箱峡后，便迅速向西进发，很快到达凤翔，然后谎称奉总督之命，要安插在城内。守城官知道是假，就说上边有令，不让开门，须沿城墙缒上城去。于是缒上城去三十六人，被李加彦马上杀掉。此外，陈奇瑜还弹劾陕西巡抚练国事，说他"阻挠逗留"，不听从节度，致使招降失败。崇祯皇帝也不了解真实情况，并且自己也曾亲自批准过这次招降，对抚局失败十分气恼，便下令将李加彦和练国事逮治下狱。练国事不服，则上疏自辩，并指责陈奇瑜轻信农民起义军，以致误了大事："官军十余万，举数年蔓延之寇困入其中。贼以诡降得逞，一出栈道，即破凤县，杀害三镇乡官辛思齐一家一百八十口。八百连方，横尸撑拄，四十村区，化为灰烬……比过凤翔，见贼连破七邑，抚局大坏，而欲归狱于功臣劳士，以盖其愆，此何以掩三秦百万之口乎！"此后不久，陕西巡按傅永淳等人也纷纷上疏，弹劾陈奇瑜主抚误

事。经对李加彦和练国事讯问，崇祯皇帝最终也明白了事情原委，遂将陈奇瑜革职查问。随后，崇祯皇帝命洪承畴接替陈奇瑜，同时任命李乔任陕西巡抚，吴甡任山西巡抚。

李自成等在车箱峡被困达七十多天，于六月下旬逃出车箱峡，随后分兵攻掠西安地区和甘肃西部诸府县。在当时，甘肃和青海东部都隶属于陕西。李自成诸部返回陕西后，使陕西各地到处又是烽火连天，各级官府十分惊慌，惶惶不可终日。

七月初，李自成率部攻克陇州（今陕西陇县），接连不断地攻陷邻近数县。洪承畴火速率兵来营救，李自成于是放弃陇州，移兵东去，攻打咸阳等地。这时洪承畴移兵尾随前往，李自成遂于八月十日又一次攻占陇州。明军参将贺人龙率兵赶到陇州，李自成提前撤出陇州。待贺人龙入城以后，李自成又突然折兵而回，将陇州团团包围。贺人龙陷入李自成的农民军包围之中，他也是员勇将，与农民军多次交战，胜多败少。贺人龙与李自成是同乡，李自成便命前线指挥高杰派人前去向贺人龙策反。贺人龙对李自成的这一策略置之不理，继续留在陇州坚守阵地。使者回来后，不先向李自成报告情况，而是先向高杰报告。围攻陇州两个月没有拿下，李自成心存疑虑，怀疑高杰与贺人龙里外勾结，遂命高杰回老营留守，另派他人围攻陇州。

陕西是明末农民起义军的主要发源地，这时李自成等主力又返回陕西，使明廷十分忧虑。根据新任陕西巡抚李乔的要求，撤离边兵二万，筹措新饷二十五万两白银，命河南兵由潼关入陕西，湖广兵、山西兵分道入陕合击。这给农民军造成很大压力。这时，洪承畴也从西宁腾出兵力，开始集合兵力，集中力量对付李自成农民军。原来，李自成在陇州一带转战时，西宁明军发生了哗变，州官被明军所杀，守道被驱逐，只有镇守太监得以幸免。为此，洪承畴不得不亲自前去西宁平定叛乱。也就是在这个时候，李自成诸部在陕西的战事不时小胜。洪承畴老谋深算，沉毅果断，一贯反对招抚，主张对农民军严加剿除，一直是农民军的死对头。他平定西宁兵变后，挥师东向，指挥各路官军对农民军围追堵截，使李自成等在陕西很快陷入被动局面。

三、转战河南

崇祯七年九月底，李自成得知洪承畴派兵增援，便主动放弃陇州解围东去。

他和张献忠一起又攻破澄城，接着在邰阳等地又和官军遭遇，损失惨重。这年冬，有部分农民军退走湖广，李自成等大部农民军则先后进入河南。

崇祯七年冬季，各部农民军纷纷由陕西向河南转移。这时的农民军队伍已变得愈加庞大，有史书记载"众五十余万"。当农民军进军河南时，队伍的确是浩浩荡荡："……旌旗蔽空，甲光耀日，南尽南山，北尽河曲，波压云涌而至。惟闻马嘶之声，自朝至夜，连营数十里……贼过人畜践踏，路阔五六里，不知其众之几何也！"他们到达河南之后，一部分北上，进入山西平阳一带活动，另有一部则转入湖广的襄阳地区。时隔不久，这两部农民军又会师河南。于是，整个中原大地上到处起义不断。

当时，活动在河南的农民军号称十三家七十二营，他们时分时合，既有极强的独立性，又有配合作战能力，团结起来共同对付官军。他们大致分成三部分分兵活动：李自成和高迎祥、过天星等部在渑池一带活动，以老回回为首的一部在汝州一带活动，以横天王、九条龙为首的一部在南阳地区一带活动。

崇祯七年十一月间，农民军连续攻破了陈州、灵宝、卢氏等地。十二月初，左良玉督师在磁山一带与农民起义军连续作战数十次，杀伤大量起义军将士。贺人龙此时也从山西尾随追至河南，其间也曾同农民军交战，杀伤许多起义军将士。十二月底，农民军攻打汝州，久攻不下，但将士死伤百余人，不得不被迫撤围。崇祯八年（1635年）正月间，李自成等部攻打巩县，眼看就要攻下，忽然发现城中乡绅配合官兵在城门口堆上薪柴，点火燃烧，烈焰腾腾，农民军不知何意，恐遭不测，竟撤围而去。农民军转而攻克汜水、荥阳等地，虽遭到一些官员拼死抵抗，但因农民军人多势众，还是被攻陷。哪个城市抵抗得越激烈，李自成破城后就对城中人屠杀得越残酷。当李自成攻打郑州时，知州赵世用等婴城固守。李自成知城中早有防备，遂撤围他去。这时，"中原腹心千里之地，北至大河，南连楚界，蔓延皆贼。而官兵之在中州者，南阳陈永福，新、渑左良玉，汝州陈治邦，各止数千……贼每营数万，更番迭进，所至皆因粮宿饱……又贼介马俱有副，去来如风，一日夜踔数百里。"这种状况不能不使明廷忧心忡忡。崇祯皇帝匆忙命令洪承畴出关入豫，督促诸路官军会剿。明廷又调集边兵七万多人，拨给军饷九十多万两，另外拨给内库银十万两，由洪承畴统一调用。与此同时，崇祯皇帝提升山东巡抚朱大典为兵部侍郎，火速奔赴中原助剿。崇祯皇帝久居深宫，不了解农民军详情，以为这样一来就可以很快将农民军剿灭。他勒令洪承畴在半年之内，务必将农民军"扫荡廓清"，全部消灭。有功者有"上赏"，延误军机者马上置之"重典"。在崇祯皇帝的严令催督下，明军的诸路兵马齐集河南，向农民军展开了大规模围剿。在这万分危急的情势之下，各部农民军不得不暂时联合起来共商突

围大计。

四、荥阳大会

崇祯八年（1635年）正月，农民军占领了荥阳。荥阳一带是河南的心脏地区，历来是兵家必争的军事重地。农民军控制这一地区引起了明廷的极大震惊，马上调集大批军队向这里集结，企图一举将农民军聚歼在这里。农民军各部首领也都意识到形势的严峻，他们便聚集在荥阳共商突围大计，史称"荥阳大会"。

此时，活动在河南一带的农民起义军有"十三家七十二营"。十三家首领分别是：闯王、老回回、革里眼、左金王、曹操、改世王、射塌天、八大王、横天王、混十万、过天星、九条龙、顺天王。此时的闯将李自成和闯王高迎祥为一家。不过是李自成作为一"营"首领也参加了这次荥阳大会。此次会议的中心议题是，各部将来如何统一协调行动，以打破官军的大规模围剿，取得更大发展。

会上老回回马守应首先提出自己的主张，官军在山西的力量相对比较薄弱，农民军应该渡过黄河，到山西谋求发展。张献忠马上嘲笑老回回胆怯，这使得老回回火冒三丈，两人几乎动起拳脚来。李自成将二人劝解开，然后慷慨激昂地讲出了自己的一整套方案：

> "匹夫尤奋臂，况十万众乎！今吾兵且十倍官军，虽关、宁铁骑至，无能为也。计唯有分兵，各随所向立效，其利钝举听之天。"众皆曰："善！"乃列阃而定之：革、左南当楚师；横、混西迎秦军；曹、过分屯荥、汜间，探中牟、邓、尉，以缀开、归、河、汝之兵；献、闯专事东方。破城下邑，金帛子女惟均。老回回、九条龙为游徼，往来策应。恐西军不敌，益以射塌天、改世王，为横、混后继。

会后，他们宰杀了一批牛马，祭天誓师，并且聚餐会饮。随后就按照会议部署分头行动起来。

荥阳大会是明末农民大起义中的一个十分重要的事件。这次会议反映出了许多情况，就主要方面而言，有以下几方面。

首先，从这次会议的前后经过来看，李自成在农民军中具有一定的地位，而且越来越高。比如当诸家首领为行动计划争执不下的关键时刻，李自成不仅能够平息了诸位的争执，而且自己的意见得到大家的赞同。可以说这些农民起义军首领大多是草莽英雄，基本上都没受过什么正统教育，身上都不同程度地存在着一些"流气"，能够使这些人聚集在一起并且能够充分合作，的确不容易。在这些人当中，李自成毕竟还读过几年私塾，认识几个字，所以就显得有较高的见识，能够高人一筹。

其次，从农民军的数量上来看，"十倍官军"，占有明显的优势。但农民军中有许多人都是拖家带口，真正能上前线打仗的就要大打折扣了。即使这些能上前线打仗的人，也没有受过什么正规的军事训练，而只是凭自己的血气之勇，没有什么章法，甚至有些"营"只是些乌合之众，毫无组织纪律可言，这就使他们的战斗力大有疑问。因此，尽管官军人数较少，不占优势，但农民军在官军的围剿下还是显得很恐慌，没有十足的自信心。

再者，农民军的行动计划有时不得不通过抓阄来确定，从这一点可以看出他们的联合是十分松散的，他们时分时合，各自都保持着很强的相对独立性，并没有一个有能力、有权威，能为诸部所公认的领袖。

最后，尽管如此，荥阳大会毕竟制定出了一个联合作战的方略，这对一直分散作战的农民军来说，是一个明显的进步。联合起来可以提高战斗力，分散则容易被各个击破。事实也证明了这一点，荥阳大会对于后来打破官军的围剿的确发挥了至关重要的作用。

五、凤阳之战

依照荥阳大会的意见，李自成和高迎祥、张献忠兵合一处，立即往东南方向挺进。他们连续攻破密县、上蔡等地，很快到达汝宁府（今河南汝南）。他们在汝宁又兵分两路，分兵进攻凤阳，一路由新蔡、寿州（今安徽寿县）趋凤阳，由高迎祥率领；另一路由李自成和张献忠率领，往东直逼颍州（今安徽阜阳），由颍州再东取凤阳。正月十一日，李自成和张献忠率兵团团围住颍州，知州尹梦鳌和通判赵士宽督师防守，时致仕兵部尚书张鹤鸣也协力防御。李自成等在城外的一高楼上用火炮猛攻，城内守军抵挡不住，城很快被攻陷。守城的官员表现得很有气节，城陷后仍率众展开巷战，后身受重伤，投水而死。尹梦鳌家死七人，只有一个在襁褓中的幼子未死，竟然连官印也没丢失。赵士宽在城陷后仍用金簪募集勇士，誓死御敌，最后力竭投于河中，他的妻子自缢身死，两个女儿也随其母自溢气绝。张鹤鸣已八十五岁高龄，城破后被农民军倒挂在一棵大树上，当做靶子被乱箭射死，他的儿子张大同抱尸大哭，也立即被农民军杀死，他的弟弟张鹤胜年八十二岁，也"骂贼而死"。颍州乡绅有多人被杀，"生员死者七十七人"。当张鹤鸣被倒挂在树上之时，一个农民军朝他身上连捅了几刀，并指着他说："我看你还能再用皮鞭抽打我吗！"从这里可以看出，农民军当中的确有一些人曾是明军士兵。

李自成紧接着连忙赶到寿州，与高迎祥进行合兵，一同向凤阳进军。他们首先挑选三百名精明强干的优良军士，这些军士有的装成商人，有的打扮成车夫，准备首先进入凤阳。他们在凤阳以卖布匹、果枣之类为名，分别投宿在各旅店。还有的人扮做僧人、道士，在凤阳大街到处游荡，将凤阳的驻军情况都搞得一清二楚，为以后攻打凤阳打下基础。

凤阳是明王朝的"龙兴"之地，明初就定为"中都"。明太祖朱元璋的父母死后都葬在这里，也就是所谓的凤阳皇陵。朱元璋小时的家境十分贫穷，他的父母死后，因为没有钱，都是草草安葬。朱元璋为此一直感到很对不起父母，称帝后的朱元璋便在凤阳大兴土木，不仅把父母的陵墓修建得富丽堂皇，而且还建造了一些和京师相差无几的宫殿。自明朝初期，这里一直驻守着重兵，设有中都留守司，管理着八卫和一个千户所，班军、高墙军、操军和护陵新军等也驻守在这里，这里还驻有一巡抚和镇守太监。凤阳巡抚经常驻淮安，兼管运河漕运。当农民军又一次进入河南时，一些大臣早就预料农民军可能会进入凤阳。南京兵部尚书吕维祺为这事上奏皇上，请朝廷早作防备。朝廷也没有什么大的举措，只是简单发了一纸敕令，要凤阳巡抚杨一鹏于要害地方及早安兵防守。年老多病的杨一鹏，也没采取什么切实有效的措施。

让人们不可理解的是，当李自成等农民军向凤阳逼近的时候，凤阳的老百姓对当政的明皇帝并没有特别的厚爱，而是向农民军通风报信，迫切希望农民军能早日来到凤阳。"凤（阳）之穷民，远几百里相邀，具以册授贼：某家富厚，某处无兵。于是，贼遂拥众焚劫，震动祖陵"。有些官兵还故意将书信丢弃在路上，表示想和农民起义军联合，一起来攻打凤阳。据记载，在农民起义军攻打凤阳的头两年，凤阳城突然出现了"恶鸟数万"。这种恶鸟长得四不像，鸟的头像兔子，身子像鸡，足像老鼠，长相非常怪像，特别奇异。人们不知道这种鸟是什么怪物，深感惊奇。有的人则认为这是一种不好的征兆。尤其是这种鸟的肉很肥嫩，但人一旦触摸着它的骨头，人就会马上死去。这种鸟的出现给这座城的人们更增加了几分恐怖感。

崇祯八年的元宵节那天，凤阳的老百姓在欢度节日的时候，农民军突然赶来，犹如从天而降。这天清晨，大雾迷漫，农民军悄悄地赶到凤阳。当地守官还蒙头大睡，根本不知道一点风声，有人报讯说来了农民军，竟还被当地守官打了一顿板子。忽然间外边一片喧嚷声，秩序大乱，官员们这才反应过来，农民军真的来了。扫地王和太平王最先赶到，李自成和张献忠所率领的起义军紧追随后，源源赶来。他们翻墙而入，首先焚烧了皇陵享殿。凤阳留守朱国相，千户官陈弘祖等人仓惶迎战，很快被农民军击败，他们也都死于战阵。李自成还放火焚烧了龙兴寺。龙兴寺是朱元璋出家当和尚的地方，后被改名龙兴寺，朱元璋曾亲书"第一山"。驻守的官员被杀的被杀，投降的投降，守兵则绝大多数不战而降。农民军很快全部占领了凤阳。

李自成闻得凤阳多唐宋人的古墓，墓中大都有金银珠宝之类的殉葬物品。于是命令在山麓草地，树木荫茂的地方，不论新旧的坟墓，统统发掘。农民军在郊外，掘出一处坟墓，棺木异常的大，发现棺中有玉鼎玉碗之类宝石，尽是秦汉时的玉器，李自成大喜，于是掘墓挖坟比从前更起劲了。一天，在凤阳的城郭东墙下，掘到了一个地穴，地穴里面，四周用白石砌成墙壁，伸头看去，隐隐还有火光。兵士害怕不敢下去，忙来禀报自成。自成亲临看了一下，对兵士们说道："这是过去王侯或帝王的古墓，其中肯定有宝物，谁敢下去，赏五百金。"兵士们听罢，便燃起火把，发一声喊，纷纷走入穴中。等了半天，一个兵士上来说道："穴内有两扇石门紧闭着，却推不开它。"自成令多下去一些兵士，各拿着石锤铁耙等工具，前去打开石门。轰然一响，石门打开，里面万弩齐发，兵丁被射倒的很多。自成大怒吼道："死人的巢穴竟如此厉害，活人反斗不过死的吗？"

当即命令兵士带上挡箭牌下去，跨进石门，发现正中是一所大殿，里面画栋雕梁，十分精致华丽。佛龛内，坐着一个檀木雕刻的女神，远远望去眉清目秀，栩栩如生。兵士们无心细观。转过佛龛，后面又有一重石门，半开半闭。待推进石门时，猛听得謇的一响，十几把锋利的快刀，齐齐地劈将下来，幸亏兵士们躲闪得快，但其中仍有两兵士已被刀砍成四段了。这时进石穴的兵士越来越多，自成和牛金星、扫地王等也走进石穴，吩咐兵士用铁棍架住了门上的铁板，那飞刀就不能飞下来了。大家走进殿中，只见是一并排五间平房，屋顶上挂着一盏大灯，火光依然燃烧着。那灯底连着下边的油缸，缸面大约能盛七八石油，三缸以竹筒相连，缸中的油，看上去已点去一半多了。五间平房的后面，还有一间精室，兵士们推门进去，却没有机械设置，室内感觉阴气森森，寒气逼人，犹如严冬。四周所陈的有石凳、石榻、茶灶、药炉，非常完备齐全。正中有一座石台，石台后面，是用白石凿成的一座莲花台。台旁雕栏石柱龙骨飞蟠，雕琢十分精细。莲瓣的顶端，架着雕龙纹的石棺，长约丈余，宽大超乎寻常。自成在石室内

浏览了一周，让兵士卸下那口石棺来，抬到石室外面，那些兵士们不知道石棺内是什么宝贝。大家锄的锄、锹的锹，一顿乱打，火星迸出四周，石棺丝毫未动。自成诧异道："那白石怎么那样结实？"说着边走到石棺四周细看，见棺盖的沿上凿着两个石笋，两边镶合在一起，好像石锁给锁住一般，所以不易打开。自成沉思了半晌，如有所悟，把锄头轻轻地向石笋上一点，啪的一声，那石棺盖就漏出一条缝来，兵士们再合力向前将石棺的盖儿挪去，里面立刻显出一口铜棺，沿石棺都铺着水银，那铜棺被水银浸得已成铜绿色了。

自成又命兵士将铜棺打开，大家不觉大吃一惊。原来棺内仰面躺着一个鲜衣浓妆的女子，面目娇艳如生，一双盈盈的秋水，含笑嫣然，头戴紫金凤冠，身穿绣龙锦袍，肩垂流苏、罗裙鸾带，俨然是个皇后打扮。这哪里是什么死尸，竟是一个美人。那时那些兵丁，慌忙抢夺棺内的金珠玉器，其中有一对白玉琢的狮子，光洁白腻，可能是最贵重的殉葬品了。兵士们相互争执，把一只玉狮失手于地上，摔掉了一个尾巴，这件贵重的宝物落在这些兵士的手中，也算是玉狮的厄运了。石窟中的女尸，究竟是哪一代的皇后，大家都无从知道。有的说是唐朝的，也有说是宋朝的。

农民军在凤阳，不仅大肆焚烧宫殿建筑，而且还烧毁了陵区松树三十余万株，大火连烧数日，"光烛百里"。有的农民军"剖孕妇，注婴儿于槊"，对明宗室的部分成员大量屠戮。张献忠还抓到十几名小太监，小太监们喜欢弹唱，张献忠要他们奏乐伴酒，真有点飘飘然，忘乎所以了。李自成居然也向张献忠索要这些小太监。张献忠不肯，两人为此弄得很是不愉快，几乎决裂。

凤阳被攻陷的消息传到京师后，崇祯皇帝感到非常震惊，立即罢免经筵，素服避殿，遣官告天地社稷，自己亲自到太庙中哭祭，俯伏地上，放声大哭道："朕居位无道，天降厥凶，使泉下列祖列宗，遭凶贼蹂躏。朕死后无颜对太祖高皇帝，更无法面对先哲贤人？"崇祯帝连哭带诉，越哭越感到伤心，在旁边侍祭的大臣，如魏藻德、钱谦益、孔员运、贺逢圣、薛国观等及内侍官监，无一不痛哭流涕。乾清门内笼罩着愁云惨雾，祭事台上的红烛，光焰也变成了惨绿色，似伤心一般。这时宫殿外忽然一阵狂风，把祭祀所燃的红烛尽行吹灭，就是案上放的历代祖宗皇帝圣像，也都被狂风打落在地，群臣无不失色。崇祯帝叹口气道："天屡降灾，贼盗四起，国恐将不国！狂风把祭烛吹熄，分明是不祥之兆无疑。"说罢拂袖回宫。皇帝的祖陵被毁，这对崇祯皇帝来说是个很大的精神打击。兵部尚书张凤翼惊恐万状，赶紧上书请罪。崇祯皇帝命他"戴罪视事"。凤阳巡抚杨一鹏被处死，巡按凤阳御史吴振缨被逮入狱，遭戍边地。由于农民军长期不得平定，崇祯皇帝于当年十月发布了颇为沉痛的"罪己诏"：

朕以凉德，缵成大统。不期倚用匪人，边乃三入，寇则七年。师徒暴露，黎庶颠连。国帑匮诎，而征调未已；闾阎凋敝，而加派难停。中夜思惟，不胜愧愤。今调劲兵，留新饷，立护元元，务在此举。唯是行间文武吏士，劳苦饥寒，深切朕念。念其风食露宿，朕不忍安居深宫；念其饮水食粗，朕不忍独享甘旨；念其披坚冒险，朕不忍独衣文绣。择此十月三日，避居武英殿，减膳撤乐，非典礼事，惟以青衣从事。与我行间文武吏士甘苦共之，以寇平之日为止。文武官员各省愆淬厉，用回天心，以救民命。

农民军在凤阳停留了三天，明军就从四面八方赶来。张献忠自为一军，南下卢州。李自成和高迎祥所带的农民军一块向河南西面走去，接着辗转返回陕西。

第五章 号为闯王

一、威望大增

崇祯皇帝为了尽快剿灭农民军，一边下令严惩与凤阳失守有关的官员，一边加紧调兵遣将，集结兵力。他下令洪承畴率兵入河南，命山东巡抚朱大典接替凤阳巡抚，急趋凤阳上任。还有松潘副将秦翼明刚刚到达河南，就接到朝廷命令：马上由归德增援凤阳。秦翼明是四川石柱的著名土司秦良玉的侄儿，英勇善战。同时邓玘被调往安庆，刘荣嗣赴泗州，命他保护朱元璋的祖陵。因为朱元璋祖籍泗州，只是到他父亲这一代才因当雇工迁居凤阳。刘泽清等将领奉命，保护运河漕运。崇祯皇帝还特谕马鸣世集战船和运盐船只于长江南岸，以防备农民军渡江南下，造成更加被动的局面。原任南京兵部尚书吕维祺削职为民，由都察院右都御史范景文接任，命他整饬防备。崇祯皇帝还增发帑银一百余万两，用以镇压农民军的经费，严令限期将农民军剿灭。

李自成得知洪承畴率陕西兵入河南的消息后，便决定再次返回陕西，以避实击虚，图谋发展。此时官军主力由西边追赶而至，李自成和高迎祥便巧妙地避开其锋芒，转而向西北方向的亳州进击，以迂回西进。他们经归德（今河南商丘市）、睢州（今河南睢县）等地火速向西挺进，进军途中，采取弱者打之、强者避之的策略，以期能尽快向西挺进。这时，转战在河南一带的农民军也纷纷前来汇合，于当年二月间便到达陕西的终南山区。

三月间，张献忠也由湖广辗转进入陕南。张献忠在凤阳与李自成分开后，便南下庐州（今安徽合肥市）。他率众猛烈攻打庐州城，庐州知府吴大朴坚守不出战。张献忠竟使出花招，命数千妇女脱光衣服，在城下叫骂。如果谁羞愧不前，张献忠就下令命士兵用长矛将她刺死。张献忠想使用这个办法羞辱庐州知府，逼他出战。但吴大朴识破了张献忠的诡计，依然坚守不应战。张献忠没有办法，不得不放弃庐州，急趋舒城。同样，张献忠在舒城也遇到守城将士顽强的抵抗，损失了一千余人。随后攻克麻城，张献忠由湖广北部进入陕南。

洪承畴刚到河南，就得到凤阳被农民军攻陷的消息。保护凤阳皇陵并不是他的专责，但他还是上书自贬，请求皇上治罪。崇祯皇帝不但没有责怪他，反而晋升他为兵部尚书，赐尚方宝剑，以加重他的事权。洪承畴受此重任，受宠若惊，十分感动，表示"愿提兵与敌决死"，遂督促各路官军加紧行动，合力围剿。当他正想在中原一带要大干一场的时候，农民军主力却已转移到陕西。崇祯八年四月间，他得知这一消息后，便马上率领贺人龙等将领回头往陕西，同时急令曹文诏由湖广入陕南，扼守行动，以阻止农民军再次进入湖广和河南，以便将农民军集中消灭在陕西。

崇祯八年四月中旬，洪承畴在汝州向诸将下达命令后，立即由灵宝入潼关，渡过渭水，驰赴西安。洪承畴在灵宝向曹文诏下达指示，令其率军趋商州和雒南一带，去端掉农民军的老营。五月初，李自成和老回回、张献忠诸部逼近西安，要一举攻下这个战略要地。由于官军的严密防守和拼死抵抗，农民军一直未能得手。西安历来是陕西的要塞重地，洪承畴在入豫前就对这里的防务作了严密的部署，但他一听到农民军要攻打西安的消息后，还是十分担忧，所以就昼夜不停地往西安进发。李自成诸部对西安久攻不下，又得知洪承畴率大军直扑而来，遂从西安撤离，向西进攻凤翔，然后从这里向甘肃转移。此时，李自成和张献忠又不计前嫌，重归于好，协力与官军周旋。自六月以后，李自成诸部连续取得了几次大的胜利。这期间，击杀艾万年和曹文诏的两仗最为精彩，也最令洪承畴伤心。

艾万年是陕西米脂县人，和李自成是同乡。他曾说"自成故与我有怨"，可知他就是以前曾惩治过李自成的艾举人的近属。他和李自成营垒分明，是一对冤家对头。艾万年颇有文武才能，在镇压农民起义军的过程中不遗余力，多次获胜，斩杀了不少农民起义军，因而升迁很快，到崇祯八年时已升迁为都督金事，旋升至孤山副总兵，戍守平凉。他历经"大小数十战"，擒杀过农民军首领翻山鹞、掌世王等多人，还曾遣散农民军一万多人，成为农民军的死敌之一，因而农民军也十分痛恨他。

他曾经上书崇祯帝，献"剿抚良策"。他认为，对付农民起义军不外乎剿抚二法，不过是以前的"剿抚未尽合时宜"，所以收效不大，甚至于失败。他认为，农民军不怕多，只怕农民军走。农民军在崇山峻岭中流动，官军尚未到达，他们却早已逃跑，所以难以剿灭。从艾万年的这些话可以看出，李自成长期采用流动作战的策略是有道理的。艾万年主张用坚壁清野的办法，把农民军拖垮，困农民军于死地，然后或剿或抚，皆可成功。他认为农民军大都携妻带子，"无城栅，无辎重"，到处流动，以剽掠为生，如果将老百姓全部迁入城内，农民军衣食无着落，用不了多长时间这些人就会自行解散。实际上这种思路不切实际，所以论来论去，没有实行。崇祯帝对艾万年还是较为器重的，命他帮助洪承畴镇压农民军。当时，官军兵力不足，筹备军饷也十分困难，而大批想求生的农民却纷纷加入农民军队伍，所以农民军的力量迅速壮大。但是，洪承畴迫于半年"灭贼"期限，还是不得不下急令命各路官军加紧进击。六月中旬，艾万年奉命调离由平凉出发，带兵三千，带领副将刘成功、柳国镇等东来，以堵截农民军。李自成得知艾万年前来攻打农民军，特别兴奋，认为自己得到了一个报仇的好机会，遂集中精锐兵士，决计除掉艾万年。艾万年刚到宁州（今甘肃宁县），李自成已等得不耐烦，然后就率领大队人马从东边赶来，于是双方展开了一场激战。艾万年督军勇战，击杀农民军数百人。此时李自成早已设好埋伏，在一阵厮杀之后佯装败退后撤。艾万年小胜之后，骄心升起，率领官军乘胜追击，忽然伏兵四起，围之数重。艾万年和柳国镇虽然力战，但最后还是不敌被杀，刘成功也身负重伤，率部分败兵突围而去，官军"士卒死者千余人"。李自成为亲自杀掉艾万年而感到十分高兴。

李自成于六月十四日杀掉艾万年，两天后又在真宁湫头镇击毙曹文诏，真可谓连战连胜，捷报频仍。

在镇压农民起义军的过程中，曹文诏几乎所向无敌，号称"万人敌"。他的从子曹变蛟也是一员悍将，英勇善战，时人习称二人为"大小曹将军"。

曹文诏在山西、河南各地追剿农民军，多有斩获。现在李自成等农民军又返回了陕西，洪承畴遂急忙下令诏曹文诏入潼关。曹文诏飞速赶到灵宝拜见洪承畴。由于大部分农民军都在商州、洛南一带活动，倘若明军由潼关入陵，农民军知道后一定西走汉中，官军只能被动地跟在农民军后边追，所以洪承畴让曹文诏经山路直到洛南、商州。等农民军离去，曹文诏则马上直奔汉中，挡住农民军的退路，以便将李自成等农民军消灭在陕西。曹文诏跨马飞奔而去，五月初到达商州，打败了在这里活动的多部农民军，兵锋颇锐。他骄傲自大，洋洋得意，以为兵锋所指之处，农民军即可顿时溃灭。

曹文诏得知艾万年战败被杀的消息后，"瞋目大骂"，狂呼乱叫，马上向洪承畴请战。洪承畴正在为艾万年之死而伤心，看到曹文诏如此气壮，自然十分高兴，以赞叹的口气对他说："非将军不能灭此贼。顾吾兵已分，无可策应者，将军行，吾将由泾阳趋淳化为后劲。"曹文诏立即率领着曹变蛟等向宁州出发，走到真宁的湫头镇与李自成巧遇。曹变蛟率众兵先战，"斩首五百，追三十里"。在开始交战时官军略占优势，但官军兵力少，只有三千人，而李自成的农民军却多有数万人，在人员的数量上农民军占有明显的优势，虽开始交战时稍有失利，但并没有大的损失和伤亡。曹文诏率兵殿后，曹变蛟紧随向前冲来。李自成见二曹进入自己早已设好的包围圈，一声令下，数万伏兵四起，将二曹带的官兵包围数重，"飞矢猬集"，官军整个陷入被动境地。李自成起初还不知道被包围的是曹文诏，忽然有一个被擒获的官兵喊道："将军救我！"农民军中有投降过来的官兵，认出了曹文诏，遂立即大喊："此曹总兵也。"李自成得知是曹文诏后，心中暗自庆幸，决心在这里打一个漂亮的翻身仗，彻底消灭曹文诏，督攻更急。曹文诏"左右跳荡，手击杀数十人，转战数里"。曹文诏看到大势已去，已无法摆脱农民军，自己又不愿当俘虏，遂自刎而死。他手下将领被杀者二十多人，只有他的从子曹变蛟得以身免。曹文诏历来以勇武敢战闻名于世，在与农民军的多次角逐中几乎是所向披靡，但这次却彻底失败了。李自成把曹文诏击溃后，大有报仇雪恨之感，自然格外高兴。农民军得知曹文诏这个悍将被杀，算是除掉了一个死敌，都互相庆祝。洪承畴闻知曹文诏战死消息后，放声大哭起来，认为这无异是雪上加霜，好像砍掉自己一个膀臂。崇祯皇帝听说后也很伤心，遂赠曹文诏太子太保，左都督。以示褒奖。李自成连续击杀艾万年和曹文诏两员大将，使他在各支农民军中的声望又大大提高。

二、镇压农民

由于李自成农民军势力的扩大，威胁到朝廷，明廷只得派将领前往镇压，卢象升是个比较出色和十分有名的人物，也是崇祯皇帝非常器重的重要将领。他是江苏宜兴人，原是个文士，但颇知兵。大概是因为形势所迫，在明末战争不断的年代，习惯于吟诗作赋的人也不得不奔赴战场。卢象升就是这类的人物。当崇祯二年底清兵内犯时，卢象升把大名一带的兵备整饬得颇有成效，号称"天雄军"。卢象升由于受中国传统文化的熏陶，自幼饱读诗书，极富气节，"治行卓异"，很快被提升按察吏。《明史》所说："象升虽文士，善射，娴将略，能治军。"

随着李自成等农民起义军的逐渐壮大，卢象升也被卷入到镇压农民起义军的战争中来。崇祯六年，在山西一带流动作战的农民军受到官军的强大压力，有几支农民军陆续进入河北活动。卢象升率众督剿，斩获颇多。这几支农民军没能在河北稳住脚根，很快就转移到其他地方，甚至有的又逃回山西。卢象升又督众追

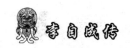

至山西，"连斩贼魁十一人，歼其党，收还男女二万"。每逢战阵，卢象升总是"身先士卒，与贼格斗，刃及鞍勿顾，失马即步战"，英勇异常。正因这样，不少农民军首领对卢象升非常惧怕。

崇祯七年，由于农民军接连攻占湖北郧阳等六县，明廷大为震动，崇祯帝于是命卢象升为右佥都御史，到郧阳一带督剿。卢象升连战皆胜，斩杀农民军五千六百余人。以后，卢象升上言明廷，请求增加在郧阳驻兵，减轻郧阳老百姓赋税，并加固城墙，让郧阳变成军事要地。后来，湖北北部的大片地区都被李自成等农民军攻占，只有郧阳这座孤城却久攻不下，这与卢象升在郧阳的精心经营兵备是分不开的。

到崇祯八年时，李自成农民军在陕西连连挫败官军，消灭了艾万年、曹文诏等名将，使崇祯帝特别担忧。五月，崇祯帝命卢象升为右副都御史，替代唐晖为湖广巡抚。三个月过后又大大增扩了卢象升行事权，命卢象升总管江北、河南、山东、湖广、四川军事要务，仍然兼任湖广巡抚。同时，崇祯帝又对卢象升和洪承畴作了分工，洪承畴仍为总督，主要负责追剿陕西一带的农民军，卢象升则主要负责关外各地的追剿活动。没过多久，崇祯帝命卢象升为兵部侍郎，不再兼管湖广巡抚，而是兼管督陕西、山西军务，赐尚方宝剑，许卢象升"便宜行事"。很显然，这时卢象升的事权已超过洪承畴，在他之上。两人都极有谋略，且久经沙场，这时他两人携手镇压李自成等农民军，使李自成等农民军首领都颇感到很大的压力。

当时，官军在镇压农民军的战斗中由于多次失利，尤其是艾万年和曹文诏两员战将都相继毙命，所以官军的士气很低落，遇有战事大都有退缩之势。卢象升常常"激以忠义"，鼓励官军英勇杀敌，以报效国家，"每慷慨涕泣"。有一次军中三天没有军饷，卢象升作为一军统帅，同士兵一样三天没有吃饭，与士兵同甘苦共患难，"以是得将士心，战辄有功"。卢象升又一次上奏崇祯帝道，以前官兵之所以屡遭失败，主要是因为农民军太强大了。镇压需要增兵，增兵就得增饷，饷银不足，导致官军也同贼寇一样抢劫掠夺老百姓。各地官员都有各自的守土之责，不能一有情况，就向朝廷求援。他进一步说，有些朝内官员不了解战场上的实情，"不问难易，不顾死生，专以求全责备"，致使前线将领处处受掣肘，才能得不到充分展露。卢象升这些上奏言都"切中机宜"，但由于明王朝已完全腐败，各种积弊很难矫正，任何好的建议和措施也得不到认真的贯彻和执行。

三、联军作战

　　崇祯八年（1635年）下半年，高迎祥和张献忠诸部来到了河南一带，卢象升督军也及时赶来。高迎祥、张献忠在偃师、确山等地屡战失败，遂转移安徽各地。到第二年三月，高迎祥等部又分路转入陕西。

　　通过崇祯八年上半年的转战，李自成在击杀艾万年和曹文诏之后，李自成、高迎祥、张献忠成了农民起义军的三大主力。闯王高迎祥和闯将李自成各拥有农民军七八万人，且各有一支精锐的骑兵。此时的李自成已被官军当作围剿的重点。

　　崇祯八年的下半年，农民军主力开始分头作战。高迎祥和张献忠陆陆续续往东转移，重新转入河南。数十万农民军行进在上百里的道路上，络绎不绝，浩浩荡荡，尘土蔽天，连悍将左良玉站在山头上也未敢拦截。李自成仍在陕西率领着自己的部下作战，其主要对手是洪承畴。

　　李自成于甘肃连败官军后，率军东进陕西，在八月上旬攻占咸阳，威逼西安。官军反应迅速，急忙向咸阳和西安一带集结，遂李自成主动放弃咸阳，未攻西安，往西北方向挺进。这年冬天，李自成在洛川和宜川一带活动。满天星部原来也计划由潼关入河南，由于在潼关受阻，遂折回陕西同李自成汇合。此外，和李自成一同联合作战的还有老张飞、争功王等，总共十三营人马。李自成打算在韩城东渡黄河，入山西活动，以躲避洪承畴的围剿。但官兵方面在山西早有防备，扼守要害，致使李自成东渡的计划落空，之后，李自成便打算攻占韩城。韩城的守军顽强防守，农民军连攻数日，一直没能拿下。这时，洪承畴派曹变蛟等率军前来韩城援助，李自成为保存实力，于是撤往南边的山区，在澄城、郃阳一带活动。

　　崇祯九年（1636年）二月，洪承畴率领多路官军来剿。李自成等各营农民军的处境变得愈加困难，便向西北方向撤退。过天星在宁夏战败，随即投降官军，后被安插在延安，但不久又复叛。正当李自成各部农民军接连失败的时候，固原的官兵因没有军饷，发生了哗变，杀掉长官。洪承畴顾不得农民军这一头，赴固原去平定事件。这样李自成有了喘息机会，"势复振"，并趁机进军到榆林、绥德一带。

　　洪承畴平定了固原兵变后，又把主要兵力重新拉回来对准了李自成。李自成发挥流动作战长处，在严酷寒冷的陕北高原与官军展开了一场流动战。官军方面

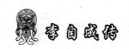

骑兵一人一马,李自成的骑兵一人两马,可以轮换着骑。迫于朝廷严令,洪承畴恨不能一下子将农民军消灭干净。但普通士兵并没有洪承畴的这种积极性,成年累月地东奔西跑,饷银也不能按时发放,还说不定什么时候性命都丢了,因此,这些官军,甚至有些下级军官,并不愿主动和农民军交战。有时双方接了仗,农民军还要问官军:"打真仗,打活仗?"也就是真打、假打的意思。如果官军回答说打活仗,农民军就故意丢掉一些衣甲器仗,官军则一片呼喊,用捡到的这些衣甲器仗向上司报功。正因如此,官军在那里接二连三地向上报功,农民军却越消灭越多。

崇祯九年五月,李自成准备由绥德渡河入山西,未能得逞。榆林总兵俞冲霄在身后紧紧追赶,在安定中了李自成设下的埋伏,全军覆没,俞冲霄也被俘处死。于是李自成率领农民军乘胜追击,紧追不舍,一连攻克绥德、米脂等许多府县。从李自成离家出走到今天回到米脂县已是八九年时间,这时的米脂更加残破不堪。李自成叫手下召来米脂知县边大绶,对他说:"此吾故乡也,勿虐我父老!"并留给他一些银两,要他修葺一下已毁坏的文庙。但是,边大绶并不领李自成的情,也正是这个边大绶在日后率兵丁掘毁了李自成的祖墓。从前李自成在其他地区经常"打粮",劫掠富室豪门,但在米脂却下令不许劫掠,严格约束部下。米脂的许多青年人纷纷加入到李自成的农民军中来。

在众多农民军当中,李自成和高迎祥的关系一直十分密切,经常联合起来协同作战。在紫金梁(王自用)战死以后,高迎祥就成了各部农民军的盟主。他的势力最大,兵强马壮,因而也就成了官军急于消灭的最主要对象。"七省总理"卢象升和总督洪承畴都对他恨之入骨,急于要尽早除掉他。

崇祯八年冬季,高迎祥和张献忠、老回回等部都先后移师河南,转战河南、湖广和安徽三省的交界地区。十一月底,高迎祥和张献忠与官军在龙门、白沙一带展开了一场激烈的大战。龙门就是洛阳南的龙门关,白沙位于龙门关南,两地相距很近。在这以前,张献忠在汝州的屺料镇曾和祖宽进行交战,结果被祖宽战败,"伏尸二十余里,斩馘千六百有奇"。张献忠胸中有气,一直念念不忘,想报这一箭之仇,便和高迎祥联手共同摆下战场,要与祖宽决一死战。祖宽原是辽东参将,这年秋天被任命为援剿总兵官,率领关宁骑兵三千赶奔河南,参战后连战皆捷。他们抵达龙门、白沙后,骑兵一下子被高迎祥邀击为二,使官兵处于不利境地。祖宽是员猛将,久经沙场,他亲自断后,他的手下也奋勇抵抗,从早晨一直激战到天黑,结果祖宽反而转败为胜,"复大捷,斩馘一千有奇"。农民军遭到重大损失。张献忠不得不率残部南下湖广,高迎祥和曹操(罗汝才)向东南方向撤退,撤退途中,又攻克了光州,接着转而折向东,到达安徽滁州一带。

　　崇祯九年正月间，高迎祥、张献忠、闯塌天、摇地动等七营农民军集结滁州，与官军在这里展开了一场大会战。滁州是江北的重要门户，位于凤阳东南，长江之北，邻近南京。明廷害怕农民造反的烽火蔓延到江南，匆忙调集大批军队对农民军围剿。卢象升督率诸道官兵支援滁州，以祖宽为前锋，以火攻三营为后劲，他自己率领三百骑兵居中督战，摆开阵势，要同农民军作一死战，想把农民军一举消灭在滁州城。

　　从正月初六日开始，高迎祥和张献忠就集中优势兵力猛攻滁州。数十万农民军"环山为营"，连营"百余里"，志在必得，也想一举拿下滁州。滁州知州刘太巩和太仆寺卿李觉斯亲自督众固守。尽管守军人数不多，但城上设置了许多门火炮，并发挥了巨大的威力，"城头火轮巨炮相续发，訇轰毁诸山"。在大炮的轰击下农民军将士纷纷倒地，死伤惨重。高迎祥和张献忠不得不命部下暂时退却，停止攻城。

　　那时的人们迷信心理很重，高迎祥和张献忠也同样如此，在久攻不下的情况下，听信了一个术士的主意，用污秽之物对着大炮，这样城头上的大炮就打不响。于是，高迎祥和张献忠掠来数百妇女，将她们杀死后埋在城下，露出阴部，想用这个方法镇压住城上的大炮。这方法实在有点太残忍了，但在古代类似的残忍事并不罕见。史书上对此事有明确记载：他们将这数百妇女"尽断其头，孕者则剖其腹。环向堞植其跗而倒埋之，露其下私，血秽淋漓，以压诸炮"。而守城的官兵也有对付的办法，"觉斯立命取民间圊褕亦数百枚，如其数悬堞外向，以压胜之。燃炮皆发，贼复大创"。圊褕就是厕所中用来清除污秽之物的短板，他们用这种短板借以弹压对方的污秽之物。在中国古代巫术中有所谓厌之术，也就是借用诅咒和一些污秽之物来克敌制胜。当然在今天我们看来，这种方法自然是滑稽可笑的，但在那时却屡见不鲜。

　　如此双方僵持数日不下，可是，官军援兵却源源不断地赶来。当祖宽率辽东兵赶到后，"奋击大呼"，农民军的阵地马上乱作一团，遂溃不成军，仓皇撤退。官军乘胜追击，农民军"横尸枕藉，水为不流"。高迎祥诸部的精锐兵力损失殆尽，他和张献忠等不得不分兵撤回河南。

　　卢象升和洪承畴对高迎祥的行踪密切注意，对他穷追猛打。给事中常自裕上书崇祯帝，说当今最主要的任务是要消灭闯王高迎祥，而卢象升和洪承畴近来的一些胜利都是小胜。他在奏疏中说："流寇数十万，最强无过闯王。彼多番、汉降丁，坚甲铁骑。洪承畴、卢象升即日报暂获，不过别营小队耳，于闯势曾无损也。"并且建议，陕西的农民军由陕西巡抚负责剿灭，河南的农民军由河南巡抚负责追剿，洪承畴和卢象升"督理两臣宜令专图闯王"。为了防止闯王高迎祥再次奔突逃逸，应责令相邻各省严加防范，加强武备，"猎兽合围，则贼自无所逃。贼渠歼，而余贼自成破竹矣"。由常自裕的上书内容可以清楚地看到，此时闯王高迎祥的声望最高，明显处于李自成之上。也正因为如此，明廷把追剿高迎祥作为当时最主要的目标。

高迎祥的兵力在攻打滁州前大约有五万人，滁州之战由于伤亡惨重，战后大约还有二万余人。此后，高迎祥在登封和裕州的七顶山一带的几次战斗中，又连遭败绩，兵士几乎"死逃略尽"，其兵力损失惨重。

在卢象升的统一指挥和调度下，左良玉、陈永福、汤九州等悍将集中优势兵力对高迎祥围追堵截，连续追打使高迎祥连遭败绩，疲于应付。在河南转战一个多月，他的精锐部队损失了大约十之六七。崇祯九年二月间，高迎祥和闯塌天等部由河南移师到湖广的郧阳、襄阳一带。在这里休整了约一个月，高迎祥率部又由湖广移师陕西，在汉中一带活动。

李自成得到高迎祥回到陕西的消息后，十分高兴，马上率部南来，和高迎祥于商南会师。随后，他们联合起来，一起攻打商州，不料遭到官军的伏击，损失颇重。闯将李自成和蝎子块、过天星诸部不得不又向北撤去，进入陕北，而高迎祥则率部向西转移。

崇祯九年七月中旬，高迎祥率部转移到盩厔南约二十余里处的黑水峪，高迎祥尚未站稳脚跟，洪承畴和新上任的陕西巡抚孙传庭尾随而至，双方遂混战在一起。起初，农民军还打了一个小胜仗，而且官军的参将李遇春也被击伤，差点成了农民军的俘虏。恰在这时正赶上连绵大雨，高迎祥率领着农民军到处转移，躲避大雨，部下都疲惫不堪，许多人还生了病，就连高迎祥本人也疾病缠身，只能强打精神勉强指挥战斗。这一状况的出现，自然要影响到农民军的士气。这时，洪承畴和孙传庭又使出毒计，对农民军进行分化瓦解。孙传庭命令手下在附近竖起两面大旗：一面白旗，一面红旗。到白旗下的表示投降，到红旗下的表示顽抗。这一手还真的起到了分化瓦解的作用，不少农民军士兵竟然跑到白旗下，向官军投降，甚至于一些农民军首领，如干公鸡、一斗谷也暗中勾结官军，准备受抚。

连续几天的激战，农民军伤亡惨重，处境越来越艰难。一天，官军趁雨后大雾，从四面八方把农民军阵地包围起来。在乱军当中，高迎祥的坐骑不知被谁偷去。高迎祥没有办法，便跟跟跄跄地向一个山洞跑去，结果被官军发现俘获，时为崇祯九年七月二十日。

崇祯皇帝听到高迎祥被俘获的消息，十分振奋，下令立即解来京师处死。由于擒获高迎祥之功，洪承畴和孙传庭都各晋升一级。参加此役的官员都得到了不同的升赏。高迎祥之死对陕西的农民军打击很大，使得不少农民军首领纷纷向官军乞降。比如张妙手和蝎子块都先后受抚，他们的部众也被遣散。尔后，蝎子块被孙传庭借故杀死。此次变故，使得农民军一时间处于低潮，严重影响了他们的发展。李自成听到高迎祥战败被杀的消息后，十分悲痛。他毫不气馁，继承了"闯王"的名号，成为各部农民军雄长，继续与官军周旋。

明末农民军各部首领都有自己的绰号。当一个首领战死后，新首领往往仍袭用老首领的绰号，李自成就是如此。闯王高迎祥死后，"贼党乃共推自成为闯王矣。"在高迎祥被俘以后，他的部下曾为争夺权力发生了一场内讧。高迎祥的妻舅翻山鹞拓攀高，颇有勇力，很想统领高迎祥的直属部队。中斗星高迎恩，是高迎祥的弟弟，他也想统领高迎祥遗留下来的部队，与翻山鹞相争。由于李自成继为闯王，成为各营的总掌盘子，所以最后就由李自成做出决定，由高迎恩统领高迎祥的遗留下来的部队。翻山鹞在争权失败后投降了孙传庭。

李自成原本打算和高迎祥合兵一处，共同抗击官军，于是率部便从陕北南下。刚刚行至半路，高迎祥便战败被俘，因此他也就放弃了南下的打算。他于崇祯九年七月进攻朝邑，连攻数日未果，遂引兵西去，到达陇州汧阳一带。这时各部农民军接连遭到败绩，许多农民军首领还投降了明军。在洪承畴、卢象升、孙传庭等人的协力围剿下，农民军的处境越来越恶劣。尤其在高迎祥被俘后，李自成就成了官军追剿的最主要目标。在此后的一段时间，李自成尽量避开官军主力，在其力量薄弱之处采取流动作战，巧妙地与官军周旋，在夹缝当中发展自己的力量。

在明朝官军围剿农民军节节胜利之际，东北的清兵却突然突破喜峰口，大举南侵，接连攻克昌平、宝坻、房山等诸多州县，兵锋直逼京师北京。在这一年，清太宗皇太极在东北正式称帝，改国号"后金"为"大清"，祭祀天地，接受尊号，并改元"崇德"，于同年秋天遣兵内犯。此时的皇太极已野心勃勃。假如说他以前只不过希望在辽东割据的话，那么，这时他已产生了彻底消灭明朝的野心。这可从两个方面看得出，一个是，当明军在河南、山西、陕西、湖广等地忙于镇压农民起义军的时候，清（后金）的力量在迅速壮大，并征服了漠南蒙古，彻底摧垮了明王朝的北部屏障。此后，清兵可以在北部畅通无阻地入塞，使明王朝处于随时都有可能被侵和消灭的境地。第二是，清兵在征讨漠南蒙古时得到了元朝的传国玉玺。这使皇太极十分高兴，认为这是天命的象征，从而大大增强了皇太极取明朝而代之的信心，也进一步提高了他对蒙古诸部的号召力。于是，他将国号改为"清"。按照五德终始之说，清为水德，明为火德，以水灭火，即以清代明，这也符合上天的旨意。至于清朝原来所用"后金"的国号，因为中国历

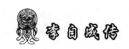

史上有过金朝，与南宋并存百余年，中原老百姓都知道岳飞抗金的故事，所以容易引起老百姓的反感，于己不利，故改国号为"清"。清兵这次内侵使崇祯皇帝十分惊慌。他立即下令京师戒严，并急调卢象升等火速增援京师。这样一来，就极大地减轻了明朝官军对李自成等农民军的压力。在这年下半年，李自成得以在陇州、汧阳一带的山区中休整，没有遭到大规模的围剿。

崇祯九年十二月，李自成率部走出山区，南下攻打阶州、徽州，但都没有攻克。于是，李自成便移师北上庆阳。

崇祯十年正月，李自成因在陕西连遭败绩，于是便打算南下四川。当月下旬在宝鸡和官军遭遇。李自成凭兵力上的绝对优势，把官军打得一败涂地，而后乘胜向东进军，到达西安附近的泾阳、三原。这时，蝎子块和过天星也率部来会，几路兵马会合一处，使得兵力大增，兵威一时颇盛。这引起了官军的极大恐慌，陕西巡抚孙传庭亲自率领曹变蛟等督兵救援，双方大战七天。曹变蛟也如同他的叔叔曹文诏，十分勇敢，成为农民军的死对头。这一仗他又是官军的先锋，冲锋陷阵，如入无人之境，几乎所向披靡。最后李自成诸部败绩，也导致了蝎子块拓养坤，脱离李自成单独行动，孤军往东进发，不久投降了孙传庭。李自成则和过天星一起西去，进入秦州一带的山区，以躲避官军的围剿，并等待时机南下四川。

第六章　连遭败绩

一、九部入川

崇祯十年的春天，张献忠、罗汝才等部活跃在湖广、安徽一带，兵力约有二十多万，时常逼近长江，因而牵制了大批官军。南京兵部尚书和总兵官杨御蕃等人一面派兵固守，一面急忙上奏朝廷请求派兵增援。明末著名的将领史可法这时任安池道副使，他率领所部救太湖，援桐城，东奔西跑，疲于奔命，不得安歇。张国维调左良玉追剿张献忠等农民军。左良玉惧怕入山作战，借口饷银不足，徘徊观望，按兵不动，却纵容部下四处劫掠，使老百姓鸡犬不宁。左军嚣悍无纪律，这在当时是出了名的。据史书记载，左军"扎营之处，方圆数十里，妇女悉被奸污"，地方官却"概置弗问"。在这种情况下，张献忠诸部的力量飞速发展，使官军把主要目标又都集中到他身上。由此，四川的防务随之变得较为薄弱，这一事态的变化为李自成入川提供了条件。

崇祯十年五月中旬，李自成率部由秦州南下，进入四川。一开始由于未引起官军重视，打了几次小胜仗，李自成连克四川北部的南江和通江诸县。官军很快发现了李自成的动向，便调集军队围追堵截。李自成又被迫移师折回陕西。在此后的几个月中，李自成为躲避官军主力，主要活动在陕西和四川交界处的山区中。

经过数月的休养生息，李自成的力量又逐渐壮大起来。崇祯十年九月，李自成率领十余支农民军向汉中进发。李自成这次出师的声势十分浩大，其人马"宽约四十公里"，前后相接，络绎不绝于道，居然"两日尚未走尽"。李自成敢于向汉中大举发动进军，而不是继续在山区中躲避，足已说明他的力量已有了相当大规模。孙传庭对李自成的一举一动似乎都了解得一清二楚，当他得知李自成的动向后，立即让曹变蛟赴汉中救援。曹变蛟首先神不知鬼不觉地进驻汉中附近的南郑县。李自成不知道援助的官军已悄悄赶来，遂于九月二十六日大举攻城。这时

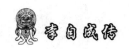

的曹变蛟胸有成竹，没有立即迎击，而是待农民军打到城壕附近时，突然冒出来擂鼓夹击，"矢石如雨而下"。李自成农民军立刻乱了阵脚，只得仓皇逃跑。夺取汉中的计划又遭到失败，李自成只好退向四川。史书上称"九部入川"。

"九部入川"是指入川的九部农民军的名称。这九部是：李自成、过天星、混天星、满天星、原来属于六队的大天王、混天王、争管王、原属于四队的猛虎和继掌高迎祥直属余部的中斗星。从这里可以看出，九部基本上是高迎祥统帅下的农民军。在明末农民起义军中，用过天星诨号的有两人，一是罗汝才部下的惠登相，再是属于李自成系统的张天琳。这次是张天琳这个过天星和李自成一起入川。实际上，除了这九部农民军外，同李自成一块入川的还有很多小部农民军。

十月，李自成和过天星张天琳等部再次南下。他们首先攻克了入川的要地宁羌州，随后大举入川。李自成和过天星等共九营农民军，在攻陷宁羌州后即分开三路南下。李自成一路从七盘关到朝天阁，随后进攻广元县。在广元驻守的侯良柱是四川总兵官。在镇压农民起义军战斗中，侯良柱屡有战绩。广元是陕入川的咽喉地带，侯良柱要撤回守候在各关隘的守兵，以集中兵力专守广元。四川巡抚王维章"以为非计"，不同意侯良柱的这种做法，并上疏崇祯帝以言其事。正当他们部署还未确定之时，李自成农民军已迅速包围了广元。侯良柱慌忙应战，最后被李自成农民军斩杀在乌龙山下。李自成攻占广元后，其他县城的官军更为不堪一击，再加之王维章当时正驻守保宁，李自成遂连续攻陷多个州县。李自成占领了梓潼后，又兵分三路，分道向成都进攻。十一月初，李自成的三路农民军陆续赶到成都附近，准备攻陷成都。

李自成这次入川计划进展颇为顺利，一个月内"连陷三十余州县"，并攻打至四川的心脏成都。李自成的接连胜利鼓舞了投降了官军的那些农民军首领。例如蝎子块拓养坤，投奔孙传庭以后，孙传庭一直不信任他，更不用说重用了，他心里特别后悔。十月间，他在华阴反叛，率领自己的部下往西逃去。当时孙传庭正在潼关布防，听到这个消息后惊讶万分，因为蝎子块如果反叛离去，自己招降的功劳会立即变成罪过。因此，他急忙命令得力的将领前去追赶蝎子块，蝎子块很快被俘获，被孙传庭解往潼关杀掉。

四川巡抚王维章面对李自成的胜利进军成都束手无策，只好向朝廷紧急求援。崇祯帝闻报后非常生气，立即命令将王维章的职位罢免，由傅宗龙接任王维章的职位任四川巡抚。崇祯帝又急命洪承畴率兵入川协剿。虽然洪承畴在陕西连连得手，大批农民军有的转移，有的被击溃，有的首领投降，但仍有小股农民军，还在四处活动。因此，陕西的情况也不能说已高枕无忧。在朝廷的严令催促下，洪承畴不得不率兵入川。他率领固原总兵左光先、临洮总兵曹变蛟和副将贺人龙等，率兵万余人，风雨兼程，前往成都。洪承畴担心李自成调虎离山由四川再返回陕西，洪承畴又特调延绥总兵王洪、宁夏总兵祖大弼移驻汉中、略阳、徽州、秦州一带，计划对农民军加以堵截。

洪承畴入川后，保宁与原四川巡抚王维章商议，"调各处川兵、数有六七万"，从四面八方向李自成包围过来，只有西北方向的梓潼、剑州一带无安排川兵堵截。洪承畴的谋略是，重点防御东、南两个方向，防止李自成窜入湖广。川西地区很荒凉，居住的是少数民族，农民军在那里很难发展。倘若农民军往北撤，官军就来个前堵后追，这样就可能将李自成军队包围在一起将之消灭掉。洪承畴这个部署不可谓不高明，可是就是未能如愿以偿。

李自成等农民军攻战成都二十余天，未能攻下。他闻讯洪承畴已从陕西赶来，川兵也纷纷向成都聚集，遂决定分头撤围。一路向北，经汉州、中江、潼川趋梓潼；另一路向东，经金堂、射洪到顺庆府，打算由顺庆经夔州走湖广。但因发现东路官军甚多，农民军只好放弃了东进的计划，合兵一处，进入梓潼和剑州一带的山区活动。崇祯十一年正月中旬，李自成在梓潼被曹变蛟与左光先击溃，但损失并不大。洪承畴命总兵曹变蛟和左光先继续进剿，但山地崎岖不平，加之道路不熟，两总兵进剿的收获并不大。李自成等部农民军突破官军严密防线，突出重围，又一次打回陕西。这次突围的时间大约在崇祯十一年正月底，这样算来，李自成在四川境内转战了共三个多月。

二、专用杨嗣昌

农民造反的烈火长时间不能扑灭，而且火势越来越旺，清兵还不时越关内犯，这使得崇祯皇帝十分恼火。原来的兵部尚书张风翼表现一般，对兵事无所建树，成绩平平，崇祯九年秋天清兵又内犯，张风翼兵败后服毒身亡。崇祯皇帝一心想挑选一个懂兵事、有魄力的兵部尚书，半年中一直没有发现这方面的人才，所以这个要职竟空缺了半年。崇祯皇帝掂量再三，决定重用杨嗣昌任兵部尚书。

杨嗣昌是原任陕西巡抚杨鹤的儿子。杨鹤因镇压农民军无成绩，被罢职谪戍。崇祯皇帝为了要起用杨嗣昌，所以才免杨鹤一死。当时，崇祯皇帝命杨嗣昌为兵部右侍郎。他多次陈述边疆之事，崇祯皇帝认为他很有才干。后来，因为杨鹤和继母相继病故，杨嗣昌于是辞官回家守丧。崇祯皇帝感到朝廷没有一个能担当此重任的大臣，于是便降旨对杨嗣昌"夺情起复"，命其进入内阁，为兵部尚

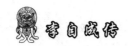

书。杨嗣昌"三疏辞，不许"，遂于崇祯十年三月进京上任。

按照旧的习俗，官员若遇父母亲去世，要回籍守丧三年，以尽孝道。如守制不到三年而被皇帝起用，称之为"夺情"。当崇祯帝起用杨嗣昌时，杨嗣昌才为继母守丧五个月。为此，一些大臣曾上疏强烈反对。例如给事中何楷就上疏弹劾杨嗣昌，指责杨嗣昌"忘亲"，即对继母不孝。崇祯帝正倾心倚用杨嗣昌，所以看到何楷的上疏后很生气，对何楷"切责之"。大臣们见崇祯帝起用杨嗣昌的决心如此坚决，就不再反对。只有耿直大臣黄道周仍继续反对："朝廷即乏人，岂无一定策效谋者，而必破非常之格，以奉不祥之人？"这话虽说得很激烈，但崇祯帝不予理睬。由此可以看出，崇祯帝对杨嗣昌是怎样倚重。

1. 制定作战方案

杨嗣昌的家庭是一个官宦之家，他自幼酷爱读书，颇通文墨，天生一副好口才，在崇祯皇帝召对时他就对答如流，他还表现出一副胸有成竹的样子。崇祯帝"益以为能，每对必移时，所奏请无不听，曰：'恨用卿晚。'嗣昌乃议大举平贼"。在怎样对付李自成等农民军的策略上，杨嗣昌也确确实实提出了一套似乎颇有新意的作战方案，也就是"四正六隅十面网"的策略：陕西、河南、湖广、江北为"四正"，设四巡抚，"分剿而专防"；延绥、山西、山东、江南、江西、四川为"六隅"，设六巡抚，"分防而协剿"。"四正"和"六隅"合在一起称为"十面之网"。另设"总督"、"总理"两个重臣，"随贼所向，专征讨"。原任总督洪承畴、王家桢分驻陕西、河南，而王家桢"故庸材，不足任"，杨嗣昌荐举福建巡抚熊文灿来替代他，并进一步提高和扩大熊文灿的事权，命他总管南京、河南、山西、陕西、四川、湖广军务，驻郧阳。

杨嗣昌制订了对付农民起义军策略，选拔了精锐将领，但这还远远不够，还必须增加兵力，提高饷银。于是，杨嗣昌又议"增兵十二万，增饷二百八十万"。到处调集兵员，增加饷银则利用各种名目来搜刮老百姓。崇祯皇帝为尽早除掉李自成等农民军这个心腹大患，马上答应了杨嗣昌的请求，并下召全国："流寇延蔓，生民涂炭。不集兵无以平寇，不增赋无以饷兵。勉从廷议，暂累吾民一年，除此腹心大患……布告天下，使知为民去害之意。"看崇祯皇帝这个意思，似乎他不希望向老百姓"增赋"，只是"勉从廷议"，而且还是用来"为民去害"，这才"暂累吾民一年"，老百姓该没话说了吧。但是，当时的老百姓已非常贫穷困苦，社会经济已破败不堪，朝廷及地方官府已向老百姓加征多种赋税，百姓的确已到了民穷财尽的地步，社会财富主要集中在勋戚乡绅的家中。对此，崇祯皇帝心里特别清楚。这时又要向老百姓伸手，他不得不责怪几句这些不肯慷慨解囊的勋戚乡绅。崇祯十年四月二十七日，在刚刚任命杨嗣昌和熊文灿为"平寇"的头领之后，崇祯皇帝对他的大臣们说："去岁谕令勋戚之家捐助，至今抗拒，全无急切体国之心。就是直省乡绅也不捐助。及至贼来，都为他所有了。怎么这等愚！"说到这里，崇祯帝为了表明自己并不是财迷心窍的皇帝，只能先叫一番穷："目今帑藏空虚……前查约数若干，限二日内奏夺，如何不见奏来？"

如今，就连崇祯皇帝也在那里叫穷不迭，不肯出内帑银饷兵，这就更难怪勋戚乡绅们不肯捐助了。由此看来，崇祯皇帝在责怪别人"怎么这等愚"的时候，也该先责怪一下自己，好好反思一下。既然有钱的人不肯出钱，那就只好向老百姓要了，因此，他们拼命搜刮老百姓，致使老百姓的生活雪上加霜，无法存活下去，为了活命，便纷纷投入农民军。

2. 先抚后剿

这种加征实际上是在为渊驱鱼，适得其反。

新任兵部尚书杨嗣昌，此时面临着两大任务：一是镇压李自成等农民军，一是对付辽东的"大清"。面对此，杨嗣昌认为"安内"为首，"攘外"为次。为此，他在给崇祯皇帝的奏疏中阐述了自己的观点，他说：

> ……似乎安边第一，荡寇次之。微臣乃言：必安内方可攘外。何也？窃以天下大势譬之人身，京师，元首也；宣、蓟诸边，肩臂也；黄河以南，大江以北，中原之地，腹心也。人之一身，元首为重。边烽证肩臂之外，乘之甚急；流寇祸腹心之内，中之甚深。急者诚不可缓图，而深者尤不可忽视也。诚使腹心安，脏腑无恙，则内输精血，外运肢骸，以仰戴元首而护卫风寒于肩臂之外，夫复何忧？今腹心流毒，脏腑溃痈，精血日就枯干，肢骸徒有肤革，于以戴元首而卫肩臂，岂不可倮危惧哉！以故，臣言必安内方可攘外，必足食然后足兵，必保民斯可荡寇。此实今日证治之切，根本之图。非敢缓言攘外也，求攘外之至急，不得不先安内耳。

杨嗣昌的这些观点都被崇祯皇帝所采纳。在这以后的几年当中，明廷对"大清"采取的政策是以防为主，而集中兵力大举围剿李自成等农民军。为了实施这一计划，杨嗣昌推荐熊文灿总理六省军务。熊文灿尽管只是个好说大话的平庸之徒，但是，他曾平"海寇"立有战功。而他平海寇的经验就是"招抚"。他曾先后任过广东巡抚和福建巡抚。在"招抚海寇"中索取了大量的金银财宝，这使他具备了向朝中权贵行贿的资本。崇祯皇帝曾命一个宦官以采办为名，暗地里前去考察熊文灿。这个宦官回朝后，极言熊文灿极有才能，可以重用。杨嗣昌的一个

朋友也极力推荐他，熊文灿遂受命总理六省军务。

在赴任途中，熊文灿到庐山会见了老朋友空隐和尚。刚见面，空隐和尚就对熊文灿说："公误矣！"意思是放着广东巡抚那样的美差不干，去镇压李自成等农民军，这是件自讨苦吃的苦事，也是随时都可能掉脑袋的事。熊文灿听到后一愣，遂让其他人回避，问他有何指教。空隐和尚说："你想一想你所率领的官军足以能够将农民起义军致于死地吗？"熊文灿说不能。又问："你所统领的大将有能独挡一面的吗？有不用你指挥而能歼敌的吗？"熊文灿回答说："不知道。"空隐和尚遂说道："你既然不能抵挡农民军，但皇上又指名委以重任，寄予厚望，假如一旦不能奏效，那可就有杀头的危险啊！"熊文灿说要运用招抚的策略。空隐说李自成等"流寇"与海寇不一样，"你可要谨慎从事！"这次会见对熊文灿以后的行动产生了深刻的影响，熊文灿的命运也不幸被这个和尚言中。

崇祯十年十月，杨嗣昌经过一番紧张的部署，感到大体已经就绪，于是上疏请求崇祯皇帝下令，命各路将领对农民军大举围剿：

> ……今则网张十面，刻值千金，断断不容蹉过矣。臣计边兵到齐，整整在十二月、正月、二月为杀贼之期。除凤阳、泗水、承天祖陵所在理应防守外，确确以河南、陕西为杀贼之地。然陕西有闯、过等贼大伙盘桓，未能剿绝，不当驱关东之贼与之合势也。臣之愚计，要使陕抚断商、洛，郧抚断陨、襄，楚抚断德、黄，皖抚断英、六，凤抚断颖、亳，而应抚之兵仍堵潜、太，江抚之兵急堵梅、济，东抚之兵直堵徐、宿，晋抚之兵横截陕、灵，保抚之兵飞渡延、津一带。然后总理提边兵，监臣提劲旅，豫抚提左、陈等兵，同心并力，合剿中原，为不尽不休之势。倘闯、过大贼透出关东，则秦督提左、曹、祖诸帅之兵与之俱出，下三个月苦死功夫，了十年不结之局……断断乎可三月而平贼也。

杨嗣昌的这番话充满了杀气，部署得亦可以说十分周密。他决心用三个月的时间来"了"这"十年不结之局"，真可谓信心十足。同时我们从这个奏疏中还可以看出，李自成这时已成为官军最主要的围剿目标。

为了保证这次大围剿万无一失，崇祯皇帝依照杨嗣昌的提议，下令在户部专门设置剿饷侍郎一人，由杨嗣昌亲自推荐傅淑训担任，以保证军饷之供应。各地应交纳的剿饷不能按时足额交纳者，要以破坏"灭寇"的罪名严加惩处。为了严肃军令整齐划一，按照杨嗣昌的疏请，惩治了一批围剿不得力的将领。例如，总兵官王忠由于"称病"而不积极进击而被治罪；总兵官张全昌因战败投降过蝎子块，这次以"辱国"之罪被查办；总兵官左良玉也因经常不听从命令而被革职，命戴罪自赎。还有在本次大围剿中，如果有哪位巡抚不听命尽力，就可以立即解除其兵权；如总兵官不听命尽力，就可以立即收回他的帅印；如监司、副将不听命尽力，就可以随时用尚方剑将其就地赐死。

这次大围剿，杨嗣昌坐镇朝中，熊文灿为一线的最高统帅。他走马上任后，"先请左良玉所将六千人为己军，而盛募粤人及乌蛮精习火器者一二千人以自护，弓刀铠仗甚整。"没过多久，他又以南方人不习北方的水土为借口，将招募来的南方兵遣回，只保留五十人充作自己的帐下亲兵。但左良玉的兵又不听使唤，熊文灿便通过杨嗣昌奏请崇祯皇帝，"以冯举、苗有才之边兵五千人属之，文灿气稍振"，熊文灿先为自己着想。

巡抚张国维害怕农民军突破长江防线，进入江南，危及南京，深感沿江防线重要，有必要加强兵力进行防卫。于是便奏请崇祯皇帝，允许划出安庆、庐州、池州、太平四府，设一巡抚，以专门负责长江上游江防。崇祯皇帝随即提升史可法充任此职，所辖兵力有万余人。

可以说这是一次动员了全国力量的大围剿，气势凶猛，组织严密。使农民军很快陷入十分困难的境地，在这种形势下，又有不少农民军首领纷纷受抚，有的人甚至还回过头来成了镇压农民军的悍将。

崇祯十年秋天，以张献忠为首的数部农民军活动在河南的南阳一带。左良玉率官军尾随而至，经过激战，张献忠大败，他也受了伤。张献忠不得不率领残部退到湖广的麻城、蕲州一带。闯塌天刘国能在这一带活动，两部遂合兵一处，共同抗击官军。

熊文灿上任后，各路官军对农民军形成了强大的压力，另一方面则对农民军大举招降，因为在熊文灿内心深处，招降是他的主要手段，所以到处张贴招降告示，扬言凡受抚者都给以妥善安置，官员如有杀降者，则严惩不贷。这一招对农民军也确实产生了很大的效应，分化瓦解了许多意志不坚强的人，尤其是一些将领，受降后，不仅削弱了农民军的力量，而且也造成很坏的影响，更有甚者，招降后又回过头来镇压农民军，成了起义军的死敌。比如刘国能和张献忠本来就有矛盾，张献忠的势力比刘国能强大，这时虽合兵一处，也是貌合神离，双方猜忌心都很重，根本不能形成统一的领导力量。尤其是刘国能，他担心自己被张献忠暗算或被兼并，便暗中派心腹向熊文灿求降。熊文灿自然求之不得，遂于崇祯十一年正月于随州受降。熊文灿对刘国能慰劳备至，立即任命为守备，旋即又升为副总兵官。自此，刘国能随官军征剿农民军，成为镇压农民军的刽子手。他和李自成、罗汝才原是结拜兄弟，他的受抚使李自成悔恨交加。

熊文灿顺利招降了刘国能，更增强了他招抚的信心，同时也加快了招抚的步伐。在刘国能受抚一个月后，又有两个农民军首领"马士秀、杜应金，夜半于信阳城下降"。熊文灿以此为资本，频频向朝廷报功。杨嗣昌提出十面网的部署，和熊文灿的招抚手段不同，其手段主要在剿。熊文灿是一线总指挥，主要手段在抚。这实际上可以说是对杨嗣昌策略的一种修正。由于二人私交甚笃，而剿和抚的终极目的都是相同的，即都是为了消灭农民起义军。对熊文灿在前线的具体做法，杨嗣昌也大都支持。熊文灿初期的招抚政策初见成效，向朝廷报功的捷报接连不断，杨嗣昌也认为这是自己的成功，心里暗自高兴，对熊文灿在前线的具体做法自然也不过多干涉。当然，也有人反对一味招抚，熊文灿的一些私交为他这种做法而担忧。例如，河南人万廷蕙是熊文灿的私交，当熊文灿路经河南时，万廷蕙就曾对熊文灿讲，农民军起义已经多年，"不知有王师，必大创之，乃可招安"。如一味招抚，对他们姑息，恐怕毫无益处，甚至有可能酿成更大的祸患。但熊文灿不为所动，仍力主招抚。为了防止有人故意破坏抚局，他甚至下令："民杀一贼者偿死。"正因如此，所以有的人将熊文灿的这种招抚政策称之为"求贼"。

张献忠看到刘国能投降了官军，不仅没有受到惩罚，还授了官，他也派人向熊文灿表示自己愿意受抚。但张献忠凶残狠毒，诡计多端，虽有受抚的意愿，但仍在观望，犹豫不定，而且带着人马又转移到襄阳一带。不久，他又率部攻占了湖广的谷城。他还到处张贴告示，表示"欲释甲归农，并不伤害百姓"。官军中的宿将陈洪范过去曾有恩于张献忠，此时也随熊文灿前来围剿农民军。张献忠派心腹暗地里送给他一些珠宝，还有一个美女，并表示："愿率所部降，随马足自效。"陈洪范求功心切，闻听大喜，于是马上报告熊文灿。熊文灿自然也很高兴，马上派监军道张大经前去受降，并命令他监其军。左良玉这时向熊文灿提出建议说，张献忠诡计多端，不能轻信他，不如趁此机会将他抓获，绳之以法以绝后患。熊文灿担心这会影响他的招抚政策，坚决不同意。但他心里也十分清楚，张献忠仍怀有戒心，只是由于他名誉上已受抚，并且其他的农民军首领也纷纷随之受抚，假如突然袭击张献忠，把他抓获，"他寇必动"；倘且恐怕还不能一举将他斩杀，"所失实多"，最终结果也就是把抚局破坏。左良玉就不如此想，他认为，这是除掉张献忠的千载难逢的好机会，官军可以出其不意，突然发动袭击，而张献忠这时粮饷缺乏，其他各部又处于观望之中，不会对他进行增援，或采取其他行动。如果此时采取行动，可一举获得成功，若失此机，悔无及矣！但熊文灿为维护抚局，丝毫不为之所动，反而苦苦劝说左良玉，而失去了大好时机。实际上，这的确是除掉张献忠的良机，只是熊文灿错过了这个机会。杨嗣昌也害怕张献忠不是真降，便提出要张献忠去袭杀李自成，以表明他受抚的真心，否则就趁机将张献忠剿杀，以免放虎归山。崇祯皇帝反对这一做法，认为他既然来降，就不能"一味剿杀"。熊文灿提出要张献忠挑选二万精壮士卒，由官府支付军饷，其余的人都予以遣散回乡。张献忠说自己的部下"皆壮士，愿举军从，请十万人饷"。熊文灿无法解决十万人的军饷，张献忠就滞留在谷城一带，既不解除武装，也不听从官府调遣。熊文灿檄调张献忠部下四千人随征，张献忠也以受抚后"安集未定"为借口，没有答应。熊文灿为了维持抚局，也只得委屈求全，这样，双方处于僵持状态。

张献忠于崇祯十一年四月八日正式受抚，第二年五月复叛，抚局大约支撑了一年的时间。张献忠为了使受抚成功，派孙可望向陈洪范和熊文灿行贿，又派心腹到京师打通各种关节，同时指示谷城的乡绅为他担保，说他真心实意受抚，最终使受抚如愿以偿。但张献忠受抚后依然不解除武装，也不服从调遣。如果说与受抚前有所区别的话，那就只是不再公开与官军对抗罢了。

此时，转战在陕西、四川一带的农民军当中，势力最强的是李自成；转战在河南、湖广一带的农民军当中，则以张献忠为最强。对于张献忠的受抚，有以下几个问题值得深思。

首先，张献忠有动摇性的一面。以前，某些人一味歌颂农民军首领，不承认受抚的史实。如果实在无法否认，就轻描淡写地说受抚只是一种策略而已。好象一承认向官军投降，就会损害农民军首领的形象。很显然，这都不是实事求是。张献忠的受抚属于事实，谁也无法否认。在他的思想深处，依然是传统的封建思想。有史料为证，他曾在上津县为新修关帝庙题写碑文：

　　……焚戮良民，非本心之所愿，实天意之所迫。亦知同居率土，开
州开县，有干理法。无奈天意如此，实不我由。如黄巢往事劫数，固亦
莫之为而为也。

从碑文中可以清楚地看出，张献忠承认自己的所做所为"有干理法"，只是不得已而为之。他把自己的行动说成是"天意"，就如同唐末黄巢大起义一样是难逃的"劫数"。这说明，他本人也不愿干这种"有干理法"的事。假如官府能对他妥善安置，他就可以受抚。可以说这种思想在当时大部分农民军首领中或多或少地存在着。在明末众多的农民军首领当中，真正相信自己能当上皇帝的人不多，大部分人只是为了生计，能够活命而已。假如官府真的能够对他们妥善安置，许多人是愿意受抚的。

张献忠受抚期间，他也在尽量遵守明廷的种种规矩。他不仅接受了官府授予他的副将头衔，而且还从官府那里领粮饷，并亲去沔阳拜见总理熊文灿。当巡按御史林铭球来到谷城时，张献忠也曾向他行跪拜礼，完全符合官场礼仪。由此可见，张献忠是想得到明廷的谅解，希望能过上一个正常人的生活。

其次，张献忠对官府也时刻保持高度警惕，生怕遭到暗算。当时，他没有充足的条件和机会让明廷信任他。恰恰相反，他知道自己与官府对抗多年，杀死了无数官兵，积怨甚深，难以一时消除，担心官府并非真心接受自己。从官府方面而言，大多数农民军首领都反复无常，有的今天受抚，明天复叛，因此，必须严加警惕。有些官员就根本不相信张献忠会真心受抚，只是一种权宜之计而已。他们甚至主张，要趁机对这些受抚的农民军进行彻底剿杀，以绝后患。类似的话张献忠肯定会不时听到，这就使得他时刻处于高度的戒备心理。为此，他既不遣散部下，也不接受官府改编，更不听从他们调遣；而是盘踞谷城，每天派数十名部下巡查于各城门，名为防盗，实则是为了监视官府的动静。他的部下在谷城一带营建房屋，买地屯田，兵器始终不离身。这也为那些心存疑虑的官员提供了不是真降的口实。随着时间的推移，双方之间相互猜疑也自然会越来越深。例如，湖广巡抚余应桂就致信于熊文灿，"言献忠必反"，应赶快将其除掉。这封书信竟然落到张献忠的侦骑手中。张献忠于是便致书信于郧阳巡抚戴东旻，说自己真心受抚，而"抚军欲杀我"，表露出十分生气的样子。戴东旻马上将此事禀报于熊文灿。熊文灿又接着上书崇祯帝，责备余应桂等人有意破坏抚局："南中人哗传献忠反，如应桂等倡流言挑撺，奈国事何？"余应桂也随之上书，指责熊文灿对剿抚两项政策都失误，换言之，也就是诬蔑熊文灿对剿抚两项政策都不支持。崇祯帝当时正倾心倚重杨嗣昌和熊文灿，由于余应桂以前曾弹劾过杨鹤，杨嗣昌自然而然也竭力利用这个机会来攻击余应桂，所以余应桂被免职，遭戍边地。熊文灿弹劾余应桂真可谓一箭双雕。也就是说，若招抚政策获得成功，那显然是自己的功劳；如失败，那当然是因为余应桂等人从中破坏的结果，自己可以逃脱责任。

再次，张献忠的受抚对其他一些农民军产生了极大的影响。像张献忠如此强大的农民军首领尚且受抚，而且受到诸多优待，其他农民军首领便陆续跟张献忠学，纷纷向官府投降。这在当时好像形成了一种多米诺骨牌效应，产生了连锁反应。

继张献忠受抚之后，对曹操罗汝才的影响最大。他这支农民军势力较强，他也颇有计谋。罗汝才于崇祯十一年七月受抚于房县，并与官府签订了十二项条约，明廷还授予罗汝才"游击将军"衔。先招抚张献忠，又招抚了罗汝才九营，熊文灿心中自然十分高兴。他命令诸位将士在官署设宴款待罗汝才诸首领，"供亿甚备"，以示坦诚信任。罗汝才九营被分别安插在房县和竹山县一带。罗汝才表示，自己不想当官，也不用官府拨给饷银，只希望做个普通百姓，耕田自己养活自己。熊文灿命罗汝才解散他的部下，从中精选一批"壮勇，从征立功"，但罗汝才坚决不奉命。罗汝才诸部与当地老百姓错杂在一起生活，并不干扰破坏百姓，他与谷城的张献忠遥相呼应，相互声援，时刻保持着警惕。熊文灿为了维持招抚局势，也对罗汝才之类的人物尽可能迁就。郧阳巡抚戴东旻预感到这样下去将有后患，便上书崇祯帝，说罗汝才名义上受抚，但"不从解散之令，愿为百姓耕田，此目前盗铃之说耳"。他提议，趁张献忠、罗汝才等大批农民军聚集郧阳的有利时机，调集大军，"协同扫荡，此实万全之机也。"终因杨嗣昌和熊文灿反对，崇祯帝没采纳戴东旻的建议。受张献忠、罗汝才的受抚的影响，混十万、整十万、十反王、托天王、小秦王、惠登相等都先后受抚。这样，河南、湖广一带的农民军绝大部分都已受抚，只有很少一部分农民军未向官府受抚，像以革里眼和左金王为首的所谓"革左五营"，他们因为势力单薄、孤力行事而陷入消沉。

由于大股农民军的受抚，这对以李自成为首的西部农民军造成了巨大压力，好多支农民军的首领也背着李偷偷投降了官军。例如，过天星、米闯将、邢家、混天星、大黄鹰等都纷纷受抚。不久，一直和李自成并肩作战的薛仁贵、黑煞神、中斗星也先后受抚于官府，连李自成的一些心腹将领也避着他跑到官军那里束身投降。这样一来，李自成很快陷入了困境。

从当时的发展局势来看，熊文灿"先抚后剿"的政策取得了一定的效果。李自成除外，其余的大股农民军基本上都被招抚。像刘国能、李万庆等首领，最终没再叛，后来变成了镇压农民起义军的勇将。李自成虽未受抚，但在潼关南原战斗中几乎全军覆没，这使他受到很大打击，此后有相当一段时间未见其与官军交锋。正因如此，督饷侍郎张伯鲸上疏崇祯帝，认为"寇渐平"，饷银太重，"清汰兵"，汰兵后自然就是汰饷。崇祯帝虽未应允，但可由此看出，这时农民起义的确进入了低潮。

三、损失惨重

李自成在陕西被洪承畴、孙传庭追剿，在四川境内艰苦转战了大约三个月，败走四川，于崇祯十一年正月间又从四川突围返回陕西。为了缩小目标，不让官军发现，李自成等西部农民军分成三部，分别与官军作战。

由大天王、混天王等几支农民军为一部，到秦州、平凉、固原等地，辗转到达庆阳一带活动。当年夏天，这部农民军接连被官军打败，损失较大。大天王看到两个儿子被官军擒获后，他自己也投降了官军。六队在固原几乎全部被官军消灭，损失更为惨重。大天王率领少数余部逃到陇州附近的山区中。

另外一部由过天星、混天星、邢家、米闯将等数支队伍组成，首先进入宝鸡、凤翔一带，随即向东，经泾阳、三原、富平等地，进入郃阳、澄城一带。崇祯十一年夏天，过天星和混天星在澄城被官军打得大败，这部分农民军首领先后都投降了官军。

第三部是由李自成和中天星高迎恩组成，逐渐向西发展。他们也是官军围剿的主要目标。总督洪承畴和巡抚孙传庭久经沙场，都具有谋略，在镇压农民军中也尤其尽力。他们二人与杨嗣昌有矛盾，担心追剿不力会受到杨嗣昌的陷害，而且限令三个月"灭贼"的期限眼看就到，这也促使二人要极力消灭李自成。他们手下的许多总兵官如曹变蛟、左光先、贺人龙等，也都是能征善战的勇将。这使李自成的处境变得愈加困难。李自成出川不久，便连续在河州、洮州遭到大败，兵员和战马都损失惨重。李自成率领余部向西逃窜，到达羌中地区以补充马匹。于是洪承畴命曹变蛟和贺人龙深入番地继续追剿，穷追猛打，使李自成不得片刻休整。再加之"番地乏食"，农民军"打粮"极其困难。而且番地时有瘴疫，农民军士卒由于不适应，因而得病的很多，由此严重地削弱了战斗力。而曹变蛟又是出了名的悍将，据《明史·曹变蛟传》记载，他在番地追剿李自成特别卖力，"转战千里，身不解甲者二十七昼夜"，他连续斩杀农民军"六千七百有奇"。经过曹变蛟的追杀，再加上饥饿和遭病疫而死的人，使得农民军减员很多，处境十分危险。李自成在那里活动了约一个月，官军紧追不舍，便不得不回头往东。为了缩小目标，便于行动，李自成自领一队，由刘体纯和李过率领一队，分头向东转移。四月上旬，李自成仅率领数百士兵和家属沿山间小路行走。当走到甘肃礼县北马坞时，左光先率领官军尾随而至，仅相距约五十里。李自成人困马乏，处境极其危险。恰巧左光先在马坞歇息了一日，启程后又判断失误，追错了方向，这才使李自成摆脱了官军的追剿。洪承畴知道后懊恼不已，为此还上疏自责。

五月里，李自成和六队的祁总管合兵一处，大约有三千余人，然后移师四川。洪承畴一面命马科、贺人龙等将领跟踪追击，一面命曹变蛟在西乡一带搜索，并在一些交通要道部署大量官军，以防止李自成向西和向北流窜。曹变蛟还派以前投降的农民起义军士兵打入农民军内部，进行分化瓦解和谋杀活动。例如，争管王部下的一个小头目飞天龙就是被官军策反，后来竟然把争管王杀死，作为向官军投诚的见面礼。

李自成这次入川可以说是一次败逃，入川后的形势也不容乐观。人马不多，兵力很弱，后面有洪承畴派来的追兵，前头有四川巡抚傅宗龙围堵。七月中旬，李自成于四川广元被贺人龙和马科打败。八月上旬，李自成与官军战于南江县境，又因寡不敌众，战败后向北逃窜。李自成在川北的山区中与官军展开周旋，因为这里便于隐藏。各部官军都不愿入山搜捕，道路崎岖，奔走辛苦，供给也特别困难，再加之农民军在暗处，危险大。对农民军来说，在山区活动虽说易于躲藏周旋，但也有一些严重的问题。首先是"打粮"十分困难，没有粮食士兵经常填不饱肚子，严重影响了战斗力。其次是在深山老林中活动，又遇上阴雨连绵，部下生病的就多，这也使得战斗力严重削弱。

八月中旬，李自成率部走出川北山区，返回陕西，在固城稍事休整，便向东转移，准备取道石泉、兴安等地，移师湖广、河南。在准备渡汉水时，左光先率官军追到，李自成战败，于是放弃了继续东进的计划，转入附近的山区活动。此时，李自成的部下人员锐减，所剩已不足二千人。官军围追堵截，李自成不得片刻稍息，部下得不到休整和补充。尤其令李自成烦心的是，农民军首领不断地向官军投降，人心浮动。和他一起转战的六队首领祁总管，竟然也不念旧谊，偷偷地率领他的六百余人投降了官军。这使得李自成更加势孤力单。李自成还看到，有的农民军首领就是被身边的部下杀掉的，成了这些人投降官军的见面礼。这一切都使李自成不得不格外小心，"夜则山林藏身，不敢入窝铺宿歇"，以防被人暗算。这时从全国的情况而言，主要的农民军首领大都已受抚，李自成身边的一些首领也是战死的战死，投降的投降，所剩无几，一直坚持与官军抗衡的，主要的也就是李自成这一支了。其余的即使没有受抚，这时也变得悄无声息。李自成这时已无力与官军正面交锋，更谈不上主动进攻了，只能与官军周旋，躲避他们的重兵围剿。不管形势变得多么险恶，李自成却始终没有受抚。仅从这一点上来看，李自成就比其他首领显得有骨气有胆识。

李自成在陕西东南部的山区中活动了大约两个月，境况很艰难。为了摆脱这种被动局面，求得新的发展，李自成准备再次进入河南。但是，不知是洪承畴得到了情报，还是他的判断，对李自成的这种动向预先作好了部署。崇祯十一年16十月，洪承畴对孙传庭说："李自成穷途末路，一定要去潼关。你如果能在那儿设下埋伏，严阵以待，定能一举擒获李自成。"于是，孙传庭在潼关南原，设下层层埋伏，每五十里设立一营。由此可见，官军已预先做好了充分的准备，设下三道埋伏，只等李自成自己前来送死。为了尽快达到这一目的，洪承畴命令曹变蛟率精锐官军深入山区，有意识有目的地将李自成驱赶往潼关方向。李自成不能应付，节节败退，不得不率师向潼关方向奔去，并想从这里移师河南，等待时机，

以便东山再起。

这样一来，李自成就自觉不自觉地进入了官军的埋伏圈。官军平时的士气还可能不那么高，他们欺软怕硬，这时双方的力量形成鲜明对比，他们志在必得，因而士气十分高涨，"骁雄跳荡，无不一当百"。李自成农民军在包围圈中横冲直闯，"乱相蹂藉……飞走路绝，遂无所逃。其幸免者，或弃刀与骑，迸逸汉南之山中。村坞山民又预奉督抚教令，用白棓遮险，遇辄棒杀，秦贼遂尽……委杖如丘陵，或分隶镇将，或散归农亩。李自成妻女俱失，从七人遁走"。这就是历史上有名的潼关南原大战。这次战役中，李自成的队伍几乎全军覆没，只带领少数几个亲信败逃到商洛山中。

"潼关原"也就是潼关南原的简称。孙传庭在奏疏中曾说："据查潼关以南，有原野方圆四十里，直通南山，百姓称这儿为南原。"这场战役的前线总指挥是孙传庭，对这儿的地理环境和战役经过自然熟悉，因此潼关南原之战不容否定。后来的史书对此役经过的记载有些不同。即使同一部史料，前后对一些细节的记载也不一致。例如，在《绥寇纪略》一书卷六中记载，李自成战败后，"从七人遁走"，而卷九则写道：自成兵力损失殆尽，只是带领十八骑突围而去。十八骑者：刘宗敏、田见秀、谷可成、张世杰、李弥昌、任继荣、任继光、王虎、刘文魁等，流窜到崤函山中，只是偶尔出来抢劫，但一直不曾离开崤函山。这里记载的名字也是九个人。《后鉴录》一书卷五中又增加了李过、李锦、高一功、张鼐、李双喜等几人，加之前边提到的九人，共十四人。而谈迁的《国榷》一书则是十七骑。事实上，不管是七骑、十四骑、十七骑或十八骑，都只是约数。至于李自成身边当时到底有多少人，在当时那种形势下，时刻都有可能发生变化。这些人都是李自成的亲信。总之，不管怎样，李自成在潼关南原大战中伤亡的确十分惨重，几乎是全军覆没。

四、积蓄力量

自李自成起事直到潼关南原大战，潼关南原大战是他最惨重的一次失败。在此后半年多的时间里，他和少数几个亲信在陕南和川、鄂交界的山区中藏来藏去，不敢正面对敌，因此，没有与官军发生过大的战斗。直到次年五月张献忠复叛以后，李自成才又活跃起来。

潼关南原大战一结束，洪承畴和孙传庭马上奉命赶往京师。在这十分危急的时候，恰好给了李自成一个喘息的机会。

为什么在这关键时刻，洪承畴和孙传庭匆忙赶赴京师勤王呢？原来，清兵于九月底向明王朝大举进攻，越过长城防线，直逼京师。崇祯皇帝匆忙下令京师戒严，并令各地督抚火速赴京师勤王。洪承畴和孙传庭马上率领左光先、曹变蛟、贺人龙等部将，集结兵力五万人北上。洪、孙二人勤王后，由郑崇俭接任三边总督，丁启睿接任陕西巡抚。这两人不论从才能上，还是从威望上，都无法与洪、孙抗衡。天无绝人之路，这使李自成侥幸未被彻底剿除，由此，也给明朝留下了心腹大患，以至于祸害无穷。

辽东战局是崇祯皇帝的又一大心病。他想暗中遣使与清议和，担心外廷知道了影响士气，也担心臣下会大加阻挠。但是，外廷大臣们还是听到了一些音信，弄得外臣不知所措。宣大总督卢象升最先赶往京师，崇祯皇帝接见了他。当卢象升表示"臣主战"的态度时，崇祯皇帝只是要他"宜慎重"，而对卢象升坚决主战的态度未给以赞赏。卢象升原本想与清兵决一死战，但却时时受杨嗣昌的牵制。杨嗣昌还对他说："勿浪战"。可见，杨嗣昌更了解崇祯皇帝的真实心理。

清兵由京师三路进犯，明军各部却各自为战，互相掣肘，互不为援。崇祯帝听到消息后大怒，立即任命杨廷麟为兵部主事，撤消卢象升尚书一职，以侍郎视事。十二月中旬，卢象升英勇战死。但京师传言，说卢象升酒醉高楼，失火自焚而死，还有的说他仓皇逃遁，不知所终。崇祯皇帝自以为明察秋毫，治国有方，但其官僚机器已腐烂瘫痪到如此地步，明朝的前途就可想而知了。退一步说，即使没有李自成等农民军的造反，这个王朝也不会延续很长时间。

洪承畴和孙传庭还未到达京师，大学士孙承宗已在高阳战死，清兵接连攻克四十余城，到十二月前锋已达山东。次年正月，清兵攻克济南，俘获了德王朱由枢，三月退回辽东。因辽东的战事吃紧，洪承畴被改任蓟辽总督。如此一来，李自成便减少了一个劲敌。孙传庭被改任保定总督，但由于受到杨嗣昌的排挤，就连见一下崇祯皇帝也十分困难，一气之下，便谎称耳聋，辞官不就。崇祯皇帝在杨嗣昌的怂恿下，下令将孙传庭问罪下狱，自此洪、孙"二人去，自成稍得安"，李自成得到了喘息的机会，能够得以再次复出。

从众多有关的史料来看，在这大约两年时间里，李自成这支农民军已经不再是官府追剿的主要目标。甚至于有的官员还以为李自成已经死去。直到崇祯十三年冬季，李自成率部进入河南后，才又再次成为官军的劲敌。在此前，官府主要目标是张献忠、罗汝才等人。在当时绝大多数农民军已受抚，只有李自成却自始至终不受抚，而是顽强地与官府周旋，可见他比其他农民军首领高出一筹。

李自成带领着为数极少的亲信，逃窜到商洛山区。这时也是李自成发难以来

最为艰苦的时期。他收集散兵游勇、流亡百姓，慢慢地积聚力量，缩小自己的目标，在暗中逐步发展。此时，有些人悲观失望，感到前途渺茫，甚至发生动摇，想甩手不干了。李自成则耐心地鼓励他们，增强将士们的信心。在以后的征战中，我们也可以看到，他身边的这十几个亲信都表现得超乎寻常的出色。也可见，李自成已逐步从一个农民转变成一个成熟的军事统帅。

李自成这时的力量还很弱小，兵力大约不超过一千人。人数不多，但个个都精明强干。当时活动区域主要是陕西、河南和湖北的交界山区。一些史料对此几乎没什么记载。有的书中记载，李自成在汉南山区"伏一年有余，不复出"。有的则说，李自成在湖北郧阳一带"息马深山中"。这说明，在这段时间里李自成的确十分困难，缺衣少粮，人员不整。当然他也有有利的一面，即利用大山有效地隐蔽了自己，麻痹了官军，躲过了官军的穷追猛打，为日后的复出赢得了时间和机会。

在相当长的一段时间内，力量最大的农民军首领就是李自成和张献忠两支。当李自成"息马深山"以后，张献忠在各支农民军中的力量为最大。

张献忠是陕西延安人，史书对他家世记载皆不详，而且还多有不同。《绥寇纪略》一书中就曾说："张献忠，不知其所自起。"关于张献忠的经历，书中记道："隶延安卫籍，固将家子。少时从军犯法，得总兵陈洪范救免，刻楠檀为洪范像事之。"依据这些记载可知，张献忠曾在明军中当过兵。至于说他是"将家子"，则不可信。有的史书说他的父母以卖鞋卖席为生；有的史书中说他的父亲是个屠户，母亲死得早。大体可以断定，张献忠出身寒微，而不是什么"将家子"，也曾短期当兵。由于总兵陈洪范曾经救过他的命，所以对陈洪范怀有旧恩。

张献忠和李自成几乎是同时起义，他"阴谋多智"，在农民军中号称"八大王"。他自率一部，和高迎祥、李自成等部农民起义军时分时合，反复无常。崇祯四年，他曾受抚于三边总督洪承畴，不久复叛，和高迎祥、李自成等移师山西转战。后来，张献忠的力量迅速壮大，逐渐成为当时小有名气的农民军首领，可以和李自成等齐名。他"长身而瘦，面微黄，傈劲果决，军中号为黄虎"。张献忠以阴狠残忍闻名，其中虽有夸大的成份，但也不可能全是空穴来风。张献忠的性情显得比较粗鄙，和李自成无法比拟。据说有一次，当他要杀四川巡抚陈士奇时，忽然雷声大作，大雨倾盆，天气昏暗，张献忠竟对着天空诟骂："我杀人，与老天你有什么相干？"命令部下用大炮朝天上轰击。

张献忠性情粗俗，不喜文雅。当他起事以后，对部下的命令依然是口授白话。他幕僚向他提议"宜少文"，但张献忠却说："武官只须白话。"他的文书也大都是"委巷撩衣露丑语也，蜀人以为笑焉"，没有丝毫高雅之气，登不得大雅之堂。张献忠与人说话时也常常自称"老子"。他到汉州时，当地老百姓都"匍伏道左"，来欢迎他。他格外高兴，遂下令赏给百姓每人一块元宝。当他回新都时，许多老百姓都早早地来迎接他。这次他却大发雷霆："你们是想要老子的元宝吗！"并折下路边的树枝抽打这些老百姓，居然当场还打死了好几个。由此可见，张献忠是一个喜怒无常、反复不定的人，显然不如李自成。

张献忠不喜欢奇珍异宝。在他后来攻破楚王府时，获得一枚碧玉箫，长一尺九寸，是稀世珍宝。但张献忠却不放在心上，说竹箫就不错，这种箫有什么好的，遂下令让部下将此箫打得粉碎。张献忠还认为"天下事皆妇人所坏"，因此，经常流露出厌恶女人的情绪，有人向他进献漂亮女人，张献忠则往往借故将她们杀掉。张献忠在黄州时，曾放走一些年老、丑陋的女人，特意留下长得漂亮而脚又小的女人，强迫她们去拆城墙。这些女人没干过此类重活，以至许多人累倒在城墙下，手指磨得鲜血淋漓。城墙被拆掉后，张献忠又下令将这些女人全部杀死在城下。

张献忠在谷城受抚，主要原因是迫于官军的强大势力，在这种情况下处境困难。熊文灿采取的"先抚后剿"的策略，张献忠认识到有机可乘。据《绥寇纪略》记载，张献忠手下有一个将领姓薛，是韩城人，和内阁首辅薛国观是同乡，按照辈份还是薛国观侄辈中人。他"日夜说献忠，以约降取富贵"，他曾经携带大量财物到京师活动，不仅能出入薛国观府中，"且遍见诸权贵人"，向他们大量行贿，要他们在皇帝面前为张献忠说情。当时只有杨嗣昌没有接受贿赂，其余的基本上都接受了。这样，外有熊文灿主抚，内有薛国观等人为他说好话，张献忠认为"就抚也可以万全"。熊文灿正如同他在福建时向郑芝龙等人索贿一样，更是公开向张献忠索贿，张献忠也顺水推舟尽可能满足他的要求。所以，尽管有人说张献忠是假受抚，要熊文灿及早将张献忠铲除，但熊文灿一直不予理睬，反而替张献忠"请官、请饷、请关防，应之惟恐不满"。这使张献忠更加有恃无恐，变本加利。

张献忠虽性情凶狠毒辣，但在谷城却没有侵扰百姓。他娶了当地一个生员的妹妹为妻，将一个离谷城十里的驻兵处改名为太平镇，俨然以谷城为家，处处表现出和谷城老百姓同甘共苦的样子。张献忠的手下虽未解甲，但大都与谷城的老百姓错杂而居，耕田自给，和他们相处得颇为融洽。在这段时日内，太平镇就犹如一个世外桃源，外无干涉，内无骚扰，个个逍遥自在，乐在其中。

李自成和张献忠同时起义，后来时分时合。在高迎祥战死以后，李自成和张献忠就成了最著名的农民军将领。李自成在潼关南原战败后，进入商洛山区。当他闻知张献忠于谷城受抚，就断定张献忠不是真心受抚，再加上过去长期共同作

战的旧谊，李自成决定去谷城会见张献忠，以图谋以后的发展。

李自成由商洛山区移师汉南，而谷城也在汉水南岸，相距不远。当年冬天李自成就到谷城会见了张献忠。关于李自成前去会见张献忠的目的，各种史书皆无记载。再加之他们二人是在极为隐秘的情况下会见的，他人无法知道内情。依照常理而言，李自成既然拒不受抚，自然就会鼓励张献忠复叛，东山再起，从头再来，不要上了官府的当，而应奋起与官军相抗衡。退一步讲，即使一时不奏效，李自成也希望从张献忠那里得到些资助，以便自己重整旗鼓。

尽管李自成和张献忠是秘密会见，但还是被发现了。崇祯十一年十二月，李自成骑着一匹骡子，带领几个亲信，来到谷城，与张献忠相见。张献忠见李自成风尘仆仆地赶来，颇为高兴，设宴款待他们。酒过三巡，张献忠拍了拍李自成的肩膀说："李兄为什么不和我一样受抚，而到处奔波逃命？"李自成微笑着答道："不可以。"李自成在谷城小住几天，张献忠"资其衣马以去"。有的史书记载，说张献忠送给李自成马、骡各五十匹，还有一些衣甲。李自成辞谢而别。

张献忠接待李自成是冒有生命危险的。这是因为，张献忠此时已受抚，并且接受了官府委任的官职，而李自成则是官府要捉拿的"贼首"。假如张献忠和官府一条心，就理应趁机将李自成抓获，送交官府。而他不但没这样做，反而设宴招待，还资助李自成骡马衣甲，这岂不恰好证明他受抚不是真心。这件事被人发现，"谷人皆以之尤文灿曰：'若果调度得宜，彼且缚闯自效。取小利而失大贼，文灿之肉，其足食乎！'"尽管如此，熊文灿只是从张献忠那里大量索贿，极力维护抚局，再加之朝中有杨嗣昌，所以熊文灿仍置之不理。

关于李自成离开谷城以后的情况，史书记载甚少。有的书中说他又回到商洛山，有的说他移师郧阳一带，后转入四川，被官军"困于巴西鱼腹山中"，说法不一。实际上，李自成这时的人马很少，倏忽往来，行踪诡秘，外人难以确知，这实不为怪。总之，李自成此时活动在陕西、四川和湖广交界处的山区中，在慢慢地积聚力量，图谋东山再起。

第七章　东山再起

一、张献忠复叛

张献忠尽管受抚，但对官府却一直保持着高度的警惕性。到崇祯十二年春天的时候，张献忠同官府的关系逐渐恶化。到五月间，张献忠即正式叛抚而去，开始四面出击攻城略邑。促使张献忠再次复叛的原因，一是官府对张献忠不真心实意，许多人甚至主张趁机暗算他，这使得他走上复叛的道路；二是张献忠经过这段时间的休整，羽毛渐丰，不乐意再受制于官府，而想成就一番大业；三是由于清兵内侵，洪承畴、孙传庭等人率大批官兵北上勤王，由此也减轻了官军对农民军的巨大压力，张献忠认为有机可乘，于是，东山再起，重新走上反叛道路。

同年四月，谷城知县阮之钿就看出张献忠有复叛的趋势，即劝张献忠不要心生疑虑。可是张献忠不领情，反而"丑言詈骂"，出言不逊。阮之钿于是一面派人向上密报，一面在墙壁上题写了绝命词："读尽圣贤书籍，成此浩然心性。勉哉杀身成仁，无负贤良方正。"此后，他"不出视事"。

还有一些官员也看出张献忠有复叛之心，建议朝廷早作准备。四月底，杨嗣昌看到清兵都已退回辽东，不再会对京师造成威胁，便和熊文灿密谋，暗中调派官军向谷城集结，准备一举将张献忠消灭，以绝后患。因此，一些官兵陆续向谷城集结。张献忠自然会有所觉察，于是便先发制人，再次叛变。

就张献忠自身而言，他在谷城结交了一些才士。例如，举人王秉真好为大言，时人称之"奇士"，成了张献忠的心腹幕僚，达到"出入军府无禁"的程度。诸生徐以显向张献忠进献《孙子兵法》，并帮助张献忠演练阵法，备受信任，用为左丞相。监军张大经身边有个"瞽者王又天，善星学"，知晓天命。张献忠请他为自己占卦，王又天斥退左右，对他说："此贵不可言。"张献忠"辄心动"，觉得自己定能黄袍加身，这一切都助长了他复叛的决心。以前，有些学者对这种思想上的作用不够注意。事实上，迷信心理对古人十分重要，一旦他信上了某种所谓"天命",甚至会对他一生产生极为深刻的影响。另外,王秉真和徐以显这时都成了张献忠的谋士,也都想倚重张献忠以成就一番事业。在中国历史上,失意文人助草莽英雄割地称雄的事屡见不鲜。他们的怂恿也坚定了张献忠复叛的决心。

崇祯十二年五月六日,张献忠正式复叛,"劫库放囚"。谷城知县阮之钿饮毒自杀未遂,张献忠的部下向他追要大印,他不给,"旁两贼挥刀刃之",将其杀死。陈洪范派驻谷城的两个将领,也被"胁之去"。

张献忠虽然生性凶狠毒辣,但他在谷城久住,为了笼络人心,便不再大肆劫掠和屠戮。这次复叛"亦不甚残杀",他只是在墙壁上写道:"自己之叛,总理使然",并在各个官员名字下面注明,某月某日索取贿赂多少,其中只有一人特别引人注目:"襄阳道王瑞旃,不受献忠钱者,此一人耳。"这对明末贪贿的官场真是绝妙的讽刺。

张献忠复叛后,随即西进房县。因为此时罗汝才在房县,这既可以避开官军的精锐,又可以鼓励罗汝才共同举事。知县郝景春一面固守,一面火速派兵向襄阳报告,请求援兵。五月底,张献忠攻克房县,郝景春被杀,罗汝才随即率众复出。

张献忠和罗汝才是农民军中较强的两支。他们的复叛对各地受抚的农民军首领震动很大,有的也随着举事,有的在观望,等待良机,有的则请求"禁讹言,分逆顺",向官府申述自己受抚的决心。例如在均州的五营首领就一起商议下步的打算,王光恩对惠登相等说:"大丈夫当各立门户,今献忠反,吾辈亦反,是出其裤下,吾不为也。"他们五人还当场歃血定盟,并上书总理熊文灿,表明决不随张献忠复叛。后来,小秦王王光恩确实没有再叛,而且表现得很坚决,在协助官军镇压农民军的过程中,屡立战功。惠登相因与左良玉有旧,叛降后一直未再叛,另外三个人都陆续叛去。

张献忠的复叛宣告了熊文灿招抚政策的破产。熊文灿意识到此事如处置不好,随时都有掉脑袋的可能。于是,他一面派心腹到京师疏通关节,一面火速调遣左良玉率兵进剿。左良玉了解到房县、谷城一带山路险恶,补给困难,相反张献忠和罗汝才在这儿时间已久,熟悉这一带的地理状况,自己很难取胜,所以极力借故拖延,迟迟不前。但熊文灿一而再再而三地严令进兵,否则军法处置。左良玉被逼无奈,只得冒着酷暑向房县进发。他让副将罗岱打先锋,自己断后。他们由襄阳急行军十多天,刚刚赶到距房县约八十里的罗猴山,还没缓过气来,马上被埋伏在这里的农民军团团围住。官军这时人困马乏,遭到这突然袭击,马上乱作一团。罗岱横冲直撞,马被射死后遂弃马登山,结果矢尽被俘杀。左良玉拼死突围，杀开一条血路，大败而回，"军符印信尽失，弃军资千余万，士卒死者万人"。伤亡惨重，为此，左良玉被降职三级。此段是张献忠复叛后打的第一个大胜仗。

崇祯皇帝得知张献忠等人复叛，极为震怒，连熊文灿所托的官员也不敢为他辩解。崇祯皇帝立即下令尽削熊文灿官职，戴罪自赎，同时下令各督、抚协力围剿，限令于十二月以前要把起义军消灭殆尽，否则一起惩处，绝不姑息。

李自成得知张献忠等首领复叛的消息后，他也马上行动起来。

张献忠于崇祯十二年五月复叛，到七月于罗猴山大败左良玉。崇祯帝本打算熊文灿能彻底消除农民军，削去这个心腹大患，所以增兵增饷，不惜动用全国的人力和物力，结果竟是如此糟糕，实在是令崇祯皇帝伤心备至。这标志着明政府两年多来对农民军的镇压又落空了。

熊文灿此次督师的宗旨是"先抚后剿"。说穿了，剿和抚于本质上是一样，目的都是要把这场大规模的农民起义镇压下去，使大明王朝的统治得以维持。如果这两手策略运用得当，明廷有可能达到目的，但在当时，明廷上下已腐败不堪，朋党林立。全国老百姓已对明廷彻底丧失了信心，因此无论是剿还是抚，都不能奏效。

熊文灿与杨鹤对受抚农民军的处置做法不一样。杨鹤是把受抚者遣返回原籍，而熊文灿则就地分散安插，这或许是接受了杨鹤的教训，或许也是接受了工科给事中刘曰俊的相同建议。刘曰俊曾上疏崇祯皇帝说："招安之失策，乃'回原籍'三字误之。"他认为招抚失败，原因就是将受抚者遣返原籍。刘曰俊是陕西人，对将受抚的农民军遣回原籍的情况十分了解。他还曾说，对那些遣返回原籍的农民军来说，原籍老百姓有的是因为害怕而不敢与他们居住在一起，有的羞于和他们为邻。这样，使得他们回原籍不久就感到后悔，于是又重新回到农民军中。他在疏中还谈道："臣在里中，亲见蝎子块，面讯诸贼情状，开口便以难回原籍为辞，惟愿在军前立功。"因而，他建议："另设一法，以贼攻贼，以贼招贼，推诚感格，收拾解散之为便。"只有这样才能彻底解决这一问题。所以，张献忠、罗汝才等受抚后，没把他们遣返回原籍，而是安插在谷城、房县一带。这种做法是与刘曰俊的建议一致的。在当时，这种做法也确实收到了一些成效。比如刘国能、李万庆、王光恩等，受抚后直接随官军转战，不仅没有再叛，而且还成为镇压农民军的悍将。但就全局而言，熊文灿是失败了。问题的关键并不是在于让受抚者回原籍还是不回原籍，而是在于官军有没有强大的战斗力作为后盾。明朝政治的腐败影响到军队。一旦军队失去了战斗力，无论是剿是抚，是回原籍还是不回原籍，终归逃脱不了失败的命运。

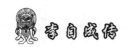

其实，说穿了熊文灿也明白这种招抚政策的效用，只是因为久剿无功，不得不转换方式，对农民军尽力招抚。当然他也并不是一味主抚，而是剿抚并用，只是在具体操作时则是"先抚后剿"。他也不敢贸然以招抚了多少农民军来邀功。例如，崇祯十二年初，河南有"三十余万"农民军求抚，"跪求安插"。熊文灿准备上疏请功，曾任兵部尚书的吕维祺对他说，使那么多人"倏然归化，功高社稷矣"，的确是功劳很高，但是，话又反过来说，你能够使他们卖刀买犊，不带刃，不团聚，不焚劫乎？熊文灿回答道："未能！"吕维祺又问他，你能保证他们以后不再造反吗？熊文灿也说不能。吕维祺接着又问到，你是靠什么来招抚他们呢？一旦后来他们东山再起，谁来承担这个责任呢？熊文灿立即大悟，"遂止前疏"，不敢以此向朝廷请功。熊文灿满心也想将农民军一网打尽，只是没有这种能力，所以他这位前线总理大臣最终无法逃脱失败的下场。

张献忠复叛，使得抚局大坏，熊文灿感到事情的严重性，便匆忙向崇祯皇帝上了一道奏疏，极力辩白，为自己开脱。兵科给事中张缙彦上疏反驳道："张献忠包藏祸心，无愚智皆知之。"尽管如此，而熊文灿依然还是被张献忠欺骗，整日为他说情求饷，而对张献忠的种种恶迹则极力掩饰。有人发现了张献忠将要复叛的迹象后，熊文灿依然是极力压制，不许上闻。即便到了今天，张献忠已复叛，而熊文灿不是赶快调遣兵力进行追剿，而是上密疏极力为自己开脱责任，并指责朝中大臣"任事不力"，真可谓"恢饰不伦，欺蒙已甚"顽固透顶。崇祯帝非常生气，立命"尽削文灿所领官，冠带办贼自赎。"崇祯帝之所以当时没有马上将熊文灿治罪，也是由于杨嗣昌的极力为其开脱。杨嗣昌希望熊文灿能利用这个机会将功补过，便寻找借口，建议稍宽限时日。只是三个月后，由于局势更加恶劣，崇祯帝于是将熊文灿治罪下狱，第二年将他处死。杨嗣昌明白自己也有不可推卸的责任，便主动请缨，要求上前线去镇压农民军。

二、三家合兵作战

当张献忠和罗汝才复叛时，李自成正潜伏在郧阳山区，这儿距离张献忠、罗汝才不远。只是当时他身边的人员较少，兵力尚弱，虽始终没有受抚，但在那种环境下心情难免有些沮丧，整天东躲西藏，实在难以发展。举目四望，农民军首领受抚的受抚，没有公开受抚的也是这种样子，在深山老林中藏来藏去，不敢贸然出动，生怕引来官军。当听到张献忠和罗汝才复起的消息后，李自成为之振奋，他又看到了希望，于是立即召集部下，准备东山再起，图谋发展，《明史》记载："十二年夏，献忠反谷城。自成大喜，出收众，众复大集。"尽管是"大集"，但从当时的实际情况而言，人数并不多，实在难以独挡一面。所以，李自成打算和张献忠、罗汝才合兵一处，共同对抗官军。

此时，张献忠和罗汝才正率众指向竹山县。郧阳距房县、竹山等地不远，李自成很快就来到竹山与张、罗汇合。相比较而言，在众多的明末农民军中，李、张、罗三部是较强大的，他们三家合兵一处，联合起来自然而然地就大大提高了农民军的声威。随后，他们一举攻克了竹山县城，然后继续向西挺进，直逼竹溪县。八月中旬，三部力攻竹溪县城，知县李孔效率众依城拼死抵抗。但城内只有官兵三百，势单力薄，形势十分危急。李孔效派人向驻在白士关的左良玉求救。左良玉看到农民军兵锋正盛，那里的地形又特别复杂，于己不利，为了保存实力，不敢轻举妄动，对于李孔效的求救置之不理。八月十九日竹溪县城被攻破，知县李孔效被杀。

尽管联合作战，但他们三部都互不统属，保持着相对的独立性。当然，三部当中以李自成的兵马最少，力量最弱。二竹之战后，张献忠率领所部向西转移，沿陕西和四川的交界地区进入四川。罗汝才和李自成则向南发展，到达长江北岸的兴山一带。在崇祯十二年年底，在距兴山约四十里处的香油坪展开了一场激烈的大战，史称香油坪之役。

当明廷得知起义军进入兴山的消息后，匆忙命令湖广巡抚方孔昭发兵围剿。方孔昭令手下杨世恩、罗安邦兵分两路进击，约定在马良坪会合。二人会合后合力围剿，一连几次都获得小小胜利。罗汝才也颇有谋略，率军边战边退，设法将官军引入包围圈中，于羊角山下的香油坪一举将官军消灭。此役是以罗汝才为主，李自成只是配合作战。因为当时李自成的兵力尚弱，身边只有千余人。正因如此，许多史书没有李自成参加这次战役的记载。事实上，李自成的确参加了这次战役。杨嗣昌在奏疏中写道："只因死贼多股：曹操、整十万、过天星、关索、老八队、新天王，众贼数万，将官军吃水断绝……三军无水心慌"，结果被"尽皆打死"。"老八队"就是指李自成。杨嗣昌在此后不久颁给罗汝才"谕帖"，答应罗汝才受抚，但是，当"闻八队是闯将李自成。此人在内，决安不成。"因为李自成从来都反对受抚，所以杨嗣昌对李自成尤其介意。同时也说明，当时李自成和罗汝才的确协同作战，在香油坪之役中便有李自成。此后，他们便移师四川。

当李、张、罗三部分兵西进时，三边总督郑崇俭忙率领贺人龙、汪云凤等严密扼守陕南诸要道，以阻止农民军入陕。四川巡抚傅宗龙也急忙率兵前来协助。李自成的人马大都是刚刚募集而来，且数量又少，因此，兵力尚弱，在作战过程

中，是连连失败，部下又散亡大半。他率领余部突破重围进入四川，却又遭到四川官兵的穷追猛杀。当李自成部到达"巴西鱼腹诸山中"时，身边仅有数十人。这次出师对李自成的打击十分沉重。在这次复起之前，有半年多的时间听不到李自成的任何动静，有人甚至认为他已经战死。这次复起又引起官军的注目。尽管躲在深山老林中，但官军还是紧紧盯上了他，将这一带团团围住，久久不散去，使李自成难以逃脱，处境更加危急。

在当时，张献忠又成了官军的主要目标。这不仅因为张献忠的人马较多，力量较大，而且还因为张献忠的复叛使得明朝局面大坏，崇祯帝和杨嗣昌都想将张献忠铲除。为了集中优势兵力对付张献忠，杨嗣昌使出计谋暗中派人和罗汝才联系，答应他受抚。罗汝才为了自保，也表示接受。李自成发现这一情况后，担心自己被暗算，便率领所部沿长江北岸西行，躲进"巴西鱼腹诸山中"。自崇祯十三年一月至四月间，李自成一直在这里，即史书上常说的"鱼腹山受困"的这一时期。

"巴西"，并非是指四川西北部与甘肃临界的巴西县，而是巴东县以西，大体在今重庆市的奉节县一带。著名的白帝城就在此，白帝城古称鱼腹，所谓"鱼腹诸山"，就是指这个地区的诸山，而不是指一座山。

李自成连遭败绩，在巴西鱼腹诸山中的处境又十分艰难，军心不稳，有的就干脆偷偷跑掉，李自成的心情愈来愈沉重。随着时间的推移，形势越来越恶化，就连李自成本人对前途也感到渺茫。勇将刘宗敏此时也主张向官军投降，接受招抚。李自成鉴于农民军首领时降时叛的教训，张献忠等人又新叛不久，自己即使受降，也绝不会有好结果。又何况自己一直就是官军围剿的重点对象，如今迫不得已，势穷而降，要想得到张献忠那样的待遇是不可能的，很有可能被杀头。因此，对李自成而言，招抚这条路是绝不能走的。他几次想自杀，都被他的侄子李过给劝住。一天，李自成和刘宗敏来到一座庙中，叹气道："人言我当为天子，盍卜之？不吉，断我头以降。"刘宗敏点头应允。结果"三卜三吉"，这使二人喜出望外。不要看现在穷困潦倒，日后李自成肯定要当皇帝。这使二人为之振奋。刘宗敏回去以后，竟马上"杀其二妻，谓自成曰：'吾死从君矣！'军中壮士闻之，亦多杀妻子以从者。"

对李自成和他部下来说，这次占卜无疑就是一剂兴奋剂，一扫失败绝望的情绪。刘宗敏等人杀妻子以相随，决心誓死不变。由于大家齐心协力，积极扩充队伍，不断壮大力量，终于摆脱官军，于崇祯十三年四月下旬进入湖北房县一带。张献忠一直在这一带活动，李自成便向张献忠靠拢。此时张献忠屡为官军所败，力量大损。五月下旬，李自成和张献忠在房县南边的上龛相会。杨嗣昌急命左良玉督军围剿，杨嗣昌在给左良玉的信中讲道："现在上甗、长荒止有闯、献二贼，分之合之不过精兵千计。大将军或选骑兵一二千，亦可直前突剿。"由此可见李自成和张献忠当时的力量都损失很大，即使联合起来，也不堪一击。左良玉命降将刘士杰、马进忠率兵进攻，在上甗附近的胡其里把李自成打败。李自成看到自己的目标已经暴露，反正人马不多，行动起来十分方便，便于七月间悄悄地进入陕西。后来由陕西突入河南，力量才得以迅速壮大和发展。

三、杨嗣昌出京督师

熊文灿是杨嗣昌推荐的，几乎倾天下之兵力和财力，想一举"平贼"，结果却造成了如今这么一个烂摊子。熊文灿固然罪责难逃，杨嗣昌也有不可推卸的责任。他们上任初期，农民军首领纷纷受抚，似乎一切进展得十分顺利。为此，崇祯十一年六月，杨嗣昌被晋升礼部尚书兼东阁大学士，参与机要，仍掌兵部事。张献忠和李自成等人复出的消息传来，杨嗣昌惴惴不安，主动上疏请罪，并表示愿亲去前线督师，力剿农民军。崇祯帝很高兴，随即批准了他的请求。

此时的明王朝已处于风雨飘摇之势。清兵内侵，刚刚撤去，张献忠、李自成等部又复出，这使崇祯皇帝十分烦恼。他对杨嗣昌亲去督师抱有很大的期望，认为杨嗣昌可以胜任，除对杨嗣昌本人大加赏赐外，还明令杨嗣昌佩以"督师辅臣"银印，拨剿饷粮银五十万两，并赐尚方宝剑，便宜行事。杨嗣昌所提的要求几乎全部答应。尤其是崇祯帝还亲自赐宴，为杨斟酒三杯，这在当时是不多见的。更有甚者，皇帝还亲赐御制诗一章：

> 盐梅今暂作干城，上将威严细柳营。
> 一扫寇氛从此靖，还期教养遂民生。

这里用"盐梅"来比喻国家不可缺少之人。西汉名将周亚夫曾驻军细柳，治军严整，深得文帝的赏识。崇祯帝在这里是希望杨嗣昌能成为像周亚夫那样的名将。杨嗣昌跪接诗章"拜且泣"。这种礼遇真是达到了无以复加的地步，这使杨嗣昌感激涕零。九月初，杨嗣昌谢恩出朝。

杨嗣昌此次出京督师，主要打击张献忠，李自成还在其次。按照崇祯帝的"旨意"，张献忠必不可赦，因为他曾毁凤阳祖陵，其余的农民军首领应剿应抚，

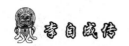

由杨嗣昌自己相机行事，不必上奏请示。关于张献忠"曾惊祖陵"，那是几年前的事，后来还是曾经允许他受抚了。这次之所以不再允许张献忠受抚，并一定要把他消灭，主要原因是因为他带头破坏了抚局，各地又重新燃起烽火。除此之外，此时在各支农民军队伍中，张献忠的力量最强大，擒贼先擒王，消灭了张献忠，一方面解了"惊祖"之愤，另一方面，打击了张献忠，就可以使起义军士气大减，其他的义军队伍就会不攻自破，起到震慑作用。李自成虽然此时已起事，但人马尚少，加之去向不明，所以影响不大，因此张献忠就成了打击的主要目标。

杨嗣昌九月底抵达襄阳，依照崇祯皇帝的旨意，马上将熊文灿送往京师。襄阳是围剿农民军的前方基地，杨嗣昌到达后进一步加强了这里的防御。于城周围挖壕沟三道，架设了可以随时启闭的吊桥。各城门设一副将驻守，查验文书来往行人，为防止农民军混入，又任命左良玉为"大将"，挂"平贼将军"印，有指挥其他总兵官的权力。左良玉正为丢失了官印而苦恼担心，这一来好了，拥有了权力更大的官印，什么问题都解决了。

左良玉历来就飞扬跋扈，常常不听调遣，拥兵自重，此时却被破格提拔，这是他所没有想到的，这真是"祸兮福之所倚"。为什么会这样呢？实际上，左良玉是个实力派，并且他在明军众将领中还是比较能打仗的，实力也比较强，声望也比较高。杨嗣昌虽然位高权重，但并没有亲临战阵的实际经验，基本上是个文官，他急需有个左良玉这样的武将做自己的助手。左良玉对提升可谓感激涕零，暗下决心要大干一场，以感恩图报。

杨嗣昌还到处张贴告示，悬赏捉拿张献忠，为了引起人们的注意，上面还书有他的一首《西江月》词：

> 不作安安饿莩，效尤奋臂螳螂。
> 往来楚蜀肆猖狂，弄兵潢池无状。
> 云屯雨骤师集，蛇豕奔突何藏？
> 许尔军民绑来降，爵赏酬功上上。

榜的末尾署："能擒张献忠者，赏万金，爵通侯。"张献忠见到告示后，也针锋相对地贴出榜文，"有获嗣昌者，赏银三钱"。杨嗣昌起初对自己写的榜文十分得意，当得知张献忠的榜文后大为懊恼，自己的人头竟还不如张献忠的值钱。

张献忠获知杨嗣昌亲临前线督师，预感到将有恶战。为了避开官军的锋芒，他便向西撤退，转到四川和陕西的交界地区。杨嗣昌下令左良玉把主力驻扎在兴安，另派三千官兵入蜀追剿。左良玉不服从杨嗣昌的这个命令，他认为现在"兵力已薄，兵合则强，分则弱……今当出其不意疾攻之。"杨嗣昌虽很不高兴，但也无可奈何，没有办法，只得把左良玉的意见报告朝廷。当然，杨嗣昌此举目的也很明确，打了败仗也可推卸罪责。

崇祯十三年二月七日，张献忠与左良玉部官军在四川太平县遭遇。张献忠首先抢占了玛瑙山，据险固守。左良玉督众猛攻，结果张献忠大败，"追奔四十里"，农民军死伤近四千人，张献忠手下的十六个首领被杀，其妻敖氏、妾高氏等家属七口人也都被官军俘获。过天星惠登相在这次战役中也投降了左良玉，成了其手下的得力干将，回过头来，围剿农民军，成为农民军的死敌。左良玉因立有大功，被加官太子太保。

玛瑙山战役后，张献忠的精锐损失殆尽，兵力锐减，处境十分险恶。假如左良玉乘胜紧追不舍的话，张献忠这支农民军很可能被彻底消灭。但是，与杨嗣昌的矛盾使左良玉放松了对张献忠的追击，这给了张献忠以喘息的机会。原来，左良玉挂平贼将军印后，依然是我行我素，不听从杨嗣昌的节制。杨嗣昌就私下许诺贺人龙，由他代左良玉为平贼将军。玛瑙山之战中左良玉立有大功，杨嗣昌无法，只得要贺人龙等一等。为此，贺人龙极为不满，就把这件事告诉了左良玉。这使左良玉怀恨在心，从此不肯再为杨嗣昌卖死力。张献忠也巧妙地利用了这一矛盾，派亲信带着珠宝向左良玉行贿，并说："献忠在，故公见重。公所部所杀掠，而阁部猜且夺。无献忠，则公灭不久矣。"左良玉为之"心动，纵之去"，结果把张献忠放跑了。张献忠逃往四川巴州一带。杨嗣昌命贺人龙部尾随追去，但是，"人龙兵噪而西归。召良玉兵合击，九檄皆不至。"这使张献忠能够得以从容地逃去。左良玉和贺人龙是杨嗣昌所依靠的两大支柱，但二人都如此互相猜忌，不服调遣，杨嗣昌就很为难了。同时也为杨嗣昌这次督师埋下了祸根。

在杨嗣昌一线督师之初，确实连续打了几次大胜仗，并且杀伤大量农民起义军将士。这使得他颇为得意，以为剿除张献忠只是一个时间的问题了。但在此时，他与左良玉、贺人龙等主要将领之间的矛盾开始日益激化，他们已明显不再听从指挥，调度越来越困难，这使得官军无法齐心协力地围剿农民军，因而多次坐失良机。杨嗣昌下令让左良玉乘胜追击，可左良玉却"高卧竹溪，屡檄不动"。杨嗣昌虽一再致信左良玉，晓以利害，要他万不可坐失良机，左良玉却依然不为之所动。玛瑙山之战正是由于他左良玉违抗杨嗣昌的命令而取胜的，这更使他专横跋扈，不把杨嗣昌的命令放在眼里。这给张献忠提供了喘息之机，不久便从四川抄小道辗转回到湖广的房县一带。

崇祯十三年七月，罗汝才被官军击败后和张献忠合兵一处。此时，杨嗣昌调

各路官军向房县一带云集，张、罗遂决定再入四川。张、罗于九月间入川，杨嗣昌得知后马上亲自赴川督师。但是，官军却在剑州、梓潼连遭败绩，使杨嗣昌只好向崇祯皇帝上书请罪。杨嗣昌把失利的责任推在川军的"不足恃"，疏忽防范，再就是陕西兵的"噪而西归"。为此，四川巡抚邵捷春被处死弃市，他的职务由监军道廖大亨接管。驻守陕西的三边总督郑崇俭也因受牵连被免职，由丁启睿接任。实际上，这些人都是杨嗣昌督师失败的替罪羊。左良玉不服调遣，拥兵自重，杨嗣昌对他无可奈何，其他的将领也故意仿效，致使官军造成被动局面，不能有力地追剿。

崇祯十三年冬季，张、罗二部采取"以走制敌"的战略要术，官军几乎是被张、罗二人牵着鼻子跑，连续攻克了四川的诸多州县。他们在四川腹地转战了四个多月，整个四川都为之震动。流传在农民军中的一首歌谣说："前有邵巡抚，常来团转舞；后有廖参军，不战随我行；好个杨阁部，离我三天路。"从这歌谣可以看出，农民军低潮时的失败情绪已一扫而光，取而代之的是一种乐观胜利的情绪。在四川转战的这段时间里，张、罗二部的农民军力量都得到迅速壮大。于是，他们便准备从四川出发，进军湖广，重新开辟一片新天地。

第八章　占领洛阳

一、明廷加征练饷

从万历初年张居正推行一条鞭法以来，民田一般每亩征收税银三分，不得另外给农民加征税银。崇祯帝即位当政不久，就责户部措办边饷无术，户部侍郎王家祯为此引罪。户科给事中随后上书，列举历代边饷情况：明中期以前，边饷大体最多用银四十九万余两，万历年间就增至二百八十五万余两，天启时更多增加到三百五十三万余两。"今出数共五百余万，而岁入不过三百二三十万。"即按数征足，尚入不敷出，而实际上有许多"逋负"，即未征收上来的赋税，"实计岁入仅二百万耳"。时在崇祯元年，收入和支出相差很大，边饷自然不够用的。追究其原因，官府则说是因为边饷开支过大。这些负担归根结底还是要落到农民头上，其手段就是加征。

加征并不是从崇祯开始，而是以崇祯时为最烈，也就是说崇祯时加征得最多，嘉靖时因多年的倭寇问题，开始实行加征，时称"提编"。万历时由于支援朝鲜抗击倭寇，明廷开始对农民进行第二次加征。万历末年，因辽东兵事问题，接连加征三次，农民每亩九厘税银，"凡五百二十万有奇，遂为定额"。此项加征叫做辽饷。这种加征已使老百姓叫苦连天，而崇祯时的加征手段则把老百姓逼上了绝路。

崇祯时辽东的战事非常危急，为解决军饷问题，便开始加征辽饷。崇祯三年，兵部尚书梁廷栋上疏，"请于九厘外复加三厘"。于是，在原加征辽饷五百二十万余两的基础上，再加征一百四十余万两，都称之为辽饷。

崇祯十年，面对李自成等农民起义军，兵部尚书杨嗣昌请求官府增兵十二万，增饷二百八十万两。崇祯帝于是下圣旨："流寇蔓延，生灵涂炭，不集兵无以平寇，不增饷无以饱兵。勉从廷议，暂累吾民一年，除此腹心大患。"此次加征称之为剿饷，意思是为剿除农民起义军而加征的饷银。又因这次是按赋额加

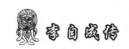

征，即在原赋额基础上每两银再加三分，所以也叫做均输。又因原赋是按亩分摊，所以这次加征和原来按亩加征没多大的区别。这次加征额为二百万两，征收额比每亩加三厘的数额还多。

加征剿饷政策原定为实行一年。但是，加征来的饷钱很快就被用完，镇压农民起义军的战斗继续进行，而农民起义军并没有被剿灭。且农民军力量越来越强。崇祯帝想降低加征幅度，减半征收，但督饷侍郎张伯鲸不同意，要求还是全额加征。崇祯帝也就不管失信不失信于民了，最后剿饷的加征还是按定额执行。

崇祯十二年，因去年清兵内犯，"京师戒严"，兵部尚书杨嗣昌提议："益兵七十三万有奇"，为了练兵，官府又开始加征练饷。剿饷的延期，已经让崇祯帝失信于民了，对再加征练饷崇祯帝颇感为难，犹豫不定。杨嗣昌又重复上言道："没有耕种能力的人，加赋出于土田，土田交给有耕种能力的人。每百亩土田加征银钱三四钱，稍抑兼并耳。"当时崇祯帝正依靠着杨嗣昌，其他官员也不敢拦阻，大学士薛国观也随声附和，表示大力支持。于是在加征剿饷的基础上又加征练饷七百二十万两。到此，官府除加征辽饷外，"这时增剿饷、练饷，先后增赋千六百七十余万。民不聊生，更起为盗矣"。

问题的严重性在于，这种敲骨吸髓恶性循环式的加征不是一年便结束，而是一开征就没有止息。辽东战争还没有平息，李自成等农民军的力量在日益扩大，辽饷、剿饷、练饷这三饷也随之加征不止。崇祯帝年间曾任刑部员外郎的银肃乐也说过：

> 往者，辽事起而有辽饷。诏书有言，暂累吾民一年，已而为定额矣；及剿寇而有剿饷，诏书如前，已而复为定额矣；杨嗣昌请抽练九边之兵，以制虏灭寇，诏书复如前，已而复为定额矣。

杨嗣昌有关加征赋税主要征之"有能力的人家"的说法，最为迷惑人。这也是让崇祯帝下决心加征练饷的重要原因之一。实际上，多少懂点历史知识和有点社会经验的人都知道，这纯属一种表面现象。加征的负担还是主要由普通百姓承担，"有力之家"也会千方百计想办法将负担转嫁到普通农民身上。

崇祯帝"暂累吾民一年"，只不过是华而不实的话，实际上是加征的时间一年接着一年，且加征的数额越来越增加。崇祯帝表现出一种可怜百姓的模样，说几句体贴关心老百姓的话，这只是装装样子给人看罢了，而附加在老百姓头上的负担却是确确实实的。这实际是官府在逼迫老百姓去造反。对这种严重后果，当时许多大臣都向崇祯帝陈述过，但崇祯帝却执迷不悟，自以为老百姓可以任他奴役和剥削，最多在诏书中讲几句同情百姓的话，认为这样可以消除老百姓心中的怒气。他不明白载水之舟也可以"覆舟"的道理。为此，有些有远见的大臣也感到十分痛心，言辞也非常激切。例如，崇祯八年御史吴允中在疏中说道：

> 自有辽事以来，取于民者已溢于制。且魏忠贤之搜刮，已为无所不至。至于今日，正皮肉都尽之时，不惟加派不可行，即催科亦当从缓……设民穷财尽，外敌未宁，内盗蜂起，何以处之？莫若苏息民力，团结人心，以为长治久安之计。

这还是只在加征辽饷时讲的，当不久三饷同时加征时，老百姓的"皮肉"还不被刮得干干净净。面对各种加征，老百姓困顿已极，实在无力承担。加征的命令一下达，各级地方官还不敢怠慢，都怕丢掉乌纱帽，都以催科为能。谁能及时将加征的饷额交足，在皇帝的眼里谁就是有能力才干的官员。一些比较体恤老百姓苦难的官员，不忍心对百姓百般刁难和百般催索，不能按时完成官府交给的征收税额任务，反而被朝廷定罪，甚至被严厉惩治。这正像刘宗周在重被召用后的"谢恩疏"中所说："有司以剥克为循良，而抚字之政绝；上司以催征为考课，而黜陟之法亡。"时间长了，那些残酷敲诈老百姓的酷吏就越来越多，平民的苦难自然变得越来越深，反抗的力量也就越来越强。

有的同情百姓的地方官深知这样给社会带来的弊病，上疏切谏，请朝廷稍加放宽征收税额的数量或时间。例如河南府推官汤开远就曾上疏说："今诸臣怵于参罚之严，一切加派，带征余征，行无民矣。民穷则易于为乱。皇上宽一分在臣子，即宽一分在民生。如此，则诸臣可幸无罪。"但崇祯帝关心的是边事，对这类关心百姓体恤民情的地方官的话一概听不进去。

此后，催征饷银变成了考核官员政绩的一项重要标准。于是，对那些替百姓讲话不忍心严加催征的官员就十分不利。"户部尚书毕自严下狱，熊开元、郑友玄俱谪"，其罪名都是催饷不力。"自是考选将及，先核税粮，不问抚字，专于催科。此法制一变也。"以催征饷银作为考核官员的主要标准，真可谓"苛政猛于虎"了。

崇祯时三饷并征，农民负担的沉重在中国的历代朝廷中都是极其罕见的。实际上，农民所负担的还不只是这些让人看得见的数字，因为还有不少额外的苛捐杂税。这正像吏科给事中刘汉儒所讲："自发难以来，征派无虚日。最苦者莫如招买豆料，给价常少，给价常迟。是名招买，而实加派也。"如果说这样"招买"还多少付给点薪水的话，那么，在外流动作战的将领随便私自向地方加派，则是

一点报酬不付的。由于崇祯时战争接连不断，这类私派给老百姓所带来的苦难也是十分沉重的。"正派"本来就够老百姓负担的，而"私派多于正赋"，老百姓怎么还有活命！给事中孙承泽上奏道："大江以外，几无宁宇。人不归咎于天行之灾诊，而归咎于部派之繁重。"这真是一语破的：当时社会的破败，不是因为自然灾害，而是人们人为造成的。他只不过是没有将这种人祸归给崇祯帝而已。天下残破最主要归结到李自成领导的农民大起义。

正赋以外有加征，明征完了再私派，而害民者还有所谓"火耗"。它的本义是指铸钱时的损耗。到了明后期，正赋完全折成银钱交纳时，按规定的数额交足还不够，还必须额外附带多交一部分，理由是用来防备铸钱带来的损耗。而这部分损耗又有很大的伸缩性。若遇上个不怎么贪得无厌的官，"火耗"就少些，如遇上欲壑难填的贪官，"火耗"就会变得很大，又变成农民额外的一项沉重负担。而事实上又是贪官多，不贪的少，所以老百姓的负担就变得更沉重了。刘宗周说："今吏治之败，无如催科火耗。"这说出了当时社会一个很普遍的重大弊政。

另外，明后期一些不务士、农、工、商，且享有特权的皇族人口急剧增加。这些人在各地欺压百姓，骑在百姓头上作威作福，疯狂地搜刮老百姓，也成为老百姓一项负担。至于明皇族人数增加到多少，明初没有确切的记载，正德时据谱牒所载为十万人。据《明实录》记载，在万历二十三年间为十五万多人，而到万历四十年却突然猛增到六十万。这个数字表明，皇族的人口似乎增加得太快了些。崇祯时的皇族人口也没有明确记载。但从多方的资料综合估算，总数也不低于三四十万。仅明文规定的禄米供应就使得明廷难以应付。问题还不止这些，他们还时不时地向朝廷提出一些份外的要求，向当地人民肆无忌惮地勒索。朝廷为了转嫁负担，对这些皇亲国戚的勒索行为也就默许了。他们依仗权势，胡作非为，要挟地方官吏，勒索百姓，也大大增加了老百姓的负担。

为了搜刮民脂民膏，朝廷简直是不择手段。例如崇祯十一年，户部尚书程国祥上疏提议，凡京师开旅馆、饭店和出租房屋的人，都预先支付一季度的租金，以充军国之用。在京师的各个会馆，虽不交纳租金，但也要交纳一定数额的修理费。"其初谓可得五十万"，但由于一些戚畹权要从中阻拦和隐匿，费了好大劲，"所得仅十三万而已"。

崇祯一朝，各式各样的搜刮一直未停。直到崇祯十七年二月，李自成所领导的农民军已逼近京师，明王朝眼看就要寿终正寝，马上就要完蛋了，崇祯帝还依然不顾百姓生活，一味加赋加税征敛钱财。崇祯皇帝在催征赋敛的诏书中说：

边饷甚急，外解至皆由有司，急赃赎而缓钱粮，不严赏罚何以劝惩？今内责部入，外责巡按，痛禁耗羡。完额则升京堂，否则除名。

崇祯帝怎么也没有想到自己一个月后竟然吊死在煤山。从这道诏书上看，他的自我感觉还蛮可以，以为天下臣民仍在任他驱使剥削。崇祯帝很明白"耗羡"之弊，所以在催征的时候他还不停此说了"痛禁耗羡"的话，但这时天下已彻底崩溃、破败，许多地方官员已偷偷地投靠了李自成农民军。他这里尽管利用一些笼络收买官吏的办法，但已失去了诱惑力。当时京师已全部戒严，不允许京城官员外出活动，目的是防止官员投靠李自成。在这种情况下，谁还愿意通过征敛而进京升官加职呢？因此，这道诏书只是一纸空文而已。如果说这道诏书还有点用途的话，那就是它可以清楚地告诉世人，崇祯帝对老百姓的征敛始终没有放松。

二、天灾人祸不断

人们都知道崇祯年间灾荒不断，是导致农民起义的另一方面的原因。其实，在中国这么一个大国，灾荒几乎年年都要发生。如果是在政治清明、社会安定的时代，大灾荒造成的危害也会比较小，不至于酿成大的社会动乱。如果是在政治腐败、社会混乱的时代，小灾荒也会给国家造成大危害，甚至本来不应有灾，但因大批农民逃避苦不堪言的赋役，也会使大片农田荒芜，造成人为的灾荒。另外，封建社会的士大夫不愿或不敢正面指责皇帝，便极力宣传天灾的严重，而对当局所造成的"人祸"则极力掩饰。于是，人们从史书上看到农民饥寒交迫，便误信主要由天灾所造成。稍微学过历史的人就易发现，一个刚刚建立的王朝在最初发展的几十年间，很少看到有自然灾害连年不断的记载，而到了王朝末期，天灾方面的记载就接连不断了。实际上，天公不会有意善待哪位皇帝，而有意多给另外的皇帝降灾。从大的概率来看，旱涝灾害的分布是有规律的，不会厚此薄彼。就崇祯年间来看，老百姓的苦难和灾难主要来自人祸，而不是天灾，如果用"三分天灾，七分人祸"来形容的话，那也是有夸大其词的成份在里面。

水利设施坏了不去修理，水旱水涝的灾荒所造成的后果也非常严重。给老百姓带来的苦难就可想而知了，再加之官府的一再加征。对此，明末很多的野史笔记和诗文都有催人泪下令人深思的记载。例如陆宝在《加赋行》一诗中写道：

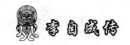

六月恒风水盈亩，八月不雨禾成莠。
岁俭输公巨奈何，那堪分外急征科。
朱书白榜当街揭，计及锥刀款目多。
一月三征难出口，秋禾夏麦巧更名。
枵腹携资尽入官，官犹切齿责未完。
重则累囚轻决棒，淋漓血肉掺泥干。
愿天雨金石生谷，聊为生民救血肉。

这是一幅多么凄惨的图画。

不停的搜刮使得大批农民逃亡。地方官吏为了征足赋额，他们将农民划为十户一组，一户逃则由剩余其他九户补足，两户逃则由其他八户补足，九户逃则由剩下的一户交足十户的数额。这样一来，就使全村农民流离失所。整片整片的耕地在正常年景下也没有收获，农民大量逃离，良田也慢慢变为了荒地。本来是丰收的年景，这时可也闹起了灾荒。人们的外逃有可能偶尔找到一条生路，如果坐在家里，怎么也交不足众逃户的赋额。一年中辛辛苦苦，到头来被刮光不算，甚至还因欠赋而被官府打得皮开肉绽。这在当时是一种很普遍的连锁反应。这种连锁反应必定造成人为的灾荒，而这种人祸是造成社会混乱的主要因素，它在这里起的作用比天灾大得多。

对于因加征而带来的社会动荡，有些有识之士都看得一清二楚，因此不断有人上书劝阻。有的臣僚甚至以加征不祥和上天示警相劝，把全国各地的灾荒都归附于"敛怨干和"。崇祯十年，刑科给事中李如灿就曾说，从李自成等农民军挖掘捣毁凤阳皇陵以后，"天下财赋之区已空其半。而又遇此亢旱，吴、楚、齐、豫之间，几千万里，是所未尽空者，殆将尽空矣。臣谓敛怨干和，皆财用为之也……有兵不练，饷增而饷益匮；有饷不核，饷多而兵愈冒"。这里所指的"财赋之区已空其半"，主要是说老百姓大批逃亡，明廷找不到了征税的对象。这里把有室无人的现象归结于农民起义，这是没有道理的。将数省的旱灾归之于"敛怨干和"，也有唯心主义的成分，但他把最终原因归结为"皆财用为之也"，却讲出了问题的实质。崇祯时曾任内阁大学士的蒋德璟也曾指出："杨嗣昌倡为聚敛之说，致天下民穷财尽，人皆为盗。"这里的"盗"，是指发动起义的李自成等农民起义军。老百姓原本不想造反，之所以要发动起义，是因为"民穷财尽"，百姓无以活命。而造成这种问题的原因在于明廷的"聚敛"，或者说是名目繁多的加征。蒋德璟的这段话一针见血地指出了明廷社会的动乱，就是官府聚敛加征的结果，所以说人祸造成的危害远远大于天灾。

就农民受灾难程度，明末是最重的。明末时期，一些凄惨的记载，令人不忍卒读，催人泪下。大批农民为逃避加征而流离失所，有的投身到农民起义军，有的饿死沟壑，有的则成为强盗，还有的甚至以人为食。这种惨状在中国北部尤为严重。

这种状况于崇祯在位前期就已表现得非常突出。"崇祯三年庚午，年荒米贵，民多菜色"。到崇祯末年就更严重了。左懋第在崇祯十四年督漕运，漕运的途中看到老百姓挨饿的惨状，便在途中给崇祯帝上疏说："臣自静海以至临清，见居民饿死者三，疫死者三，为盗者四。石米银二十四两。死则取之以食。惟圣明垂念。"这是直言不讳地说给崇祯帝的，他绝没有任何夸大其词的意思。在洪武年间，官俸米一石折银一两，市场价米一石大约值银四五钱。明中期米一石约值银三四钱，最低时竟只值二钱多。崇祯时居然增加到米一石价银二十四两，老百姓的苦难可想而知。左懋第这里所说十分之三的人饿死，十分之三的人遭瘟疫而死，十分之四的人"为盗"，实际上指许多人参加了农民起义军，那时的农民起义军也称"盗贼"。当时天下残破的状况也大概就是这样。

在崇祯皇帝吊死煤山的前一两年里，老百姓的生活更加困苦不堪。尤其在河南、山东一带，"家家以人肉为粮。虽至亲好友，不敢轻入人室。守分之家，老小男女相让而食。强梁者搏人而食。甚至有父杀其子而食者……食人肉者，一至麦黄相继病死。有一人，食人颇多，人手、人足、人肺、人肝，罗列而食……"这种悲惨景象，实在是不堪忍睹。真是"乱世人不如太平犬"。在那种暗无天日的时代，崇祯皇帝却假惺惺地"减膳撤乐"，要天下臣民称他"陛下圣明"，向他高呼"万岁，万万岁"，这真是莫大的讽刺，是对天下臣民的极大嘲弄。侥幸生存下来的人还要称颂他是个好皇帝，这又怎么对得起当时因饥饿而死的千百万同胞呢？

凤阳是"龙兴之地"，在明代长期享有诸多优惠，赋税徭役比其他地区为轻，甚至在明初曾一度免征赋役。但到崇祯年间，这里的情况已急转直下，同明初大不相同，各种加征也要照样承担。在崇祯四年年底，南京礼部右侍郎钱士升去凤阳祭告皇陵，对沿途看到的状况颇感痛心，于是上书崇祯帝说：

> 凤阳土地多荒，庐舍廖落，冈陵灌莽，一望萧然……挈妻担子，乞活四方。户口既已流亡，逋赋因之岁积。有司悚于正额，不得不以逋户之丁粮派征于现在之赋。于是赔累愈多，而现在者又转而之他矣。

从钱士升的奏书中可以清楚地看出，由于官府一再加征，逼得老百姓到处流浪，

无家可归。地方官员为了征足数额，不得不将逃户的赋税分摊给未逃户身上。这样未逃户不堪重负，也只好逃离故土。长此以往，形成恶性循环，使得土地大片抛荒，"一望萧然"了。皇帝的祖籍尚且如此，其他地区也就可想而知了。但钱士升的奏书并没有起到任何作用，朝廷不但没有免除辽饷，而且不久又加征剿饷、练饷，这就彻底将天下老百姓逼上了绝路。

当时有许多大臣上疏请求停止加派，认为这种加派是火上浇油，为渊驱鱼，无救乱亡。兵科给事中刘懋就曾上疏指出：

> 尝考皇祖中年，臣公条编之税，每亩不过五分。是以民间宽然有余，家有盖藏，人知廉耻，虽遇荒而不死，虽饥死而不叛。嗣后岁岁有加派，今年加二厘，明年加三厘，因事而派，事已而派不去。日加一日，则日重一日，迄今则每亩八分三厘。连加耗种种，则每亩一钱余矣。……是以富者不得不贫，贫者不得不逃。粮欠盗聚。

刘懋奏疏中讲的是崇祯四年的情况，此时只有辽饷一项加派。到了后来又陆续加派了剿饷、练饷，情况自然就可想而知了。明末的大起义爆发也就在情理之中了。

崇祯十六年五月，右佥都御史徐标曾当面对崇祯帝说："自淮来数千里，见城陷处固荡然一空，即有完城，仅余四壁。蓬蒿满路，鸡犬无音，曾未遇一耕者。土地、人民，如今有几？皇上亦何以致治乎？"崇祯帝听了徐标的话，颇动感情，"上欷歔泣下"。五月正是农耕的大忙季节，徐标竟在"数千里"的江北地区看不到一个耕田的人，天下又怎么能不荒歉呢？这明显不是天灾所造成的，而是农民为了逃避官府赋税徭役而流离失所的结果。但崇祯帝仍不这样认为，且说："诸臣不实心任事，以至于此。"看来崇祯帝是到死也不说真话了。

在崇祯年间，天灾与人祸都经常发生，遍地哀鸿。这方面的记载史书上到处可查。生活在延安的马懋才在《备陈灾变疏》中说道：

> ……八九月间，民争采山间蓬草而食，其粒类糠皮，其味苦而涩，食之仅可延以不死。至十月以后而蓬尽矣，则剥树皮而食。诸树唯榆树差善，杂他树皮以为食，亦可稍缓其死。殆年终而树皮又尽矣，则又掘山中石块而食。其石名青叶，味腥而腻，少食辄饱，不数日则腹胀下坠而死。民有不甘食石以死者，始相聚为盗……间有获者亦恬不知畏，且曰："死于饥与死于盗等耳！与其坐而饥死，何苦为盗而死，犹得为饱鬼也。"

从采集蓬草充饥，到吃树皮、青叶石，以至"相聚为盗"，即使被捕获处死也"恬不知畏"，反正怎么都是死，为"盗"死去还可以充当一个"饱鬼"。这是一种多么让人伤心和凄惨的景象！但马懋才在疏中还有更凄惨的记载：

> 更可异者，童稚辈及独行者一出城外，便无踪影。后见门外之人炊人骨以为薪，煮人肉以为食，始知前之人皆为其所食。而食人之人亦不数日面目赤肿，内发燥热而死矣。于是，死者枕藉，臭气薰天。县城外掘数坑，每坑可容数百人，用以掩其遗骸。臣来之时，已满三坑有余，而数里以外不及掩盖又不知其几矣。小县如此，大县可知；一处如此，他处可知。……
>
> 官司慄于功令之严，不得不严为催科。如一户只有一二人，势必令此一二人赔一户之钱粮；一甲只有一二户，势必令此一二户而赔一甲之钱粮。等而上之，一里一县无不皆然。则现在之民只有抱恨而逃，漂流异地。栖泊无依，恒产既亡，怀资易尽，梦断公关之路，魂消沟壑之填，又安得不相率而为盗者乎？此处逃亡于彼，彼处复逃之于此。转相逃则转相为盗。此盗之所以遍秦中矣。

这种催人泪下的记载，没有亲眼目睹到这种惨景，人们是想像不到的，所以我们把原文引在上面，让大家看一看这种到处哀鸿的景象根本不是人类生活的世界，即便是铁石心肠的人看了这种记载也会心惊肉跳。把老百姓逼到了如此地步，崇祯帝还口口声声连声不断要"中兴"，难道说这还不是傻子说梦话！但是，人们从崇祯帝那里闻讯到的，让人好像感到皇帝还是个颇体贴和关心百姓的君主呢！

三、官逼民反

1. 队伍壮大

崇祯十三年，河南各地到处是一片杀气腾腾。七月间，一帮造反的农民占领了伊阳县城，县令在去汝州路上被造反的农民杀死。渑池的张三星一度聚集农民军多达七八千人，新安的于士秀也聚众造反农民数千人，他们一起攻打新安县城时失利。是年八九月间，李际遇和任辰等农民军首领聚众五万余人，辗转于郏县、尉氏一带作战。在叶县、项城、汝宁各地，都聚有小股农民军四出活动，令官府剿不胜剿，抚不胜抚。当李自成转战到河南后，有部分小股的农民军就投入了李自成的队伍。

在河南纷纷涌起的农民军当中，影响较大的是袁时中率领的所谓"小袁营"。其最多聚集人马多达二十万，已经是一支比较大的农民军了。他于崇祯十三年起义，其队伍壮大的速度如此之快，就是因为他为大批无家可归的饥民找到了一条生路。他曾在自己的家乡滑县惨败官军，击杀了把总耿泰鸿。次年他率众进入安徽，为朱大典和刘良佐击败，之后他率领剩下部下数百人骑马逃回河南。

从以上的叙述可以看出，明廷的加征使农民的苦难雪上加霜，整个中原大地民不聊生，纷纷揭竿而起，一片沸腾。这为李自成率领的农民军在河南的发展提供了绝佳的机会。他的到来就像一团火球落在了一片干柴上，大火立马熊熊燃烧起来。

崇祯十三年九月，李自成又率领部下从巴西大山深处突围而出，转入陕南。李自成在河南进行了短时间的休整，这时他的队伍扩充到大约千余人。像一斗谷、瓦罐子等部的农民军也前来与之汇合，他的部下增至数万人。十一月间，李自成率众兵由商洛山进入河南。

杨嗣昌一直在洞察李自成的去向，当他得知李自成攻入河南后，立即命令王光恩、刘洪起等将领率兵由兴安入河南进剿。他特别担心李自成南下襄阳、郧阳一带，因为襄阳、郧阳各地安插了大批受抚的农民军，如果他们听到农民军的风声，重新反叛，局势将变得无法收拾。所以，他立即致信此地的地方官，要他们有所准备，密切注意这些投降的农民军的动向。"如能鼓舞使与贼敌而为我用，则勾不能去，附乃益坚"，这当然是最好不过了。若不能做到这一点，对为首分子则要早作安排。

让杨嗣昌没有想到的是，李自成入河南后没有南下，而是向东活动。他率众由淅川东逼内乡，由内乡攻入到重镇南阳。从前，农民军经常从这里进入襄阳，李自成这次却掉转方向，于十二月间接连攻破鲁山、郏县和伊阳三县，随之便直逼宜阳。十二月二十一日，李自成的农民军在攻打宜阳县城时，杀掉知县唐启泰。为了维护当地的社会秩序，李自成命新降服的举人楚瑢掌县事，并给了他三千两银子救济贫民。但是，李自成刚一离开，楚瑢就把李自成给他的银子原封不动地送给了官军，自己也逃跑而去。

十二月二十四日，李自成又开始对永宁围攻。明王朝的宗室万安王朱采轻在这里居住，朱采轻和地方官在永宁拼死固守，使农民军的攻城行动一度受阻。这时李自成的部下已经发展到数万人，对这个区区小城却连攻不下，李自成大为恼火，于是亲自出马，督促作战，连续猛攻作战三昼夜，终将这小城拿下。都司马有义伺机逃跑，知县武大烈因拒不投降，被农民军俘获烧死。吏部郎中张鼎廷跳到一口枯井中，侥幸逃脱。万安王朱采轻和百余名豪绅被农民军抓获，在城西被审问后一一处死。

李自成这次到达河南后，他的力量得到了十分迅速的壮大，这与他贴身的谋士到处高呼"迎闯王，不纳粮"的口号有关。当时的百姓害怕三饷加征，怨声载道，到处是流浪的饥民。"迎闯王，不纳粮"的口号对这些饥民简直是太有吸引力了，一是给他们带来一线生存的希望；再加之李自成"不杀平民惟杀官"等口号，也正合乎老百姓痛恨官府的心理，所以许多农民便纷纷加入到李自成军中。李自成每攻破一地，就将官府和豪绅富户的粮食拿来救济贫民，这与官府的苛捐杂税和加征形成了鲜明的对照。这也是李自成能顺利进军的重要原因。"贼每以剽掠所获散济饥民，故所至咸归附之，兵势益盛"。加上小股农民军的纷纷归附，李自成的队伍在河南发展迅速，没过多久就发展到数十万。

崇祯十四年正月上旬，李自成农民军一举攻陷偃师，杀死了知县徐日泰。随后，李自成又连续攻破了灵宝、新安、宝丰等县，洛阳的外围基本上让他控制住了，为攻占古都洛阳作好了充分的准备。

2. 招纳文士

随着李自成在河南的胜利进军，有些在政治上失意的文人开始投靠李自成，为其出谋划策，一定程度上对李自成的行为有所改变。李自成把这些文人视为上宾，行事作战都要和他们商议，在他身边成立了一个参谋集团。由于他们的参与更增强了李自成的信心，似乎有很快把明朝皇帝的地位取而代之的意思。

李自成在河南招纳了一些文士，其中有李岩、牛金星和宋献策。

李岩是开封府杞县人，"有文武才"，原名李信，大家称他为李公子。他家境很好，性格开朗豪爽，乐善好施，在当地颇有威望。河南闹饥荒，杞县的宋县令仍催征赋税，老百姓流离街头无家可归。李岩就劝宋县令"暂休征比，设法赈给"。宋县令却说："杨嗣昌飞檄雨下，若不征比，将何以应？至于赈济饥民，本县钱粮匮乏，止有分派富户耳。"李岩回家后，主动捐米二百余石。饥民于是以李公子为例，到富户家哄抢，不捐米就烧就抢，一时杞县社会秩序大乱。宋县令立即派人四处张贴告示，"速速解散，各图生理，不许借名求赈，恃众要挟。如违，即系乱民，严拿究罪"。这时，饥民受李自成等农民军的挑衅，胆子越来越大，遂集县衙前大呼："吾辈终须饿死，不如共掠。"宋县令十分着急害怕，邀请李岩共谋对策。李岩劝宋县令"暂免催征，并劝富室出米"，然后由官府出半价

卖给饥民。这样一来，饥民暂且离去，他们表示如果没有米食，还会继续再来。宋县令感到事情很难平息，就报告按察司，说李岩"谋为不轨，私散家财买众心，以图大举"。遂按察司便命宋县令"密拿李岩监禁，毋得轻纵"。李岩被逮入狱，杞县老百姓十分气愤，一起到县衙闹事，杀掉宋县令，将李岩从狱中救出，把库粮抢掠一空。李岩对这些百姓说："汝等救我，诚为厚意，然事甚大，罪在不赦。不如归李闯王，可以免祸，且致富贵。"大家齐声响应。李岩让他的弟弟李牟带家人先行，随后放了一把火，带领众人一块投归了李自成。李岩奉劝李自成"行仁义，禁兵淫杀，收人心，以图大事"。李岩毕竟是个知书达理的文人，懂得宣传所带来的后果，他派人"伪为商贾，广布流言，称自成仁义之师，不杀不掠，又不纳粮。愚民信之，惟恐自成不至，望风思降矣"。

对于李岩与李自成的相见，有的史料记载得颇有英雄气概：

> （李）岩初见自成，自成礼之。岩曰："久钦帐下宏猷，岩恨谒见之晚。"自成曰："草莽无知，自惭菲德，乃承不远千里而至，益增孤陋兢惕之衷。"岩曰："将军冬日在人，莫不忻然鼓舞。是以谨率众数千，愿效前驱。"自成曰："足下龙虎鸿韬，英雄伟略，必能与孤共图义举、创业开基者也。"遂相得甚欢。

明末清初的野史对李岩的介绍很多，有的书中写的还具有一定的传奇色彩：河南的一支农民军首领名为红娘子，她很喜欢李岩的为人。李岩被县令逮捕下狱，是红娘子率众来救，李岩出狱后二人结为夫妻，一起归附于李自成。李岩的结发夫人汤氏劝他不要"为逆"，李岩不听，汤氏遂自缢身亡，汤氏死前还给李岩留有一首比较有文采的绝命诗："三千银界月华明，控鹤从容上玉京。夫婿背依如意愿，悔将后约订来生。"李岩发现这首绝命诗后，"大恸欲绝"。

虽然许多书籍记载李岩归服李自成的经过和细节不完全相同，但都记录了这样一个事实，即李岩是个文人，他的乐善好施在当地颇有声望，百姓都很敬佩他。李岩原本不情愿归李自成为逆，但因被造反的老百姓从狱中救出这种情形所逼，自己无奈，只好和百姓一起投归了李自成。至于李岩和红娘子是否像一些书中所写的那样是一对红颜知己，今已难以考证。

投归李自成的重要文人牛金星是河南宝丰人，天启七年的举人。他因被人诬陷，和儿子牛佺一起被逮捕入狱，功名被革去后充军。之后，他成了李自成的主要谋士，李自成治军的一些典章制度大都由牛金星制订。有人说他颇通孙吴兵法，他当时跟随李自成的主要任务是打仗，也自然而然要参与军事计划的制订。

据记载，"（牛）金星本士裔，先世由岁贡任县博士，与王府官者数人。金星父为鲁府纪善……先茔在宝丰北廓，去激水之阳不百步。墓各有碑，记官阶事。"从这段引文中可以知道，牛金星出生在一个有知识的家庭。县博士和鲁府纪善都是些品味低级的官。但对牛金星来说，这可以使他有一个读书的机会，所以后来考中了举人。牛金星比普通农民军领袖较有谋略，他归服李自成以后，实际上成了李自成的头号谋士，后来当上了大顺政权的丞相，深得李自成信赖。当时的那种社会背景，像举人这样的士人很少有归降农民军的，举人这个层次的人士普遍认为农民军为盗贼，不愿与他们相提并论，而总想通过科举考试进入官场，成为一个名符其实的文官。所以有的人说，牛金星归降李自成是"举人降贼"的开始。牛金星因事被逮系狱中，几乎丢了性命，随即断绝了他的仕途之路，这让他更认清了官场的黑暗，从而促成了他决心跟着李自成干一番事业的信心。李自成农民军不杀举人，最后进入北京后不任用进士以上的高官，而只用四品以下的官员，这都与牛金星的举人身份有着密切的关系。

牛金星还把宋献策荐举给了李自成。宋献策是河南永城人，是个江湖的算命先生。他相貌丑陋，"身不满三尺，其形如鬼。右足跛，出入以杖自扶，军中呼为宋孩子"。宋献策第一次觐见李自成就为他占了一卦，真可谓"十八子主神器"。意思是李自成一定能当皇帝。因为"十八子"合起来写是个"李"字。李自成出生入死在沙场上已奋斗了十余年，果然是该当皇帝了，宋献策的这一卦使李自成喜不自胜，所以李自成将宋献策奉为上宾，"信之如神"。从此以后，宋献策顺理成章成了李自成的军师。李自成行军打仗，常常请教于他。"十八子主神器"的说法一经流传开来，众多老百姓也认为，朱明王朝很快要灭亡了，李自成马上要当皇帝了。李自成对此暗自庆幸。当时，除了牛金星、李岩、宋献策经常为李自成献计献策以外，还有谋士顾君恩。这样，在李自成身边就基本形成了一个文人智囊团。

这些文人的加入对李自成的影响是很大的。从大的方面考虑，一是提高了李自成的策略意识，他们也确实帮助李自成制订了一些有利于农民军发展的策略；二是李自成更加大了向老百姓的宣传力度，使他的队伍得到迅速的发展和壮大。

3. 攻占洛阳

李自成扫清了洛阳的外围以后，就开始集中力量攻战洛阳。当时，洛阳是河南府驻地，也是崇祯皇帝的叔父朱常洵藩封之地，再加上它是中国历史上的古都，所以不论在政治上还是在军事上，洛阳都占有非常重要的地位。

李自成之所以要全神贯注攻打洛阳，一是由于洛阳有着重要的战略地位，二是因为这里"富甲天下"，攻克了洛阳就解决了农民军的钱粮问题。

　　提到福王朱常洵，人们立即会想到明后期纷纷扬扬的"国本"之争。所谓争"国本"，就是立谁为太子的争论。福王原本有一个哥哥，即光宗朱常洛。福王朱常洵的生母是万历皇帝所宠爱的郑贵妃，万历皇帝也特别喜欢福王。光宗朱常洛的生母原是侍奉万历皇帝母亲的一个宫女，与万历皇帝私通生了朱常洛。万历皇帝原本不想认这个儿子，由于母亲的逼迫，不得不认了，但心里始终不高兴。在一些大臣的力争下，万历皇帝虽一拖再拖，但最后还是立了朱常洛为太子。自万历以后，朋党之争变得愈来愈激烈，导致明王朝政治日益腐败，后人把它视为明朝灭亡的重要原因。这种朋党之争就是以争"国本"开始公开化的。福王朱常洵没能被立为太子，万历皇帝感到有愧于他，就把他封在中原地区的古都洛阳，赐地二万顷，其他金银珠宝难以计数。福王还不知足，他又向万历皇帝请乞外省的耕地，还请得盐引一千三百引，自己设店卖盐，"禁非王肆所出不得鬻"，其实就是由他一家专卖，用现在人的话说，就叫垄断市场。在封建社会，售盐是最赚钱的行当，卖盐为福王积攒了大笔财富。另外，万历年间矿盐税使四出，搜刮来的金银财物"多以资常洵"。万历皇帝立朱常洵为太子的心愿没有实现，多赐金银财宝于朱常洵补偿，使得福王朱常洵"富甲天下"。李自成非常想吞吃这块大肥肉，所以就集中兵力准备攻陷洛阳。

　　看到农民军陆续向洛阳运动，退职后在洛阳居住的原南京兵部尚书吕维祺给福王致信，劝他为保自己的身家性命，也为了大明江山着想，慷慨解囊，贡献一些钱粮充作军饷。对这些掷地有声的奉劝的话，福王充耳不听。他认为，拿钱饷充作军饷是侄子崇祯皇帝的事，不该由他来管。福王这个人爱财如命，是个目光短浅的葛朗台式的守财奴，不仅贫民百姓对他恨之入骨，连城中的士兵也不愿为他卖命。

　　在明代，像福王这类"藩王"，大部分都是饱食终日、不干正事的家伙。根据明廷的规定，不用说这些藩王，就是普通的宗室人员，都不能从事"士农工商"。明成祖原来就是藩王，他夺取皇位后担心别的藩王如法炮制，所以藩禁就更加严格，禁止藩王到城外出游。他们"坐縻国储"，有丰厚的收入，生活优越富裕；他们养尊处优，大都不关心国家政事，也不敢关心国事。稍好一点的藩王不时写诗作画，附庸风雅，一般的就安享富贵，差一些的则荒淫无耻，胡作非为。朱元璋封藩的意图是要他们"拱卫王室"，但实践证明，非但没有起到这种作用，反而更加激化了明王朝的矛盾，也加快了明王朝的灭亡。崇祯帝死后，南明先后有福王、唐王、鲁王、桂王等诸个政权，但在清兵的进攻下，这些政权很快就不复存在。说明这些藩王都和福王一样，确实是一帮废物。

　　河南巡抚李仙风十分担忧洛阳被李自成攻陷，急忙派总兵官王绍禹，副将刘见义、罗泰率兵增援助守洛阳。从崇祯十四年正月十六日开始，参政王胤昌立即部署守城之事，还没有部署完毕，李自成的队伍早已像潮水般地向洛阳方向涌来，将洛阳团团包围。福王发现有援兵来，非常高兴，马上将王绍禹和刘、罗二将召入城中，"赐宴加礼"。三将领要求将援兵带入城内，一块守城，福王不同意。一方面是因为王绍禹的部队军纪极差，另一方面是福王希望援兵在城外与农民军对战，可减轻城中供应军饷的压力。三位将领三次请求入城，都被拒绝，他们感到十分愤恨。有的士兵则大声叫嚷："王府金钱百万，而令吾辈枵腹死贼手！"次日，总兵官王绍禹又一次请求入城，摆出许多必须入城的理由，并表示可让刘、罗二位副将驻扎城外。这本来是个双方都可以接受的方案，但福王还是置之不理。王绍禹极为愤恨，遂擅自离守率领亲兵进入城内。福王尽管心里很不高兴，但在那军情危急时刻，面对这类骄横的武将也无可奈何。刘、罗二将本来在东南方向驻守，天黑时有意放了一把火，诈称"逐贼"，率领部下投降了李自成。这一来，洛阳的形势就更加危急了。城外的官军大多数已降，李自成的大军随后进逼城下，开始猛烈攻城。

福王这时才意识到大难临头了，遂"出千金募勇士"，趁天黑从城墙上缒出城外，潜入农民军营中，能杀就杀，能烧就烧，使农民军只得暂时后退。第二天，城头上的王绍禹的亲军发生兵变，在城上与城下的农民军嘻笑着说话。他们捉住督众守城的参政王胤昌，用刀逼着他脖子，向他索饷。王绍禹赶忙向前劝解，被军士推到一边。随后，他们烧掉城楼，打开北门，农民军蜂拥而入。福王见城已保不住，慌忙逃出城外，躲藏在一百姓家。第二天被农民军抓获。这时，吕维祺也被逮系。他看见福王，颇有风度地说："王死生，命也，名义至重，无自辱。"福王已吓得目瞪口呆，他看了看吕维祺，未说话。李自成知道王胤昌是个好官，命部下把他放了。他瞧见福王的确是个昏吃懵睡的废物，于是立即下令把他杀掉。福王的儿子朱由崧逃了出去，承袭了福王封爵，清入关后在南京建立了弘光政权。朱由崧也是个像他老子式的人物，弘光政权在他手中勉强维持一年就被消灭掉了。

福王朱常洵是个体肥肉多的废物。当时乡间饥民人吃人的现象已很常见，农民军遂把福王的肉和鹿肉杂在一起，置酒高会，号称"福禄（鹿）酒"。李自成的部下要吕维祺品尝，说："此福禄酒也。"吕维祺破口大骂，不屈被杀。城东关迎恩寺的道济和尚原来由郑贵妃所剃度，平常也多次得到他们母子的馈赠，这时乘夜间将福王的遗骨收葬。

李自成攻陷洛阳，福王府中的金银珠宝等物的确是多得数不胜数，应有尽有。府中"珠玉货赂山积"，李自成命部下全部运入卢氏山中的老营，府中的粮

食则用来"大赈饥民"。福王府中积粮数万石，领粮食的饥民扶老携幼，络绎不绝。李自成就趁机又对饥民们宣传说："王侯贵人，剥穷人，致其冻馁，吾故杀之，以为若曹，令饥者以远近就食。"饥民们领粮回去后奔走相告，纷纷加入到李自成军中。对此，亲临其事的郑廉记道：

> 向之朽贯红粟，贼乃藉之，以出示开仓而赈饥民。远近饥民荷锄而往，应之者如流水，日夜不绝，一呼百万，而其势燎原不可扑。自是而后，所过无坚城，所遇无劲敌，诸将皆望风走，即秉钺者以名节自许，亦不过以身予敌而已矣。

这段史料使我们清楚地看到，李自成开仓赈饥是深得民心，合乎民意的！因而能"一呼百应"，农民军的力量遂成燎原之势，而官军则更不堪一击，一败涂地。李自成"烧王宫，火三日不绝"，随后移师他处，命令归降的小官邵时昌留守洛阳，事实上就如同放弃洛阳。

李自成这时还是采用他的流动作战的老方法，"破城下邑，弃而不守"。李自成每次转移之前，都会命令部下将城墙拆掉，他们称作"平城"，其目的是为了不让官军日后据城固守。这样，起义军就可以集中兵力，机动灵活地打击官军。这种策略有它好的一面，即进军比较主动。但它也有不好的一面，即虽然取得不少胜利，却一直没能建立起自己稳固的根据地。

崇祯皇帝闻讯福王遇害的消息后，便放声大哭，预感自己的末日也为期不远了，所以以后几天他的心情一直恍惚不定，甚至一坐下就昏昏欲睡，精神极差。

攻占洛阳对李自成来说是他的一次重大胜利。他起事十余年来，还一直未攻克过这样的大城市，也从来没有处死过一个藩王。通过对洛阳的征讨，他看到了明王朝的虚弱，也感觉到自己力量的强大，是到了向明王朝展开更有力进攻的时候了。

河南巡抚李仙风得知李自成离洛阳而去，只留下极少的兵力驻守洛阳，就趁机率兵从黄河北边进驻洛阳。留守洛阳的邵时昌知道自己的兵力不如官兵，起初关门固守，不直接与官军接战。对洛阳的失陷，李仙风负有不可推卸的责任，所以他很想立马把洛阳收复，以将功补过。因此，李仙风率领游击高谦等拼命猛攻。邵时昌自知难以持久，又因为李自成大军离开洛阳远去，短时间内不可能有援兵，于是，他便开门投降。邵时昌本来还心存侥幸，会因为他迎降有功，也许官府会继续封他个一官半职。但他这次如意算盘打错了，李仙风一攻入城内，就把邵时昌和其余的头目全部杀掉，以收复洛阳之功报告朝廷。

　　崇祯十四年（1641年）一月底，李自成率大军抵达汝州，想一举将汝州攻下。但汝州的防守十分坚固，李自成大军连攻数日尚未攻下。汝州知州钱祚征是个颇有计谋的人，他招募了壮士千余人，平时注重加强训练，为以后对付当地小股农民军发挥了作用。双方连续对峙了五天，直至二月四日，李自成亲临督战，用火炮猛烈攻城。城楼被烧，守城兵伤亡严重，汝州城终于被李自成攻陷。俘获了钱祚征，此人表现得颇有气节，拒不投降，"骂贼而死"。

　　李自成率军东进，去攻郏县。知县邵子灼和土寨首领杨同锦开门迎降，没作任何抵抗。李自成没费力气就把郏县攻陷。李自成看到邵子灼和杨同锦首鼠两端，就将二人杀掉，另派自己的部将杨心赤守城。

第九章 连战开封

一、首攻开封

当李自成攻打洛阳时，驻守开封的副将陈永福急忙率兵飞驰增援洛阳。陈永福还没来得及赶到，洛阳已被李自成攻克。李自成得知开封防守虚弱，就决定尽早攻克开封。

李自成大军向东进发，于二月十二日陆续赶到开封城下，随即大举攻城。

开封是中原重地，故称大梁，北宋时为京师，又称汴京。北宋南迁后，金主完颜亮对开封城墙进行加固，至城墙厚五丈。它位于黄河南岸，"咽喉九州"，"水陆都会之地"，也是历代兵家必争之地。明初还打算把京师建此，为此，明太祖朱元璋还曾亲自到开封考察过。后来，朱元璋把他的五子周王分封到这里。同时，开封又是河南布政使司驻地，用现在的语言来说，就是河南省省会。当时的开封，不论在政治上还是在军事上，都具有十分重要的意义。

当李自成攻打开封时，河南巡抚李仙风和副将陈永福都不在此地，在城内固守的官军也很少。河南巡按高名衡、左布政使梁炳、开封知府吴士讲、推官黄澍、祥符知县王燮紧急密商守城的策略。依照王燮的提议，立即采取两项重大决策。一是坚壁清野，城周围百姓带着牲畜、粮草入住城内，将树木砍倒，水井堵死。二是将城内的八十四坊分坊立社，每社抽兵五十人，"凡得兵四千二百名"。然后将这些士兵分成五部分，一部分为一所，共五所，一所把守一个门，共把守五门。所需的粮饷除由大户分摊外，周王朱恭枵慷慨无私，贡献出王府库存银两，堆放在城头，公开向大家悬赏："有能出城斩贼一级者，赏银五十两，能杀一贼者，赏三十两；射伤一贼或砖石击伤者，赏十两。"在防守开封的过程中，周王起到了核心的作用。他不像福王那样自私，而是带头捐输，这使得其他的富人也乐于解囊，所以城中的军饷没有发生困难。周王还亲临登城防御，团结将士与官兵携手共同坚守，从而大大激发了守城士兵的士气。

开封官军守城的情况就比洛阳乐观。不仅没人暗地向农民军投降，而且官兵都表现得十分勇敢。一些乡勇纷纷进城，和官军一道与李自成农民军对抗。李自成首先派出三百骑兵，充当官军，提前到达开封西关，让守军打开城门，放他们入城。但巡按高名衡做事比较小心细致，担心有诈，不但不开城门，反而下令将城门紧闭。半天不到，李自成即率大军赶到，攻打西城。李自成率领强兵三千，联合一斗谷、瓦罐子农民军三万，以泰山压顶之势，企图攻下开封。从二月十二日开始，双方就进行了一场惊天动地的攻守战。李自成督众强攻，万箭齐发。箭头像雨点般飞到城墙上，城墙上的箭头则像刺猬毛一样密密麻麻，城上的官军则用一种特制的短箭向城下回射，射程较远，可达三百余步。农民军打算强行登城，便抬着云梯，竖在城墙四周，随后像猴一样攀援而上。城上守军除了用炮、铳轰击外，还搬起砖石往下猛击，像冰雹一样砸在沿云梯攀登的农民军身上，农民军纷纷坠地身亡。

李自城看到这种方法不能奏效，就改变方法。他让手下每一个人一手拿着锤，一手拿着凿，听到鼓声就向前，连凿几下，随即退出，然后再换第二批、第三批……谁如果凿下一块城砖来，回头赏一两银子。如此一块砖一块砖地凿下，竟然在城墙上挖开一个洞。洞越来越大，人可以在里面藏身，这样就可以避开城上的砖石和飞箭了。李自成原打算将城墙挖透，利用这些洞穴将城攻破。到二月十四日，农民军在城墙上已经挖了六个大穴。这种方法对守军形成很大的威胁。

城上守军针对李自成的这种穴城法，也采取了相应的措施。他们有两种：一种是针对农民军这种方法，官军从城上用铁签对准洞穴的位置向下通透，然后顺着小孔向下浇滚汤、沸汁，或投入燃烧的火药包，使农民军无法在洞中藏身；另一种是用大木制造一种"悬楼"，如同碉堡，官军可以从悬楼中发射火炮，使农民军无法靠近城根。

双方连续激战七个昼夜，各自都伤亡惨重。李自成一直不能将城攻破。

副将陈永福得知开封被包围的消息后，急忙率五百精兵回援开封。二月十六日，陈永福赶到开封城下，想趁着夜色越过农民军大营，结果被农民军发觉，双方大战一场，官兵死伤惨重。陈永福突围到城下，但城上官军不敢为他开城门，担心农民军乘势攻入，只好把他缒入城中。

李自成率领农民军，围困开封城达两个月之久，城仍然没有攻下。他又想出了一个办法，命令手下在城墙下掘了一个大坑，然后灌满火药，点着了导火索，准备轰城。只听轰的一声巨响，火星四溅，浓烟满天。但是，火药却倒轰过来，反而把农民军自己轰死了许多，李自成十分惊恐。然后，又命手下把红衣大炮抬来，对准城门猛轰，最后把城门轰塌了半边。随即，李自成下令攻城。守城巡按

高名衡急忙下令，让士兵放下城门的千斤闸，许多农民军被压死在闸下，有的头破血流，有的五脏崩裂，顿时死去。见不能得手，李自成下令农民军撤下来。开封城依然没有攻下，这下可气坏了李自成，他把鞭梢抬起，指着城头骂道："我一旦攻破了开封，一定要杀得你们鸡犬不留！"正当李自成高声谩骂时，不提防守城副将陈永福趁李自成不防备，暗地里把箭举起来，瞄准李自成，嗖地一下射了出去。不偏不斜，恰好射中了李自成的左眼。李自成大吼一声，从马上摔将下来。陈永福乘机率官兵开城杀出，想前来捉拿李自成，但还是晚了一步，李自成被农民军抢救回去。李自成左眼受伤，由于箭头上有毒药，不久，眼眶红肿起来。经过医生的治疗，给他拔出箭头，结果，这同眼珠一块拔了出来。自此以后，李自成的左眼便瞎了，没几天，眼睛又开始溃烂而不见好转，疼痛难忍。从早上到晚间，一天只能睡在床上，不能起来料理军务。李自成没有办法，最后，只好放弃了开封城下令撤兵。

二、大败明军

李自成自从撤离开封后，立即西去攻打密县。密县的守兵抵挡不住李自成的进攻，四处奔逃。

这时，保定总督杨文岳率领总兵官虎大威等跟随在李自成之后。他们带来二万官军，是支具有战斗力的队伍，本来他们是去援助开封的，因李自成撤军而走，他们知道后立即从后边尾随追来。走到嵩县以北的鸣皋，杨文岳带领的大军与李自成农民军相遇，双方顿时打了起来，对方都有不少伤亡，于是各自收兵离去。杨文岳回到了开封。李自成打算再次进入陕西，他得知入陕的各个关口都有重兵防守，于是掉转方向向南行进，转战于豫南一带。

新任督师丁启睿看到李自成农民军力量如此强大，不想正面与他作战，以避开这强大力量。丁启睿其实感到张献忠的农民军力量相对较弱，也为了自己能向明廷交差，遂就率领部下跟在张献忠之后。张献忠和罗汝才占领襄阳、樊城等地以后，听说官军纷纷向他们围来，特别是当他们得知，李自成的力量在河南得到迅速发展，河南的官军基本上去对付李自成，所以张献忠等就率领军队北上，也进入河南。由于他们行动迅速，避实击虚，使追击的官军感到非常被动。

当时，丁启睿也被赐予尚方剑，其权力与杨嗣昌大体相当，但丁启睿其实是个庸才。当他率军来到荆州时，湖广巡抚汪承诏对他说："大寇在河南，荆、襄幸息警，无烦大军。"也就是说，李自成、张献忠现在都在河南，你身为督师，不到河南，反来这里来做什么。这里多少带有讽刺的味道，汪承诏还暗示部下，将船只隐藏起来，防备丁启睿用它渡江南下。丁启睿在荆州呆了五天，因找不到船只，没能渡江，就不得不回邓州。他打算进驻到邓州城，但是，邓州人拒绝了他。而且"州人闭门诟"，对他大骂。他羞惭满面，无脸以对，急忙率部下离去。当他率领部下经过内乡县时，为防止丁启睿部下抢劫，当地关闭了集市，也担心他们长期呆在这里。这使得丁启睿无处可去，一路饥渴难耐。部队行驶到荒山野岭，找不到食物，只好宰杀军中马匹，用野草烧烤，以此充饥。可以想像，其境况是极为困窘的。丁启睿有意在荒山野岭间绕来转去，其实也是为了躲避李自成的主力。这样虽不打胜仗，但也不打败仗，也不承担什么责任。丁启睿身为统率三军的督师，竟如此怯懦、平庸，且到处不受欢迎，可见明廷官军对农民起义军已完全失去镇压的信心。

崇祯皇帝一直听不到丁启睿胜利的消息，担心局势不可收拾，便将关在狱中的原兵部尚书傅宗龙提早放出，命他替代丁启睿总督三边军务，特意去剿李自成。

傅宗龙是文武双全的能臣，性格直爽朴实。在天启年间，云南、贵州土司反叛，声势较大，就连四川的一些地方也行动起来。明廷先后派了几个将领前去镇压，收效甚微。当委派傅宗龙前往后，他对各路兵马经过一番整顿，调整策略，因此一路上捷报频传，并在当地大兴屯田，保证了官军军饷供给。经过几年转战，这场反叛终于被平定了下去。正如《明史·傅宗龙传》中所说，傅宗龙因此而"威名大著……非（傅）宗龙，黔几殆"。意思是如果不是傅宗龙，可能贵州早就保不住了。后来，傅宗龙因小事被崇祯帝罢职，并且关在狱中。崇祯十二年，他又被重新起用为兵部尚书。杨嗣昌外出做督师，不时要粮要饷，兵部常常不能及时供应，杨嗣昌于是揭发傅宗龙。傅宗龙也反过来弹劾杨嗣昌，说他"徒耗敝国家，不能报效"，还"以气凌廷臣"。不久，监军宦官高起潜弹劾总兵官杨基怯懦，而傅宗龙没有马上报给崇祯帝。崇祯帝十分生气，立刻命令将傅宗龙逮系狱中。杨嗣昌已畏罪自杀，崇祯帝就又想倚靠傅宗龙来挽救摇摇欲坠的大明江山。

崇祯十四年（1641年）五月，李自成农民军又把南阳包围。南阳是豫南重镇，这里防守的力量比较雄厚，李自成久攻不下，于是往内乡。紧接着，李自成在淅川与左良玉遭遇打了一仗，互有胜负，随后东去攻打邓州。李自成攻打邓州时局不利，不想强攻，于是放弃不去理它。

罗汝才因为与张献忠意见不同，遂同其分开，罗汝才率领自己的部下北上，

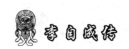

在邓州与李自成合在一起。当时，李自成部已是各部农民军中的大哥，是最强的一支。罗汝才颇有谋略，故绰号为"曹操"，他的农民军力量当时仅次于李自成和张献忠。罗汝才又与李自成合兵一处，自然加强了李自成部的力量。"自成之兵长于攻，汝才之兵强于战，两人相须如左右手"。罗汝才虽年长于李自成，却对李自成以兄长相待，服从李自成安排。李自成与罗汝才合二为一的这支农民军转战在中原地区，名副其实地成为明王朝的心腹之患。

李、罗二部合为一部后，从邓州出发东进唐县。七月中旬，他们折兵南下湖广，并声称要攻打承天府将其拿下。承天是嘉靖皇帝的"龙兴"宝地，是他做皇帝以前的住所。新任三边总督傅宗龙害怕承天失守，若失去此地对他来说简直是件要命的事，因而傅宗龙连忙率领贺人龙、李国奇等部赶往承天。这时李自成在湖广打了几次小仗，有些小股农民军纷纷前来归附于李自成，这样李自成的力量得到进一步壮大。他派出许多探子，到处搜集情报，这样他对官军的动向和部署就了如指掌。李自成还知道，承天有重兵防守，别处的官军也纷纷往那里行动，于是就果断地采用其他计划，从应山返回河南。

九月初，傅宗龙率部来到河南新蔡，同保定总督杨文岳会合。随后，他们率领部下一起奔赴项城，计划在新蔡和项城一带将李自成的农民军剿除。九月五日，傅宗龙和杨文岳驻守在龙口，他们了解到李自成大军来到了离龙口不远地方，于是就连夜召集诸将商议，准备大举进击。正好李自成也得到官军方面的消息，李自成于是给官军做了一个移师汝宁的假相，只留一小股部队在后面做掩护，大股精锐部队都埋伏在附近的树林中。傅宗龙与杨文岳率领的部队来到汝宁和项城之间的马家庄，官军以为农民军主力早已远去，没做防备，士兵都下马休息，傍晚，李自成的大部队突然从树林中杀出，官军立刻陷于一片混乱之中。傅宗龙急忙集合和组织部队进行抵抗，仓皇之时军心已乱，很难抵挡住李自成的精锐部队。傅宗龙的部下贺人龙见势不妙，最先逃走。副将李国奇迎战不利，便与杨文岳部下的总兵官虎大威一起朝沈丘逃去。傅宗龙和杨文岳坚守阵地，没有逃跑，亲自率领自己的部下与农民军对抗。二更时分，保定兵一部又偷偷地拔腿北逃，杨文岳的一个副将急忙闯入帐中，谓形势紧迫，连忙把杨文岳扶上马，仓皇逃去。这时只剩傅宗龙孤军固守，军心有所动摇，随时都有全军覆没的可能。他慷慨激昂地对任监军和陈副将说道："宗龙当死久矣！今日陷贼中，当与诸君并志决命，不能效他人走也。"他召集多名将士，立誓坚守，这时所剩兵士约六千人，在傅宗龙的鼓励下，官军的士气有所振作，居然守住了阵地。

九月九日天刚亮，贺人龙和李国奇就收到傅宗龙送来的帖子，意思是要二将急速回返救援。他们明知是总督傅宗龙的命令，但由于害怕李自成，就假装怀疑的样子说："此书从贼中来,庸知非伪耶?"二将对傅宗龙的命令不予理睬,继续率部下向沈丘进军。他们抵达沈丘后,在城下大吵大叫,命县令打开城门。沈丘县令来到城头上说："若不往救傅督师,入城何为也?"二将无言以对,无可奈何,于是一起撤往陈州。

李自成发现没有援兵相助,就督众在马家庄一带挖好两道壕沟,准备与傅宗龙进行长期作战。马家庄是个小城镇,一下子拥来那么多官军,粮草供应马上就会出现困难,时间长了就会不战自乱。李自成采用一种不攻而困的战术,马上就会立竿见影。十一日,官军的食粮已尽,只好开始杀战马充饥。这样的生活只勉强维持了三四天,到十五日,一些能杀的马基本上都杀光了,已无马充饥。傅宗龙知道援军已没有希望,再下去只能是坐以待毙,于是决定强行突围。十六日二更时分,傅宗龙率百余官兵开营外冲,李自成农民军早做好了迎击的准备,顿时官军死伤惨重。幸好依赖亲军奋勇作战,傅宗龙总算死里逃生,率残部向项城逃去。农民军随后紧追,在距项城八里处将傅宗龙抓获。

李自成农民军俘获傅宗龙后,就捆绑着他到项城城下,谎称是傅宗龙的部下,让项城守兵放傅宗龙入城。傅宗龙知道自己身处险境,所以表现得颇有气节,他在城下大声喊道："此贼也,身是傅督师,不幸落贼手,城上速用炮击,勿坠狡计!"李自成见傅宗龙如此狡猾顽固,马上命令将他杀死。城中守兵发现是农民军赶来,于是用炮猛轰。农民军发现城中早有准备,于是放弃不再去攻这小城。

马家庄之战是李自成农民军与官军的一次大规模战斗,双方都投入了大量部队。傅宗龙本想在这次战斗中有所作为,结果是全军覆没。这次大会战是李自成起事以来几次大胜利之中的一次。自此以后,李自成基本上在战场上掌握了主动权。

三、永宁会师

张献忠从谷城复叛以后,主要在湖北和四川一带活动。他在湖广与四川之间来来回回,打了几个胜仗,渐渐变得骄傲起来。官军主力一时将目标集中在他的身上。尤其是左良玉,多次与张献忠交锋,胜多败少,几乎成了张献忠的克星。这样张献忠的压力越来越大,而李自成在河南却发展迅速,他也就主动向河南靠拢。

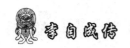

崇祯十四年（1641年）四月，张献忠从随州北上，于四月初八日攻克信阳。左良玉随后赶来，张献忠连忙指挥大军撤往湖北的应山一带。左良玉为了集中兵力，也不急于追赶，为这事，左良玉受到御史钱守廉的弹劾。因为钱守廉是信阳人。崇祯帝下诏书，命左良玉"戴罪杀贼自赎"，但没收回他的兵权。五月初，张献忠又一次从湖北进入河南，乘下雨之机夜间攻陷泌阳。泌阳离南阳很近，南阳知府颜日愉急忙加紧修筑护城河，练乡勇，储备粮草，以备御敌。张献忠果然来此，但一直未能拿下。张献忠于是放弃南阳，率部下往西北方向进发，在永宁与李自成相遇。对此，《纪事略》记道：

> 遂弃南阳，走新野，破双城、固始，直上永宁府，合闯贼共住月余。自成认攻汴，献忠认攻郧阳。

这是一段很重要的史料，有的称之为永宁会师。它说明了明末两大主力农民军曾会师永宁，以共商榷怎样推翻明王朝。李自成和张献忠分工明确，李自成带部下往东进军，主攻开封，张献忠带部下则向南进军，主攻郧阳。崇祯十四年五月中下旬永宁会师，此后的数月两人即按会上的分工行动。

张献忠攻打郧阳始于七月三日，遇到农民军叛徒王光恩的奋勇抵抗，不但城未攻下，张献忠还被炮弹击中，身负重伤，撤围西去。他于当月九日攻下郧西，月底攻下洵阳。在洵阳，督师丁启睿又将张献忠击败，张献忠便继续向东撤离。丁启睿和左良玉分路追赶，八月中旬张献忠又折回到郧阳。因丁、左大军尾随而来，由于张献忠没对攻打郧阳做好准备，便绕过郧阳，辗转到淅川、信阳等地，九月再次与李自成会师。张献忠这次出师不利，损失惨重，身边只剩下数千名骑兵，自己受了重伤。此时的李自成却连战连胜，击败官军，并在马家庄战斗中俘获并杀死督师傅宗龙。因此，李自成和张献忠此时的兵力已不可相提并论。对他们二人的这次相会，有的人说李自成想杀掉张献忠，罗汝才建议李自成资助张献忠五百名骑兵，让他自己去发展。例如《怀陵流寇始终录》就记道，张献忠连遭挫败，"仅存数十骑，因曹操以自托。闯贼欲收为部曲。献不屈，闯欲杀之。曹贼曰：'宜留以扰汉东、分官兵势'。与五百骑……"对张献忠与李自成相会之事，很多史书都有论述，李自成要杀张献忠一事让人不足信。

首先，这与李自成的性格和一贯做法不相吻合。在明末所有农民军首领当中，李自成属于宽宏大量，胸怀大志的人，对降附自己的人都能推诚接纳。即使对长期视自己为敌的明军将领，只要降附，他也一律推诚任用。陈永福在开封曾射瞎了他一只眼，可以说是深仇大恨，但李自成后来还是同样接纳了他，并委以重任。对张献忠这种和自己一起反抗明廷的农民领袖，李自成绝不会杀掉他。

其次，李自成和张献忠也是同乡，几乎同时起事，以前一直在反明的道路携手并进。当李自成在南原大败以后，曾到谷城会见过张献忠，张献忠当时已经受抚，冒着生命危险接待了李自成，并援助李自成一些马匹和衣甲，让他再展宏图。此后，李自成也多次配合张献忠与官军作战。如今张献忠来见李自成，李自成投桃报李，也资助他一些人马，让他再图发展，正合乎农民军领袖的那种义气，也合情合理，理所当然。否则，李自成如趁张献忠困难之际而杀掉他，会极大地败坏自己的名声。李自成决不会出此计谋。

再其次，张献忠身边"仅存数十骑"，力量已很弱。在这以前，张献忠一直是官军追剿的主要目标，吸引了明军的主力部队。这也是李自成能够在河南迅速发展的原因之一。这时的张献忠对李自成不产生任何威胁，李自成没必要也没理由杀掉他。对明廷而言，张献忠却是他们的一大心病。这样张献忠能够分散明军的注意力，有助于李自成的发展，李自成这点策略意识还是有的，更何况近两年两人配合十分默契。

最后，从相关资料综合分析，不存在李自成要杀张献忠的事实。据《明史·张献忠传》记载，张献忠离开永宁后，"道纠土贼一斗谷、瓦罐子等，众复盛，然犹佯推自成。"《绥寇纪略》也有相同的记载。李自成当时的力量最强大，在与官军对抗当中，他已是事实上的领袖。若李自成想杀张献忠，张献忠决不能再"佯推自成"。有的史书记道："献忠合回、革、左诸贼，自霍、太北行以会之。河南土寇瓦罐子、一斗谷诸贼毕会，众逾百万。闯贼合人撰《九问》《九劝》诸词，号召群盗，勾引饥民，号称闯王。"由上可以看出，当时张献忠是同李自成配合作战的，李自成也没有要杀张献忠的意思。更何况，李自成如果想杀张献忠的话，按他的行事习惯，一定也是搞突然袭击，决不会让其他人知道。因此，说李自成要杀张献忠一事明显是猜测和误传，是没有事实根据的。

四、二攻开封

1. 制造声势

张献忠自从和李自成永宁会师以后，经安徽辗转进入湖北等地。李自成则集中兵力再次攻打开封，于是官军将目标集中在了李自成身上，张献忠则利用这个机会壮大自己部队的力量。

马家庄之战后，李自成农民军又迂回向开封进军，准备再次攻打开封。有些人说，李自成之所以执意攻下开封，主要是看中了城中的财宝和"佳丽"。实际上，这是次要原因，其主要原因，还是开封地位的重要性，拿下开封，就等于基本上荡平了河南，可以为自己开辟一个更大的活动空间。

在二次打开封以前，李自成已在河南连续攻下了商水、叶县、南阳、襄城等县，接连打了几个胜仗，为攻打开封制造声势。

崇祯十四年十月五日天一亮，李自成农民军赶至商水城下，将城团团围住，只剩下西北角没人包围。商水知县姚文衡督众防守，见西北角留下一个缺口，就说道："贼方知网开一面乎？"一个生员回答说，这是李自成的计谋，如果百姓都能从缺口逃出，谁来帮助守城呢？李自成这样做正是为了削弱官兵。姚文衡表现虽英勇顽强，坚守了三天，但县城还是没有保住，被李自成攻破，他本人"不屈而死"。

李自成接连攻破了商水等县城后，接着围攻郾城，在郾城就没商水容易，受到守城官兵顽强的抵抗，李自成于是移师叶县。在叶县驻守的明军副将刘国能原来也是一个农民军首领，绰号"闯塌天"。他在崇祯十一年降抚了官军，从此以后就成了明王朝的忠臣孝子，他在与农民军作战中表现得十分勇敢。这次李自成以锐不可当的气势围攻叶城，却又受到刘国能的顽强抵抗。李自成大军连续猛攻了七天七夜，却一直没有将城攻破。但城中的守兵伤亡也很大，且粮草已尽，刘国能发现自己确实无力防守，便从城墙上逃出，大义凛然地对李自成说："凡所以防守之具，皆吾自为之，与叶民无涉。今吾力已竭，不忍城破尽毙此民，特来请死。"李自成听到此话深受感动，并念及刘国能是自己过去的战友，诚恳地劝其投降。刘国能却一口回绝了他并说："吾大逆人，受朝廷厚恩，不敢负。"于是自杀而死。李自成为刘国能的勇气所感动，将他安葬于城西。李自成入叶县后，只是杀掉了县令张我翼，对守城的士兵和普通百姓则没有任何伤害。

李自成于十月中旬攻破叶县后，即派人传谕相邻的襄城守官，要他投降，并交纳骡马粮车，不然将大举攻城。知县曹思正马上召集守将和一些生员共商对策。多数人主张不战投降，他们以正德年间刘六、刘七大起义为例子，说刘六、刘七大起义时，襄城献骡马粮车免受攻打。现在李自成的力量大大超过了刘六、刘七，应该早降，以免城内军民受屠戮。但是，襄城举人张永琪却坚决反对，为求固守。他从农民军开始起事时就出粮，团结诸生张琇等多人，一块协助官军守城。张永琪经常以君臣大义激励大家，自号"不二字"。他看到知县曹思正和许多人都主张投降，感到事情不妙，于是在十月二十四日晚上出城，"哭拜先墓"而逃。他借用杜甫的一句诗"生还偶然遂"含义，将自己写的一本书取名《偶然遂纪略》。十月二十五日，知县曹思正率领大家到郊外接迎李自成农民军，却等了好长时间不见来到，后打听得知，李自成已率军攻打南阳去了。

十一月初一日，李自成农民军又将南阳团团包围。南阳是豫南重地，唐王朱聿镆在此守藩，官军较多。农民军利用大炮猛轰，架云梯强攻，接连奋战了三昼夜未能攻下，战况非常激烈。城中守将猛如虎、戴罪总兵刘元祚都很骁勇，他们和守备钱勋吾共同合力防守，使李自成的进攻接连受阻。但李自成人多势众，又志在必得，信心百倍，便不惜任何代价督众猛攻。第三天，知县姚远熙在城头督战时被农民军的大炮击中，后受伤而死，使军心受到很大的影响。第四天，农民军由城的西北角破城而入。总兵官猛如虎持短刀进入巷街作战，来来回回拼杀多次。他见大势已定，便在唐王府门口望北叩拜，口称负恩，随即被农民军杀死。唐王朱聿镆和总兵刘光祚、知府邱懋素、参将刘士杰等都被杀掉。太监刘元斌奉命率军援助河南，还没有走到南阳，听说南阳已被攻陷，便"拥妇女北去，纵兵大掠，杀樵汲者论功"。没有过多长时间朝廷派御史清军，刘元斌十分害怕，"仓皇沉妇女于河"。后来事情终于败露，刘元斌被杀。刘元斌的这种表现同猛如虎等人相比形成了鲜明的对照。有许多大臣心里纳闷：刘元斌本身是一个太监，他在军中养那么多女人干什么？

李自成接连攻占了河南西部和南部的诸多州县，这样河南的大部分地区处于其控制范围。于是，他就开始又一次集中兵力攻打开封这个重要城市了。

2. 激战开封

崇祯十四年（1641年）十二月二十三日，李自成率众军五十万，第二次大规模围攻开封。也就是同一天，尾随在李自成之后的左良玉已到达裕州。因左良玉带的军队军纪军风极差，甚至无组织、无纪律，裕州军民非常不欢迎他们的到来，千方百计地拒绝左良玉部队入城。这天城里下着鹅毛般的大雪，非常寒冷。左军又冷又饿，而城中百姓却自发地浇水冻城，有意制造麻烦，以防左军进城。左良玉对裕州城百姓这种做法非常气愤，最后不得不另转方向，率军开赴郾城。左军害怕郾城再次拒之城外，便突然蜂拥进入城中，大肆劫掠一通。左军由郾城继续北进入临颍，在临颍又停留多日，才又继续北上。正当左良玉在路上走走停停的时候，开封那边已展开激烈的攻防战，他在路上却无动于衷，不慌不忙。当时官军的部队就数左良玉这支为最强，但他在一旁迟疑观望，不愿与李自成交锋，所以他行军的速度特别慢。

李自成这次攻打开封前前后后共计二十天，战况十分悲惨和激烈，双方都投入了积蓄的所有力量。为了确保开封不失，崇祯帝命督师丁启睿来开封协守。因丁启睿的部下有许多降卒，军纪军风差，周王开始不允许他们进入开封城内，而

让他们驻扎在城外御敌。丁启睿知道驻扎在城外十分危险，所以他坚决请求入城。周王没有办法，才答应让他们防守北门外城。当李自成众军来到后，刚一交火，丁启睿的部队就溃不成军，投降的投降、撤退的撤退，有的投降了农民军，大多数则溃退到月城内。月城也称瓮城，即开封城外的小城。农民军接着又向月城进军，对月城发起攻击，使开封北门的形势变得万分危急。

在开封做防务的主要有巡抚高名衡、总兵官陈永福、推官黄澍、知县王燮等人，各个官员分片包干，画地死守。民间年青力壮的都被抓来守城，发现家里有男子不上城者，全家处死。双方都摆开了决一死战的架势。李自成首先在城北门发起攻击，马上将月城攻破。丁启睿原有部下三千人，此时已损失过半。丁启睿要知县王燮赶快到北门救援。王燮立即率亲兵赶来，发现月城已被李自成攻破，便急忙下命令加固城门。丁启睿的部下在城下哀求，请知县王燮打开城门放他们进去，丁启睿也央求将他们放入，被王燮严辞拒绝。他声色俱厉地说："这是什么时候！还敢打开城门吗？"丁启睿见此情景也无能为力。论官阶，丁启睿远在王燮之上，但丁启睿属援兵，而王燮是当地知县，此时是王说了算。这真是"强龙压不过地头蛇"。当时丁启睿的部队和农民军已混杂在一起，蜂拥到城门下。在那十万火急的情况下，有人主张"火攻下击，以解其危"，但丁启睿害怕伤到自己的部下，所以非常反对。王燮表面上表现出很为难的样子，但私下里已令人用火炮齐攻。混战在城下的农民军和官军，可怜地死在了王燮的火炮下，人数难以数计。李自成发现势头不妙，马上下令撤军，城上则为这次守城成功而欢呼雀跃。

李自成稍微休整后，又在北门发起强攻。农民军在月城上安起大小武器，直对城楼，昼夜不停地向城门轰击。城墙被打得如同蜂窝一般，"城壁如筛"，这样守城官兵都躲藏在后面，不再站立在城墙上。周王于是拿出一些金银，作为报酬重赏敢于上城的勇士，让这些勇士上城与农民军对击。当炮火暂停时，官军急忙将许多土袋和木墩之类的东西运到城上，筑起一道子城墙。成为兵士藏身之地。这样一来，北门的防御能力大为加强，"全城人心益固矣"。

李自成用重兵攻打北城和东城，因为这两边的城墙稍薄，而西边和南边的城墙较厚。从东门到北门环城大约有十五里，遍地密布许多火炮，昼夜连续向城上轰击。李自成在攻打其他州县时剿获的许多枪支弹药，这时派上了用场。当时正值隆冬，城上守军除中炮死了很多人以外，还有不少人在风雪中被冻死。据《汴围湿襟录》记载："军士冻死者殆以千计。"

李自成攻城越攻越急，而城内士兵的粮饷供给却越来越乏，有的士兵整天吃不饱喝不足，士气变得越来越低落。城内的官员面对此情此景，都感到束手无策。大家都知道周王府中积蓄颇丰，周王以前已经捐助了不少饷银，这次大家都不想出面央求他再次捐助。知县王燮是个有胆识的人，他自告奋勇，独自骑马赶到周王府中，非常诚恳地对周王说："城破在旦夕，王多积蓄，万一失守，恐非王有。乘此人心未危，兵民可鼓，重赏犒之，或可救急！"周王比较开明，立即捐献出白银数万两，做为奖赏守城将士的费用。一时士兵的士气大增。在李自成没合围前，崇祯帝命巡抚任濬以巡按的身份去开封监管部队，以进一步加强开封防务。任濬也是个尽职尽责、比较认真的官员，坚持每天在城上巡视，用周王所捐助的饷银奖励对守城做出贡献的将士，恩威并施，对鼓舞士气起到了很大的作用。

当时，李自成和罗汝才已合兵一处，用五十万大军攻打开封孤城，大有泰山压顶的势气。李自成本打算一举攻下开封城，没料到却打起了持久战，连续作战多天都没有出成绩，慢慢地降低了士气。巡抚高名衡看到农民军疲惫不堪，他就挑选了三千精兵，在天黑后缒下城去，乘农民军疲惫不堪，突然打入农民军营中，边放火，边呐喊，趁农民军士兵已入睡，肆意斩杀农民军。待农民军动员起来还击时，这些官军早已躲进城内。这使李自成非常恼火，严令加强防备。高名衡见农民军营中晚上灯火通明，不少军士密切注视着城上，高名衡就停止了偷袭农民军营地的活动。但农民军不敢有丝毫懈怠，每天夜间要让许多军士站岗放哨，防备偷袭，因而也影响了农民军的士气。

李自成看城上守御政策得力，随之自己也改变了战术。他命将士砍伐树木，筑起四座高台，其高度和城墙相比差不多。每座高台上放置大炮数门，直轰城上。这种战术很奏效，一时对城上防务造成很大威胁，使城上没法站人。周王和高名衡等面对这种危险局势，也束手无策，然后，又拿出一笔银两重赏兵民，连夜在城上又筑起一道子城，长度大约三里多。到天亮时子城已筑好，农民军见到后大吃一惊。这样官军可以躲在子城后边与农民军对击，农民军反而处在不利的位置。经过六七天的激烈战斗，农民军一直未能将开封攻下，这时已到了崇祯十五年的元旦。

在过去，元旦相当于今天农历的春节，是中国人最隆重、最热闹的节日。对于开封的老百姓来说，崇祯十五年的元旦却丝毫没有节日的喜庆气氛，也没有听到燃放烟花爆竹的声音，他们所听到的是更为猛烈的炮火轰鸣声。

此时，李自成正为久攻不下开封而生气，他想趁元旦这天发起死攻，不惜任何代价，一心想把开封拿下。他猜想，城内守军在元旦这样的节日里一定会很松懈，无论如何他们总要庆贺一下新年。他亲自调集数万精兵，先在城壕外边埋伏，利用元旦这天向城内发起猛攻。他亲自督阵，一边用大炮向城头轰击，一边督众沿城墙像蚂蚁一样附墙而上。但李自成万万没有想到，城内守军也料想到元旦这天会有战事，并没有放松戒备，所以城上守军立刻投入了作战。由于农民军人多势众，在兵力上占有优势，所以起初农民军颇占上风。巡抚高名衡和总兵官陈永福亲临指挥，拼命抵御。官军用火炮向下轰，官兵则用砖头石块猛击往城墙上勇敢攀登的农民军，但是却一直没能将农民军击退，一些农民军兵士已接近登上城头，情况万分紧急。一旦城头某处失守，大批农民军就像潮水一般涌进城来，开封就会落入李自成手中。这时，城内可以动员的兵民几乎全部用上。多少年来，他们的元旦节没有像今天这样激动人心。高名衡看到，沿城墙蚁附的农民军越来越接近城头，还不能将他们击退，心里特别着急。他采纳了部下的建议，立即命令运上城头一些芦苇柴草，浇上油，点燃以后向攀城的农民军投去，一时烈火满天。火烧加上烟熏，使攀城的农民军难以立足，有很多人被活活烧死。这个方法颇奏效，使多处攀到接近城头的农民军被火烧而不得不退下。但是，李自成由于严令催督，竟有数十名农民军攀登上了城头。终因他们登上城头的人数少，后续力量没能及时跟上，结果都被官军擒获。官军将他们杀死后，将头颅挂在城墙上。农民军死伤特别惨重，一直未能将城攻下。官军在这天也死了数百人。从李自成攻打开封以来，元旦这天的战势最为惨烈。所以《汴围湿襟录》中说："全汴之功，此战称第一。"

由于李自成农民军一直未退去，城内的粮饷供应成了问题。再加之隆冬季节，风雪交加，天寒地冻，守军在城头上很难生存。迫于军令，城上守军站在凛冽的寒风当中，坚守岗位，使得不少军士被活活冻死。这也给官军的守城增加了难度。农民军又长期围困不退，使得巡抚高名衡忧心如焚。他急发告示："勿论军民兵将，有能破贼益于城守者，许建奇谋，功成受赏。"其实就是鼓励大家为守城献计献策，出奇制胜。一个叫高尚仁的守备官在深夜把两尊旧大炮埋在土中。白天挖土筑城，突然间发现了这两尊炮，上面还写上字："洪武二年刘伯温造，后日专击流贼。"刘伯温就是明太祖朱元璋的大谋士刘基，是个带有神秘色彩的人，精通阴阳术数。这两尊大炮的出土一时间在开封城内引起极大的轰动。高名衡命令在大炮上盖上红色彩绸，让许多人敲锣打鼓，抬着这两尊旧大炮护送至城北门，放置在北门城墙头上。用这两尊大炮对准农民军轰击，果真击中了不少农民军，城上守军为此欢呼雀跃。在当时城中军民人心惶惶深感不安的时刻，这两尊大炮的出现起到了安定人心的作用。大家不了解事情的真象，这是个小军官玩的愚弄人们的小把戏，致使有人相信有天助，开封城定为安全无恙。这对提高守军的信心还真有点不大不小的作用。

李自成看强行攻打难以奏效，就又采用所谓的"穴城法"。他严令冲上前去的每个士兵取下一砖，取到的就回营歇息，"惟后退者必斩"。士兵从城墙上取下一些砖之后，就急忙接着在城墙里边挖穴。人躲在洞穴里，城上的官军的炮火就打不着他们。穴挖得越来越大，隔三五步保留一个土柱，以免坍塌。等挖到一定程度后，用大绳把土柱系住，穴内的人员离开，用众多的军士一起拉土柱，将土柱拉倒，城墙随之崩塌。在科学技术发展的今天，这种方法简直是太原始、太落后了。但是，在未有先进武器的那个封建时代，这种方法还颇为奏效。李自成在第一次攻打开封时，利用这种方法使城墙崩塌二十七处，给守军造成很大的威胁。

对此，官军采用软硬相结合的办法对付农民军。软的方法是对穴中的农民军士兵进行策反。当农民军在城墙中挖了洞以后，就有若干人进入洞中。由于农民军的主力部队离洞口还有相当一段距离，进入洞中士兵的吃用和补给较为困难，一天甚至也难得吃一顿饱饭。城上官军就对洞中的农民军士兵喊话，说："你们吃饭了吗？"有的农民军士兵就回答："到哪里去吃呢？"于是城上官军就向洞口投放一些食物。有些农民军士兵本身就是河南农民，他们颇有共同语言，看到官军给他们送吃的，给他们点小恩小惠，心情就动摇了起来。官军趁机动员他们反戈，给他们立功受赏奖励，还不时向洞中投一些符札，要他们过后拿这些符札来领功领赏。同时，官军还向他们讲一些神秘的符验，讲开封不会被攻破，李自成定会失败等等。这样一来，一些信心不坚定的农民军士兵就投降了官军，反戈向外，使别的农民军不敢再进入洞口。

硬的办法是对拉倒的城墙进行抢修，以重赏鼓舞兵民顽强抗敌，向农民军拼死反击。某处城墙一旦崩塌，农民军就会从崩塌处发起攻击。由于城墙太厚，有些地方虽然崩塌了，但城墙并没有全部断开，没有形成可供农民军拥入的缺口，因此，农民军也不能从这里一下子拥进城内。在交战休息间隙，官军就赶紧把崩塌之处再修筑起来。如果有些完全崩塌，出现了缺口，此地的战况就会十分激烈。本来开封城墙又高又厚，即使崩塌了，但残存的砖石仍堵在缺口处，人也很难顺利进入城内。遇到这种情况，官军就边抵敌，边加紧抢修。当危急时刻，高名衡就以重赏募勇士，谁能将一土袋放到缺口处，立刻赏给银元一块。双方斗智斗勇，李自成用穴城法也没能将城攻下。

久攻不克，使李自成非常恼火，所以他便亲临前线督战，将他的军帐立在离城约有三里的城北处。城上官军看到这个地方，营帐与其他地方的营帐有所不同，估计可能是农民军首领的住处。在陈永福的指挥下，官军用数门大炮对准此处，大炮一齐开火。李自成的营帐正好被炮火击中，一时烟尘腾空，人马死伤许多，李自成却得以幸免。

李自成对此更加气恼，又将自己的营帐移至土城外，立刻改变策略，打算用

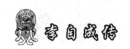

地雷将城墙轰塌。农民军先在城墙的东北处挖个洞，然后将大量的火药放入洞内。城上官军发现，向洞中跑去的农民军士兵身上背着个大袋子，就估计到农民军可能用地雷要轰城。官军为此特别紧张，就在洞的内侧加厚城墙，并调集众多士兵在此处防守。李自成看到已准备就绪，就于正月十三日清晨集中兵力，打算在轰塌城墙后发动强攻。当地雷炸响后，黑烟腾空，城外碎石乱飞，炸碎的砖石飞到李自成军中，有不少士兵和战马被击伤亡。城墙仅存数尺，未能崩断，李自成的兵马无法由此进入。李自成的这个策略不仅未能将城墙轰断，反而使农民军的人马伤亡惨重，这使李自成很懊恼。有的人说这是天意。这时李自成又得知，左良玉已率大军赶来，可能是援救开封。李自成攻打开封已达二十天，又一直未能攻下，且人马死伤颇多。现在左良玉又率军援助，为免除内外夹击的不利地位，"遂于正月十四日解围"，李自成往郾城去迎击左良玉。

五、郾城之围

李自成在开封撤退后，率领大军前往郾城迎击左良玉，结果把左良玉的军队团团包围。

左良玉是山东临清人，自十八岁从军，军旅生涯相伴其一生。可以说是明朝末年的一个风云人物，长期与李自成和张献忠周旋。他自幼丧父，没上过一天学，但颇有智谋，而且英勇善战，很快积功至总兵官。他身材高大，善于射箭，关心和体贴部下，而部下也很乐于效命，因此屡战屡胜，屡立战功，所以升迁颇快。他最初对明廷还是很忠心的，在镇压农民起义军的多次战斗中立功甚多。随着地位的上升，他对明廷内部的勾心斗角，明争暗斗了解得越来越多，自己也不时受到其他将领的排斥和攻击，几次甚至危及到生命。例如，他和熊文灿、杨嗣昌就曾多有不和，只是因为他手中掌握着重兵，故才没有遭到不测。越到后来，左良玉越独断专行，难以控制，连像杨嗣昌那种权重一时的督师对他都无可奈何。在和农民军周旋的过程中，左良玉招降自重，人马越来越多，力量越来越强大。由于军饷难以及时供应，他的军队几乎是走到哪里就抢到哪里，军纪特别坏。左良玉为此多次遭到朝廷诘责。因他兵多将广，明廷没有对他进行严惩。这反而使左良玉深刻地认识到，谁掌握了军队谁就拥有了本钱。左良玉用兵十分谨慎，打了胜仗也不深入追击，以免陷入埋伏中了敌人的奸计。有时虽然打了败仗，他也能以中军自全，不至于全军覆没。对战利品，左良玉总是分给部下，所以部下多乐意为他效力。在明末，有的将领不是被崇祯帝治罪，就是被农民军给消灭，几乎没有一支官军像左良玉这样能够长此以往，经久不衰。正因如此，左良玉也能够在沙场上我行我素。

对于左良玉来说，在李自成和张献忠两支队伍中，他曾多次打败张献忠，几乎成了张献忠的克星，而同李自成几次交锋中，很少获得胜利。因此，左良玉每次在和李自成交锋时，就显得特别小心谨慎，能避开则尽量避开，尽量不和他交锋。

在李自成第二次攻打开封时，崇祯帝急命左良玉前往救援。左良玉无可奈何，只得率军前往，但把进军的速度放得很慢。在军队到达汝南时，竟命令军队停了下来，数日不前。开封那边朝夕不保，左良玉却在汝南从容休整。尽管巡抚高名衡连连催逼，左良玉却两耳不闻。高名衡在书信中曾如此软中带硬地说："将军望隆方召，威震华夷，国家固倚之为长城者也。今狂贼围汴，危如累卵，雄师密迩，未见旌麾。左将军胸中自有成竹，谅非腐儒可测，但不知贼倘陷汴，将军何以谢朝廷耳？"左良玉对此不是不明白，没办法，他只得率兵朝开封进发。当左良玉率兵到达雍丘，又停了下来。依照常理他本来应该向李自成农民军发动进攻，和守城官军内外夹击，以解开封之围，但他却在雍丘停了八九天而按兵不动。高名衡等人屡次催他进击，他却说"我兵单弱"，不能够一举将李自成击败。假使贸然出击，使李自成知道了我军的真情，开封将更没有什么依靠，而更加孤立无援了，反不如"暂屯杞县以分贼势"，来牵制农民军，然后再见机行事。对此，城中守军亦有口难言，没有办法。

当然对于左良玉的到来，李自成自然会重视。左良玉在汝南和杞县止兵不前，李自成对其用意也明白。既然一时不能攻下开封，李自成就曾想消灭左良玉。倘若直接迎击左军，城内官军趁机出击，就会处于腹背受敌。因此，必须想方设法把左良玉引离开封，然后再集中兵力消灭他。于是，李自成在正月十四日从开封撤出，然后把左良玉的军队向南吸引到郾城。左良玉也想趁李自成撤围之机打李自成一个措手不及，以挽回面子。当左良玉率兵到达郾城时，李自成突然率大军把左良玉团团包围。两军连续激战十八天，李自成虽占有一定优势，但始终未将左兵击败，也没能将郾城拿下。据史书记载，左良玉的兵力"号称十万"，有虚张声势的成分。当时李自成和罗汝才联合作战，其精兵也不超过三万，而"胁从约三四十万"，所以从声势上要远远超过左良玉。左良玉在郾城被李自成围困，三边总督汪乔年奉命去郾城增援。这时，李自成撤围迎击汪乔年，左良玉则趁此机会向南逃去。

六、襄城之战

　　汪乔年在明末时期也算是个清廉不贪、精明能干的官员，文武双才兼有。崇祯十四年任陕西巡抚，他时刻防备李自成再由河南杀回陕西。当傅宗龙被崇祯帝委任为三边总督后，曾来到陕西和汪乔年谋策，想从陕西"抽兵刮饷"，用以镇压在河南的李自成农民军。当时陕西"关中兵食已尽"，没兵可抽，没粮钱可刮，二人只能"握手欷歔而别"。没待多久，傅宗龙在马家庄战役中被李自成击杀，崇祯帝又随即命汪乔年接替傅宗龙任三边总督。由于河南的形势十分紧急，朝廷又随即催促汪乔年赶快出关，以尽快解决河南被困问题。汪乔年知道河南"兵疲饷乏"，出关攻打李自成"如以肉喂虎耳"，但还是不得不出。他调集了一部分边兵，又招募了一些散兵游勇和流民百姓，共得骑兵和步兵三万人，率贺人龙、牛成虎等将领东出潼关。由于左良玉在河南郾城被李自成团团围困，明廷命汪乔年立即去郾城替左良玉解围。汪乔年很明白，李自成兵正士气旺盛的时候，若直扑郾城，肯定是凶多吉少。李自成的老营就在襄城，襄城距郾城不远，如先对襄城发起攻击，李自成定会来救，郾城之围自然好解，何况左良玉可以从后边攻进，自己在前边冲击，李自成一定可以大败。他的部将都认为这个计策可以使用。于是，汪乔年将辎重和一些步兵留在洛阳，挑选精明强干的骑兵约万人兼程前进，进军襄城。

　　李自成得知汪乔年带兵去打襄城，赶紧撤郾城之围，率主力去襄城迎击汪乔年。对李自成来说，与汪乔年有不共戴天之仇。这主要是因为，汪乔年曾指使米脂县令掘毁了李自成的祖墓。

　　陕西巡抚汪乔年下令米脂县县令挖掘李自成的祖坟。县令边大绶，接到汪乔年的命令后，派人四处探寻，但都不知道李自成的祖坟在哪里。后经过边大绶的细心探访，抓住了李自成的一个同族人，经过严刑拷问，那族人终究打熬不过，自愿做向导。边大绶十分高兴，立即带了一千人马，携带工具，直往李家村的西土山坡。到达目的地，那族人指着山坡上的一座荒坟，说道，这就是李自成祖父母和父母的合葬之地。边大绶随即命令手下一齐动手，不久就露出了腐朽的棺木。边大绶命令打开棺木，一连破了三具，全是些白骨。等到开第四棺后，发现里面，尸体并没有溃烂，衣服整齐。仔细看，发现尸体上有一条鳞甲密密，似龙非龙的东西，头生双角，遍体金光，两眼紧闭，紧紧地俯在尸体上不动。边大绶见状，马上下令用铁钳烧红，直向那小东西身上刺去。只听一声响，随即青烟直冒，那小东西飞跃起来，大约有十多丈高，然后堕下地来，只见那东西约有小孩子的手臂那样粗细，长约三丈有余，通身黑气四射，手下人闻到气味者，立即身体倒地，死了大约有六七人。边大绶慌忙率领众人，刀锄齐上，才把那小东西打死在地。随后，下令用大瓮把那小东西盛在里面，还在里面预先放置了许多石灰，以便腐蚀它，尔后呈解入省。其后边大绶修书一封，向上面陈述掘李自成始祖坟墓的经过。

汪乔年看了边大绶的呈文后，心想，"边县令所挖掘的是李自成祖父祖母的坟，还不是李自成始祖的坟墓。听人讲李自成的历代祖宗，都是葬在一起，棺椁共有十六具，墓中放置有铁灯两盏。从前有一仙人曾点他的墓穴，还作了两句谶语，说什么"铁灯发光，李氏为王；如此说来，没有铁灯的坟墓不是李自成的祖坟"。当时汪乔年令手下驳回边大绶的呈文。说李自成的祖坟，不只是四棺并葬，还必须要重新寻找挖掘。边大绶接到命令，不敢怠慢，急忙差手下人又四处寻访，但最终也没有找到。为什么呢？因为这挖坟的事，如果不是大逆不道的祖坟，是不能随意挖掘的。边大绶深恐在挖坟时挖错了，把别人家的祖坟给掘了，那是要出事的。最后，只得上书汪乔年，说实在找不到。汪乔年看了文书后说："陕西人既然有'铁灯光，李氏王'的传言，是一定有根据的。边县令寻找不到，我要亲自去找。"

汪乔年为人憨厚有胆量，做官的声誉也很不错。汪乔年要挖李自成家的祖坟，也是不得已而为之。因为他在进京面见崇祯皇帝时，已接受了皇帝的密旨，所以他不达目的不罢休。当时，汪乔年带了三四名心腹，两个得力的家丁，连夜赶奔米脂县，边大绶听到后，急忙迎接汪乔年，见面后，汪乔年叮嘱边大绶，不许声张，以免走露风声。如果让李自成知道了，一定会派人防守，那时就麻烦了。边大绶领命后，开始分头寻找。汪乔年还请了一名当时著名的风水先生，在米脂西山地方，细细地勘察，看有没有龙穴。这样明察暗访，齐头并进，没过几天，有一位风水先生报告说，在西山的乱冢丛中，找到一所好穴，虽说不一定有皇帝之气，但穴的四面都是石头，煞气很盛，他的后辈应当是个强盗头目。汪乔年听这风水先生的话，和李自成的行为极为相符，就带领手下，随风水先生来到风水先生所说的地方。墓冢都已塌陷，露在地面上的，仅有石钵大小的一个个小顶，恰巧是十六个。原来，李自成祖上十分清寒，祖宗的棺木，无处安葬，只得一起抛弃在乱葬丛中，胡乱搬些泥土埋了完事。时间一久，棺木下陷，人家都以为这不是坟墓，所以无论如何也打听不到。汪乔年发现墓顶和传谣相同，吩咐手下，开始挖掘。

第一个坟墓，据说是李自成的始祖，棺内的尸骨，早已尽行消失，毫无影子。只见满棺内全是红色的蚂蚁，成千上万，不知从哪儿爬来的。第二、三、四具棺木打开，棺内全是清水，水里有无数条金色鲫鱼，随水游荡，棺木破后，水都泻出，鲫鱼被土石阻拦，不得游出，立时都被干死。在其他棺内，有的有虾蟆，有的有小子了。最令人奇怪的是，在一棺内有一对白色的鸟儿，口吐白雾，也从棺中飞走。汪乔年急令手下大声嚷着追赶，并用乱石击打，追了大约有一百多步，白鸟被石块击落，折翅而死。又有一具棺内，有一只小兔，大如野獾，刚见到阳光时，还能跳跃，转眼间自绝而死。开到最后一棺，据说这是李自成的曾祖父，也就是葬在龙穴最中的。当用锄头触及到墓门时，有无数的白蚁，纷纷飞出，经过半响才飞尽。然后再挖掘进去，棺前有木菌两朵，形似擎灯。菌上火光熊熊，好似燃烧着的一盏铁灯。其实，那火光是地气所致，并非真火。汪乔年看到此，不禁大喜道："这才是李自成的祖坟，和儿童唱的歌谣完全相符。"说完，下令手下用力挖掘。费了好大一会儿工夫，全棺才显现出来。

只见棺木上边趴着一条巨蛇，护着棺身。那蛇青鳞白斑，秃尾巴锥子头，全身盘旋在一起，棺木都被遮住了。手下人发现，吓得大叫一声，跑开了。蛇被叫声惊醒，忽然一声巨响腾空而起。汪乔年看到巨蛇来势凶猛，急忙拈弓搭箭，向蛇射去，正射在蛇的左眼上。那蛇长啸一声，犹如深山老鹳的鸣声，转眼便不知去向。汪乔年见大蛇已去，依然命手下开棺。棺盖一打开，众人大吃一惊。只见棺内尸首完整，面目焦黑，眼珠是红色，大若龙眼，突出到眼眶外面。脸和身上都生长有青色细毛，茸茸的好似绿茵，在风的吹拂下微微动弹。尸体的手脚指甲，长有四五寸，蜷旋如勾，好似龙爪。脑上有一小洞，洞上遮有白翳。在空气的吹拂下，闪耀不定。汪乔年亲自手执铁锥，把尸体脑门里的白翳刺破，只听轰然作响，犹如巨雷。汪乔年吓得面色如土，手下都跑开了。巨声响过，尸体脑门中飞出一条赤色的小蛇，长约四尺，粗不到一寸。头上有角，额下有须，腹生有四足，尾似棕叶，两目灼灼有光，俨然是一条龙。

那红色小蛇向棺外飞去，腾起约数十丈，向太阳乱咋，大有吞噬日光的气概。可惜不过飞起数十丈，便坠落下来。接着又腾空而起，对着红日怒目。如此三起三落，最后跌倒在地上乱滚，转眼就化做一堆血水。此时，汪乔年和众官兵，吓得目瞪口呆，半响说不出话来。小蛇化成血水后，众人才敢上前观看。汪乔年下令将尸骨弄出，然后架上柴禾，焚烧起来。浓烟腾起，在烟雾中有一股臭恶味，十里外都能闻得到。汪乔年最后下令把所有的棺木，堆在一起，全部焚烧掉。又让风水先生镇了穴道，才收兵回县署。边大绶在县署照例招待完汪乔年等人，这些人就连夜赶回省府。此后，修疏上奏，把掘坟毁尸的经过，如实上报。

此时，李自成正在围攻襄城，崇祯皇帝下令汪乔年前往增援，汪乔年接到命令，急忙率兵赶赴襄城。城内的粮饷已经全无，有些人甚至于杀老弱的民兵以充饥。据守城池的是致仕御史韩进辉和知州庞茂公，二人拼力死抵，坚持不懈。李自成想挖地道，然后放上火药，炮轰城墙。韩进辉命令官兵把水灌到地道中，把硝浸湿，这样起义军就无法点燃火药。李自成正在恼怒，忽然手下来报说，米脂的祖坟被巡抚汪乔年给掘了，并且说，当时坟墓中有龙飞去。李自成气极败坏，大骂汪乔年。说一定要撤兵回陕西，杀死汪乔年以报掘坟之仇。于是，下令农民军奋死攻城。襄城最终在这一天被李自成攻破，攻破襄城后，大肆杀戮，无论百姓，还是官吏，无一幸免，鸡犬不留。李自成屠城后，手下来报，汪乔年领兵来增援襄城。李自成跳起来说："报老祖宗尸骨暴露之仇，就在今日！"说完，率兵迎接上去。

再说汪乔年赶援襄城，于半道上听说襄城已失守，准备退兵。正在这时，只见对面不远处尘土飞扬，人喊马叫，知道李自成率兵攻来，他不得不停下来，摆好阵势，准备迎战李自成。李自成率领农民军迅速赶来。汪乔年手下官兵，看到农民起义军气势汹汹，都感到十分害怕。汪乔年害怕农民军横冲直撞，下令官兵稳住阵脚。李自成骑着高头大马，一马当先。远远看到汪乔年，李自成大喊一声，"挖我们家祖坟的，就是此人，不要把他放跑了，一定要生擒他，给我祖宗报仇。"说罢，双方展开激战。李自成率领农民军，势如潮涌，锐不可挡。官兵被农民军这种气势给吓倒，毫无斗志，队伍被冲得七零八落，四处逃散。汪乔年见状，急忙率领五百精兵，以及悍将孙盛、徐芳突围而去，自西急奔。李自成下令农民军放箭射击，一时间，万矢齐发。汪乔年及孙盛、徐芳都被乱箭射死。李自成命手下把汪乔年的头砍下来，敲破脑壳然后把他的脑髓吸食了。自此，李自成攻克了襄城，杀死了陕西巡抚汪乔年，获得此役的胜利。

在襄城战役中，李万庆被李自成俘获了。李万庆原本也是个农民军头目，曾长时间与李自成协同作战，后来叛变李自成投靠了官军。李万庆号称射塌天，打起仗来十分英勇，颇有什么都不怕的劲头。投降官军后变成了农民军的劲敌。李自成本不想杀他，但他负隅顽抗，不向李自成投降，所以李自成终于将他杀掉。李自成在郾城、襄城接连大胜官军，"获马二万，降秦兵又数万，威震河、洛"。李自成紧接着又步步逼向开封。

七、三攻开封

1. 扫除障碍

李自成在襄城杀死巡抚汪乔年以后，他所率领的队伍声威大振，河南的很多州县不战而下，不攻自破。以后李自成农民军陆陆续续占领了上蔡、西华、陈州、睢州、宁陵、归德等地。这时的李自成已不是大家想像的头脑简单、做事鲁莽的草莽英雄，而是在作战行军中颇有谋略、讲究策略的一个谋士，河南的许多支农民军纷纷归附于他，很大成分上因为他是一个比较懂战略的首领。这样李自成的兵力越来越强。李自成这时还特别注意约束自己的部下，严明军纪，以争取更多的民心。例如，李自成攻占归德后，他手下的一个部将擅自率领百余名部下前往夏邑，"不杀人，不堕城"，在夏邑呆了一天，叫夏邑士民数十人专程到归德进见李自成，并呈献上夏邑县印。按理说李自成应该为这个部将记功嘉奖，但他却认为这个部将没有奉命，擅自行动，触犯了军纪。"扰害小民，上不忠，下不慈"，立即下命令将其杀掉。对前来的夏邑士民则"温言慰谕，予牛数头而遣之"。这件事情传开，老百姓更加爱戴和欢迎李自成农民军。这也是大家所讲的收买人心。

李自成一路攻占城市，抢占要地，进军顺利，有的城市被强行攻破，有的是不战而降，有的州县有些人主张固守，有些人主张早降。例如在攻破陈州时，李自成于崇祯十五年三月上旬到达这里，守城的将士关永杰以关羽的后代自诩，表示"宁死战场，不死法场"，当他坚守十多天后，被李自成破城后杀掉，知州侯君耀也是宁死不投降的家伙，后被李自成杀掉。起初，一些城中士兵和下级官员认为没有能力对付强敌，主张早降，免遭农民军屠城，遭到关永杰等人的训斥。这些人表示："不开城，自会有人开！"想主动投降的人不占优势，固守十余天，城破后那些主战的人受到无情的杀害，"少长无或免死"。其中郏县知县李贞佐表现得最为壮烈，城破后，他厉声对农民军首领说："驱百姓死守，知县耳，妄杀何为！"农民军将他的衣服全部脱掉，倒挂于树上。任农民军抽打，李贞佐仍不投降，大骂不止，还要"请诉上帝"。农民军割下他的舌头，他大骂不出来，最后将其磔杀。

2. 围而不攻

李自成农民军扫清了进军开封的障碍后，于五月二日第三次攻打开封。李自成这次改变了战术，不再利用强攻的方法，而是实行长期围攻，使得开封不攻自破。同时，围攻开封之时定会有官军来援，让援军先聚集到一起，然后一块消灭掉，正可以起到"围点打援"的作用。

明廷这时感到十分惊慌，崇祯皇帝急忙命令督师丁启睿前往开封解围。丁启睿急命左良玉、虎大威、杨德政、方国安四总兵带兵来开封援助，保定总督杨文岳也带兵前来会师，这时官兵总数约十八万，号称四十万，摆出一副与李自成农民军决以死战的架势。另一方面，崇祯皇帝命孙传庭率秦兵出关，赴河南一起夹击农民军。

贺人龙被杀后，相对而言左良玉部的力量较强，但他经常不服从命令。为了更好地节制左良玉，崇祯皇帝又释放了在狱中的原尚书侯恂，命他总督保定、山东、河北军务，并管辖"平贼将军"左良玉。左良玉原来是侯恂的部下，因抢劫军装被革职，差点掉了脑袋。后依靠侯恂提拔，左良玉一步步由普通士卒提为大将。因此，左良玉一直视侯恂为恩人。崇祯皇帝用侯恂笼络左良玉，以尽力"平贼"，并"发帑金十五万，犒良玉营将，激劝之"。

当各路明军一块向开封集中之时，李自成已顺利包围开封。各路明军谁都不愿最先和李自成正面交锋，所以都迟疑观望。李自成对明军的这种做法了解得一清二楚，于是等待时机对明廷的援军给以彻底的打击。对于开封，李自成这次采取的措施是围而不攻。经过前两次的围攻，他深知开封的防守十分坚固，几乎是固若金汤。还有在第二次撤围后，开封守军一定会加倍整饬防务。而事实上也正是如此，当李自成第二次撤出后，城内守军加紧对遭到破坏的城墙重新修筑，城内各个官员不敢怠慢，分工督守，加紧储备作战物资，使开封的防务更加坚固。不仅如此，崇祯帝还特地为开封防务"下严谕，责令抚按愈加备防"。李自成则接受了前两次的经验教训，对开封采取持久性的围困，围而不攻，时间久了就会不攻自破，而把主要兵力用以伺机歼灭来援的明军。

李自成这次围开封正值五月初，是小麦成熟季节。这支农民军这次回开封的人马比前两次要多得多，"号称百万"，因而对开封守军形成强大的压力。李自成为了达到久围的目的，命部下抢收开封周围的小麦，以便使守军难以持久。当时城壕外和黄河大堤内都长着小麦，城内守军不敢外出抢收，眼睁睁地看着农民军从容收割。巡抚高名衡和陈永福、黄澍等人对此都十分恐慌，城内存粮本来不多，如麦季不能接济，根本无法长期固守。于是，高名衡就命一部分守军出城争割小麦。如果农民军人数多了，官军就到别处去；如果官军多，割麦的农民军也会往别处躲一躲。如此，来来往往，官军在离城较近的地方也多少收获了一些小麦，解决了城内的部分缺粮问题。

李自成的大本营安扎在城西大堤外，离开封城大约十余里。李看城内守军只是固守不敢出战，就派骑兵对附近没有归附的府县进行攻击，连续攻陷了郑州、荥阳和新郑等地，从而使开封城更加孤立无援。

开封城内的守军虽然明白李自成的意图，但外地的援军迟迟不来，使巡抚高名衡等人心急如焚，坐卧不安。李自成经常派出一些士兵到城下叫骂，引诱官军出城。此时，真的有明将受不了，认为如此等待也非长久之计，且城内兵马"以逸待劳，利在速战"，给李自成以迎头一击。于是，高名衡便不得不命三营兵马出城，向李自成农民军发起突然进攻。李自成对此早有防备，官军刚一出城，农民军就从两侧包围上来，"来势如潮涌，我兵大乱。贼使马步齐击，三营兵覆没殆尽"。只剩少许残兵败卒仓皇逃回城内。

3. 朱仙镇大捷

城内官军的这次出击失败，更使高名衡等人认识到，还是以固守为上。任凭农民军在城下轮番骂阵，官军总是闭门不出。李自成这时得知，左良玉等援军已到朱仙镇，马上留少量人马继续包围开封，自己率主力赴朱仙镇迎击左良玉等部。

五月中旬，左良玉和虎大威、杨德政等于朱仙镇会师。这里离开封约四十五里，靠近贾鲁河。左良玉前不久就曾在这里聚歼了李自成的一支侦察骑兵，并常尾随在李自成大军之后，时常对李自成形成威胁，所以李自成很想消灭左良玉。当初，当左良玉等部明军陆续向朱仙镇移师时，李自成曾派出三千骑兵前往侦察，结果被左"斩获略尽"。对于官军来说，这是一次不大不小的胜利，对士气起到很大鼓舞。当时云集朱仙镇的官军号称四十万，"联营河上，其势大振"。有人建议应趁机直扑开封，内外夹击，一举消灭李自成部。但左良玉等却"屯兵而不进"，不愿冒险。五月十六日，李自成亲率大军赶到朱仙镇，扎营在西边的高坡上。左良玉等官军则结营在东边，恰好处于贾鲁河的下流。李自成截断了上流水源，使官军饮水发生了很大的困难。

李自成害怕开封守军出城与城外援兵形成夹击之势，使自己处于腹背受敌的不利局面，便差人伪造了左良玉的令箭，到开封城下向守军喊道："贼旦夕成擒矣，但恐其潜遁入城，汴兵无多，当严守，不可轻出。"城内守将果然中计，再加上他们原本就不愿意冒险，所以就一直闭城不出。

丁启睿是个无能之辈，难以进行统一行动。各部将领又矛盾重重，意见不一。例如，左良玉认为李自成士气正盛，"宜相形势为缓攻"，虎大威则主张及早进击，采取速战速决之策。丁启睿则盼望开封守军能出城夹击，却久等不至，他不得不结寨自保。官军既缺水又缺粮，还不敢远离营地，就只能在附近采青充饥，有的已开始杀马以充饥。

在诸部中，左良玉的兵力最强。他之所以不积极进击以解开封之围，是因为他不信任城内守军。左良玉刚刚到达时曾向高名衡提出过一个建议，让他修筑一条通往黄河北的甬道，以便从黄河北运粮饷。而城内将领大都对左良玉没有好感，因而不信任他，认为左良玉这是有意加害开封，所以就断然拒绝了，而是催促左良玉赶快增援。左良玉为此十分气愤，所以态度就变得很消极。

五月二十一日，在虎大威的主议下，官军开始出击。于是，双方展开了一场大会战。在前两天，官军依仗火器上的优势，还能支持。随着连续几天下起了连绵大雨，这对双方粮饷的供给都造成了极大的困难。一次左良玉正召集将领们议事，隐隐看到远处像云一样的山头，诸将领都感到很惊奇，不知道到底是什么。左良玉仔细看了一会，忽地大声说道："这一定是李瞎子，筑的土山，要在上边立炮台打我们！"于是派出骑兵去侦察，果然是三个土山，山上筑有炮台，台下各藏精兵一万。左良玉也命部下修筑土台，与农民军对攻。农民军炮火猛烈，且轮番休息，左军渐渐不支。左良玉感到事情不妙，又知道李自成决计要消灭他，所以就在二十三日夜里拔营而逃。左军一逃，诸军皆溃，一发不可收拾。丁启睿逃往光州、固始，杨文岳逃往归德。李自成乘胜追击，大获全胜，得骡马七千余匹，降兵数万人。

李自成主要目的是要消灭左良玉，早已提前在他撤退的路上挖好了巨大的长壕，"深广各二丈，环绕百里"。李自成率领大军紧追不舍，左兵队伍大乱，纷纷掉到沟中，"军大败，弃马骡万匹，器械无算"。大沟中填满了左军士兵的尸体，左良玉等从尚在呻吟的士兵头上策马踏过，逃往襄阳。

崇祯皇帝得知朱仙镇大败，极为震怒。督师丁启睿在逃跑时竟将敕书、印信全部丢失，后被逮系狱中。总督杨文岳也被革职查办。总兵官杨德政因"剥军善逃"，被立即处死。左良玉虽然逃跑在先，但朝廷未敢对他治罪。朱仙镇之役是李自成在河南与官军进行的一次决定性战役。官军此役败后，从此一蹶不振，"中原之事遂不可复问"。

4. 水漫开封

李自成和罗汝才在朱仙镇获胜后，回头继续包围开封。农民军号称百万，声势浩大。依然是以主要兵力围攻开封，另外还"分党四出，势如破竹"，又陆续占领了开封周围的几十个州县，使开封更加形同汪洋大海中一个孤岛。

断绝了外来的援助，开封守军日夜企盼孙传庭率秦兵出关，但孙传庭从狱中刚放出，接任三边总督，军中缺兵缺饷，短期内很难赶往开封救援。开封城内的大小文武官员意识到这种险恶的处境，必须靠自己的力量固守开封城。为了激励

部下，推官黄澍竖起一面大白旗，上面写着："汴梁豪杰，愿从吾游者立此旗下！"几个大字，这一招十分有效，黄澍很快集结成一支万人的敢死队式的队伍，既壮大了守城实力，又提高了全城的士气。另一方面，城中百姓也有暗自和农民军私通的。如有个被称作霍买婆的女人，她"假采菜出城"，为李自成农民军提供城中的消息。李自成赏她银六锭，进城时被守军查出。这样，开封守军"遂禁妇女出城"。也有个名为孙忠的锻工锻造了几百个箭簇，称李自成农民军为"天兵老爷"，趁守军放饥民出城采青的机会，他打算将锻造的箭簇送给农民军，结果也被守军发现，将他钉在城门上杀死。由此可见，城中有不少百姓是向着李自成的。

李自成为了将城中士民分化开，把一张告示用箭射入城中，意思大体是：

奉天倡义营文武大将军李示，仰在城文武官吏军民人等知悉：照得丁启睿、左良玉俱被本营杀败，奔走四散，黄河以北援兵俱绝，尔等游鱼釜中，岂能当否？可即开门投降，一概赦罪纪功，文武官员照旧录用，断不再杀一人以干天和。倘罪重孽深，仍旧延抗，本营虽好生恶杀，将置尔等于河中鱼腹中矣。慎勿沈迷，自贻后悔。

从这则告示中可以看出，李自成已称自己为大将军，他是多部农民军中无可争议的领袖。他声称，对投降的明廷官员"照旧录用"，显露出他有称王的思想。

开封是河南的东部，平时人们称富庶之地，这也是北宋等王朝在此建都的原因之一。平常，城内百姓都不愿在家里存储粮食，而是随吃随买。当李自成农民军围困开封两个月后，城内居民的吃粮问题就愈来愈严重了，"十室九空，饿死者十之三"。官府为了安定民心，稳定城内局势，用仓库里的粮食煮粥来赈济饥民。因为饥民太多，而煮的粥太少，人们争先恐后到前边去领粥，"老弱不能近，践踏死者日数百"。这种方法仅维持了一个月，终因仓中无粮而停止，广大饥民就更加无以为生了。即使在这之前，城中的百姓也"日不过清粥一碗"，还有数百人因争着前去领粥被拥挤的人群踩死，其境况也十分凄惨。

到七月中旬时，高名衡发现农民军已有懈怠的意思，每天只是派一批人围城叫骂一番，且城中粮饷越来越紧张，高就主张出城袭击，一则可给农民军以出奇不意的打击，二则可趁机补充一些城中吃用的物品。于是，高名衡精选了万余步兵和五千骑兵，于七月十五日天亮时突然从西门杀出，直奔李自成营部。农民军来不及防备，一时军官陷入混乱。官军一面往前冲击，一面抢夺营中的牛马和粮食等物品慌忙往城内运。这时，周王的亲军也随之投入了战斗。双方从黎明一直激战至中午，起初官军略占优势，但当李自成带领大军赶来后，官军则慢慢力量不支，精疲力尽。李自成的兵马越集越多，高名衡害怕官军失利，于是下令敲锣收兵。官军的这次偷袭杀伤农民军五百余人，抢去马牛骡三百余匹，还抢走一些粮食器械，可算为一次小胜。这样一战，更使李自成提高了警惕，对开封围困得更加严密。

城内的缺粮仍然继续，并且更加严重，为了让百姓出城采青充饥，也为了让老百姓外逃为生，来减轻城内吃粮的压力，官军就打开水门，让老百姓由水门外逃。农民军从城内外逃的人中得知，城内缺粮已非常危急。李自成担心城内官兵从水门外出，就对水门处严加设岗防守，昼夜查堵。从此，城内的人就不能从水门外逃了。

到七月底，城内官军感到援军已没有希望，这样下去只能是白白等死。高名衡派人偷偷地到黄河北，让巡按严云京派人去朱家寨这个地方，掘开黄河堤口，用河水淹农民军。严云京于是派一些人带着船只到黄河南岸，挖了一天一夜，还是没有将大堤掘开。这时，农民军发现了官军的诡计，赶来向挖河的官军攻击。李自成对官军这样做法十分愤恨，便如法炮制，也在黄河的堤坝的另一处挖口灌城。但由于黄河水势较低，只小股水流到开封城下，对开封城构不成威胁。相反，护城河和其他的一些壕沟都向黄河流去，一些饥民便从水中捞鱼充饥，与此同时对阻止农民军攻城也起到了一定的保护作用。李自成的这一招对攻打官军没起到丝毫作用。

李自成久围不攻的策略却颇为有效。随着时间的推移，城内的缺粮问题日益尖锐。"围至八月，民死大半，唯郡王乡绅微有积藏"。高名衡没有办法，便号召有粮食的人家自动捐献，但没有一人向外捐献。为保证守城官兵之用，就派军士"执令箭沿门搜索，名为搜粮，其实尽劫"。稍富之家，兵丁便直接闯进其家，所有粮食都给抢劫一空，有的甚至掘地搜查，一些"恶兵悍卒，乘机卷掠，莫敢伊何。即妇人女子怀藏十升一饼，亦于怀中夺去。肆横行凶，民冤无伸"。可见，由于城内缺粮日益严重，使得军纪越来越坏，军民关系愈加紧张。

由此开封城内出现了严重的粮重钱轻状况，据一些史料记载，"每石有折银数百两者，有折至三百两者"。有的官员明明敲诈一些富户，他们突然向某殷实之家发官银数百两，命他一两银交二石粮。在往日正常丰收年景，此价尚可，在这种年月这种情况下，却是明抢。为了躲避这种灾难，有的人费了好大力气弄点粮食交上，原银照数奉还；有些灵活的人则向官员行贿，得免于交粮；有的人则由于交不上粮而受尽酷刑，甚至于"丧命倾家"，这种事举不胜举。

到八月底城内的情况就更糟糕，"在围之人饿死者十七矣"，即有大约十分之七的人都被活活饿死了。即使一些侥幸活下来的人也无法再弄到粮食，人们便不得不"或摘树头青，或买药中饵，或刮树成为羹，或剜草根，或搜粪中之槽，或捞河中饲鱼小虫，以及皮胶、故纸、涨棉、杂草之类，无不入口以延旦夕"。城内老幼"形骸如鬼，奄奄气息仅存"。城内粮食早已被官军搜刮净尽，有的富人就想办法拿钱向官军购买。城中的有钱人只要能买到粮食就什么也不顾了，不计较价格如何高昂，以至"升粟卖至万钱"也毫不在乎。据说有个富人用珠宝来换米，有的小颗珍珠掉到地上，连看都不看一眼，假若一粒米掉到地上，他就"留意捡起。米贵于珠，果经见之"。没有见到的总觉得这似乎有些不可思议。

　　城内长久缺粮，城外久围不攻，为了解决眼前困难，高名衡无奈下令，可以杀马充饥。据说当时，官军常常杀一匹马，再夹杂上一些人肉卖给人们，"每斤卖银价至数两"。人们以前常说"挂羊头，卖狗肉"，这时的开封城内竟出现了挂马头，卖人肉的现象！如此一来，城内的马的价格飞速上涨，"一马可值千金"。城内的马匹毕竟有限，杀马充饥只能是权宜之计，自然不是解决温饱问题的长久之计。

　　城内人吃人的现象也逐渐增多。有的人眼看生命垂危，就闭门自杀。住在偏僻地方的人生命更是无望，一些较强壮的人就将他们逮住拉去杀掉，用他们的肉来充饥。人杀掉了，吃光了，却从来不见有人找这丢失的人。有的人为了生存，竟结伙杀人，靠杀人吃人肉延续生命。有的人家家境稍好一些，便先将自己的奴仆杀掉来吃。更惨无人道的是，有的父母甚至吃掉他们的子女！在那种非常年代，人性中最残忍的一面已暴露无遗。

　　城内不仅吃粮难，烧柴也一时成了大问题。柴草烧尽就砍树，被砍的树，树皮被人吃了，树干被烧了，城内很难见到一棵大树。以前，有的人还可捕树上的鸟充饥，树砍没了，所以连鸟也捕不到了。没柴烧，就拆房子。开封城内原有许多富丽堂皇的建筑物，这时也被拆掉用做烧柴了。有的人身上的肉被别人吃了，其骨骼也被做烧柴用了。推官黄澍的妻子分娩后，在吃包子时竟看到一小截人的手指，刹那间"惊悸而毙"。整个城市已陷入极度凋敝的恐怖之中。

　　高名衡等将领在城中同官军协力固守，眼瞅着城中的局势一天天恶化，李自成又毫无退兵之意，而援助军队却久等不至，便绞尽脑汁想办法促使李自成退兵。其间，官军偶尔向农民军炮击一阵，趁农民军懈怠时，时不时地派一些精锐力量乘晚间冲杀一通。这样做虽对李自成农民军造成一定程度的麻烦，但却有惊无险并无大的成效。

　　城中守军顽强固守，李自成大军连续包围了近四个月。城中有人出主意，说开封城墙坚固，周王可以招募人在城旁筑起羊马城，"皆坚厚为高岸"，而农民军营房靠近黄河大堤，"以为河决则贼可尽，而城中无恐"，所以高名衡等一些守城将士决定，立即决河坝堤口以放水灌敌。崇祯十五年九月十五日午夜，一场人为的黄河大决口的惨剧降临到中原人民的头上。当时黄河水势正旺，官军在朱家寨一带决开河堤，大水咆哮而下。李自成农民军早有察觉，大军人马已"移营高阜"，死伤并不严重。李自成同样在马家口也挖开河堤以灌官军。开封城墙虽有防御大水能力，由于城门堵塞不严，大水从城门缝进水，后冲破城门，咆哮而入，开封这座古城顿时一片汪洋，宫殿衙门仅"略露屋脊"，街上的店铺和百姓的房屋全被淹没，军民人等死者难以计数。李自成的部下也有万余被这次大水吞没。城中百姓最为可怜，房屋财产荡然无存，因水势太猛，也没来得及准备逃跑的舟船，所以躲避不及都葬身水底。周王一家在高名衡的保护下安全脱险，"士民从而济者不及二万"。官军"云决河灌贼，不意反为贼所灌"，损失十分惨重。

李自成这次攻打开封的决心志在必得，暂时攻不下来就利用长久围困的方法。当时的河南已基本上处于李自成的控制之下，开封变成一座孤城，在那种极其艰难的条件下能固守四个多月，对官军实在是个奇迹。问其原因，除了周王比较开明、将领比较团结等多方因素外，高名衡等人的宣传也起了至关重要的作用。高名衡把李自成农民军描述得非常凶残，使城内军民误认为只有固守才有活路。他编民谣四处传播："攻得开封城，不留一个人。就是笤帚头，也得刀三刹。"城内军民都感到凶残可怕。因此，"输攻愈巧，墨守愈坚"，最后终于酿成大水淹没开封的大祸。

八、痛击孙传庭

大水过后，李自成看开封已变成一片废墟，于是移师西去，准备去迎击孙传庭。

在朱仙镇战斗中，左良玉是逃离战场最早的一个，致使明军全部崩溃。当时，左良玉所带的兵力最强，但他桀骜不驯，带军无方，成为崇祯帝极为头痛的一件事。山东总兵刘泽清上疏，说侯恂有恩于左良玉，利用侯恂为督师，左良玉一定会听从命令。崇祯十五年六月，崇祯帝下令把侯恂从狱中放出，命他为督师，并给他饷银十五万两，要他犒劳左良玉军，并督左良玉火速开赴河南。侯恂是明清之际著名文士侯方域的父亲，也是个文人。左良玉在路经归德时，曾到侯恂家中拜见侯恂之父，"行家人礼，虽为彻帅，不敢自居于客将"。左良玉表现出

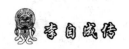

十分重情义的样子，这让崇祯帝十分相信，侯恂可以倚靠左良玉来对付李自成。

侯恂这次去开封的主要任务是解开封之围，他首先驻扎在陈桥。陈桥位于开封东北，宋太祖赵匡胤曾在这里发动过兵变。侯恂在这里调集诸将，有的来了，有的没来，其中最重要的人物是左良玉。这时左良玉在襄阳按兵不动，谎称自己的部下伤亡惨重，不能到此应命，"自言义不负侯公"。侯恂没有办法，只好率部众在柳园停了下来。开封那边一再告急，急催侯恂进兵，但侯恂知道自己的兵力不足，所以多次催促他都不敢向前，且还上书崇祯帝，放弃河南，等待机会，图谋收复。他在上疏中极言李自成兵强马壮："其骑数万为一队，飘忽若风雨，过无坚城……官军但尾其后，问所向而已。"自己率兵以来，虽有尚方宝剑，却不能"使闭门县令出门一见，运一束刍，愧一斛米"，所以连连失败，没有战绩。他还说："全豫已陷其七八"，河南虽为天下中原地区，但现在已成"糜破之区"，从天下长远利益着眼，解救开封"当不急于社稷"。现在若放弃中原，扼守险要，徐图进剿，似乎还可以转危为安。对侯恂的这种建议，崇祯帝非常不满，不但不听，还又加派三个人前往监军，督催侯恂迅速进兵，以解开封之围。侯恂的部下只有数千人，且军纪涣散，很难约束，若贸然行事，无异于自取灭亡，所以他一直屯兵不前。当开封被淹后，李自成撤围西去，侯恂也移师山东曹县。曹县是山东总兵官刘泽清的家乡，侯恂与刘泽清二人的关系原来还行，这时刘泽清也上疏弹劾侯恂，说他带兵观望，按兵不动，部下抢劫百姓等。崇祯帝听后大怒，立即下令将侯恂再次逮治大狱。侯恂这次从出狱到再次入狱，当督师不足三个月。

崇祯帝感到侯恂不可靠，不能担当重任，随之又把希望寄托在孙传庭身上。他命孙传庭及早出关，赴河南进剿李自成，以解中原之围。

孙传庭原任陕西巡抚，与李自成农民军周旋时屡有战功。杨嗣昌做了兵部尚书后，创立所谓"十面网"的战术，与孙传庭意见不合，多次向崇祯皇帝奏言，说"军法不行于秦"。崇祯十二年初清兵内犯，他与总督洪承畴一块赴京师勤王。清兵撤后，洪承畴改任蓟辽总督，孙传庭任保定总督。这时李自成和张献忠的力量都处于劣势，因洪、孙北上，他们才得以休养生息、复起。孙传庭受杨嗣昌压制排挤，总担心有生命危险，便谎称耳聋，请求解职。崇祯皇帝派人查验，发现是假，于是将他逮系监狱。李自成在中原纵横驰骋，所向披靡，崇祯皇帝又想起用孙传庭对付李自成，授他兵部右侍郎兼任三边总督，要他率陕西劲旅赴中原解救开封危局。

由于一些将领是亡命之徒且不听军令，孙传庭上任不久就杀掉了总兵贺人龙。与李自成等农民军多年周旋中，贺人龙也是一个与左良玉大体齐名的将领。他和李自成都是陕西米脂人，他部下有一些投降过来的农民军士兵。高杰在叛变李自成之后，就一直在贺人龙的手下任部将。李自成多次指使别人劝他投降，都被拒绝。当杨嗣昌出京督师时，因左良玉目无军纪，不服从命令，杨嗣昌暗地里许诺贺人龙，由他来取代左良玉。在玛瑙山之役中，左良玉功劳最大，被视为功臣，因此此事便停了下来。贺人龙为此大失所望，一看升官无望，遂也仿效左良玉拥兵自重，不服管制。在马家庄之战中，贺人龙率众兵先逃，使总督傅宗龙陷入重围，被李自成俘获杀掉。崇祯帝为此十分震怒，想马上杀掉贺人龙，但又考虑到他带的部队兵强马壮，力量较强，他万一叛乱，局面将更不可收拾。于是崇祯帝只是将他暂时革职，命令他"戴罪视事"。在孙传庭赴关中上任前，崇祯帝就秘密叮嘱孙传庭杀掉贺人龙。孙传庭深知，此事不可轻举妄动，就在半路上向崇祯帝假装呈上一疏，说贺人龙原是自己的部将，希望赦免他的罪过，让他随自己的部队前往中原征讨农民军，崇祯帝也假装同意。贺人龙得知后，对孙传庭这一做法颇为感激，觉得自己也有了安全感。孙传庭到陕西后，召集贺人龙共商议事，当着众人的面大量罗织他的罪状，然后立即命令把他杀掉。尽管贺人龙的部将周国卿等几个人率众反叛，但很快被孙传庭镇压下去。高杰、董学礼等部将仍任旧职，至此，贺人龙部的问题才得以解决。孙传庭的目的很明确，就是要杀鸡给猴看，借以严明军纪。

孙传庭是著名的将领，在诛杀贺人龙以后，更是"威震三边"。他日夜整饬军队，加强武备准备对农民军大举进剿。崇祯帝多次催他出关，他因为"兵新募，不堪用"，而请求缓期。崇祯帝不答应，命苏起前往监军，催孙传庭赴河南进剿李自成。孙传庭无可奈何，只好率兵出关。

孙传庭在崇祯十五年九月出潼关，到达河南。此时，天气不好，连绵大雨下个不停，影响了进军的速度。当他进入河南不久就得到消息，开封已被河水淹没，周王和高名衡等已弃城外逃。在这种情况下，孙传庭便不再直奔开封，而是移师南阳，于十月抵达南阳，可是，当他得知李自成已从东边率军来迎击，于是就督军往郏县。

在第三次攻打开封的过程中李自成未进行强攻，所以也没遭到大的损失。在决河放水淹开封时，他的部下虽遭受了点损失，但影响不大。与此同时，河南的一些小股农民起义军纷纷归附李自成，这样罗汝才和他的兵力都迅速壮大。李自成很清楚，孙传庭兵力是从各部新抽出的兵力组合而成的，各将领之间矛盾重重，很难配合，他很想尽快消灭这支远道而来不太团结的军队。因此，他和罗汝才亲督大军前来迎击。

当李自成的大军来到郏县东边的冢头时，恰好与官军相遇。明军总兵官牛成虎假装败退，以引诱农民军，分散农民军的注意力。当农民军停止不前时，牛成

虎就又回头攻打。李自成自恃人多马众，麾众追击。当农民军追到孙传庭设下的埋伏圈后，高杰、董学礼二总兵突然出击，左勷和郑嘉栋二总兵左右夹击，农民军慌忙中乱了阵脚。李自成站在山的高处远远望去，见官军已从山的另一侧冲出，"甲光如连天积雪，目不能见端倪"，李自成"始有惧色"。过去李自成曾与孙传庭多次交手，李自成败多胜少，深知孙传庭带兵有方，未想到又遇上了这个老冤家。李自成督亲兵迎击，经过一场乱战，农民军还是让孙传庭打败了，"自成折其纛走，坠马，马逸，得他马骑"，李自成急忙向南逃去。官军又将他团团围住，就在这情况万分危急之时，罗汝才突然杀来，将官军杀退，李自成这才得以脱身。

孙传庭督军乘胜追击，想一举俘获李自成，"声震天地，大呼欲生擒自成"。这时的境况对李自成来说的确不妙。但李自成在关键时刻并不是想着逃跑，而是在想怎么能使自己的队伍转败为胜。他想农民军的兵力仍占优势，且罗汝才一军还没有受到什么大的损失，这时李自成就命令部下，将许多辎重丢弃在路上，一些弱马和随军家属也被留了下来。尤其令官军不解的是，李自成还将许多珠宝、银两和衣服等贵重物品遗弃在道路上。这样，农民军可以轻装赶路，迅速冲出包围圈，同时让贪图财宝的官军放慢追赶的速度。

李自成的这一计谋果然奏效，"秦兵趋利"，纷纷抢夺这些财宝，有的捡到珠宝藏在怀中，有的将战利品拴在马鞍上，"失伍离次，不复为战备"，孙传庭的部队一时大乱。李自成抓住机会，带农民军回头迎击，罗汝才部也趁机绕到官军后面，将官军堵截住。孙传庭督诸将迎战，有些将领表现得尤为勇敢。例如副将孙枝秀"跃马以击贼，击杀数十骑。贼兵围之，驰突不得出，马蹶被执"，宁死不屈，最后被杀。

第十章 建制称王

一、攻占襄阳

李自成在河南接连击败官军后，官军中与李自成为对手的也就剩左良玉率领的这支部队了。左良玉在朱仙镇被李自成大败后，狼狈地逃回襄、樊，对李自成始存畏惧，担心李自成会时不时来攻打自己。他一方面积极招募乡丁、降卒，扩充自己的队伍，多达二十万，号称三十万，而明廷按军籍实际供饷的不过二万五千人。另一方面，他派人在樊城加紧制造战船，名誉上是备战而用，其实是为了在情况危急时撑船顺江东下，为逃跑作准备。因为大部分军饷要靠自筹供给，左良玉一军就公开向老百姓征敛，而且不时抢劫，所以左良玉的部队名声极坏。襄、樊的老百姓对左军恨之入骨，暗地里放了一把火，将左良玉打造的战船全部烧掉。左良玉恼羞成怒，下令将襄、樊的民船全部抢来，装上抢来的财宝和妇女，先行运走，自己暂时结营防守襄阳。

李自成心想，要想最终推翻明王朝，就必须先消灭左良玉这支官军，扫清自己路上的障碍。十二月四日，李自成农民军进逼襄阳，在白马渡强行渡江，左良玉督众阻截。由于江水太浅，强渡有困难，再加之左军用大炮轰击，农民军死伤严重，但李自成军仍强行渡江。经过一番激烈猛战，农民军终于渡到汉江南岸。当地的老百姓以"牛酒迎贼"，不少人还自告奋勇，为李自成农民军做向导，绕行左军预先埋置的伏雷、暗弩区，减少了农民军的伤亡。这样的情形在左良玉的揭帖中也有反映："此时民情响应，势若沸羹。"另外，在这次战斗中，左良玉的亲军爱将多数死去，新降附的人又不听他的约束，他自己"亦渐衰多病"，所以当他发现李自成农民军来势凶猛，很难抵敌，便决定提前东逃。在逃走以前，左军再一次发扬他们军队的一贯作风，对襄阳一带又一次进行大抢劫，"鸡犬无所留，千里一空，江左大震"，随后拔营东遁。这时驻守襄阳还有郧阳抚治王永祚，他看势头不妙，就以护藩为借口，保护着福清王和唐王世子登船而逃。王永祚一

行刚刚启行，李自成的先头部队就已进入了襄阳。

左良玉从襄阳撤离后，一路大肆掠夺，退到武昌。李自成尾随追击，于崇祯十六年正月十八日追到长江北岸的汉阳。左良玉慌忙来到九江驻扎下来，当他得知李自成要继续对自己追击不舍，打算继续南逃。如果这样的话，李自成很快就会占领南京，江南的半壁江山就会轻而易举地落入李自成之手，明王朝马上就会陷入绝境。这时，崇祯帝召吏部侍郎李邦华进京，任他左都御史。当李邦华来到湖口听说左良玉继续撤退的事，感到情况危急事关重大，就立即以朝廷大臣的身份致左良玉书，要他务必以大局为重，不能再撤，"举事一不当，辱身而污青史，为千古笑端，智者所不为也"。李邦华让左良玉"慎勿过安庆一步"，否则别人对他的传言朝廷就会信以为真。李邦华派亲信带信先到了左良玉营中，向他"开陈祸福，鼓以大义"，这使左良玉喜出望外。继而李邦华又亲自前往，"慰劳将士，勉之以忠孝大义"，并命令江西巡抚增发库银十五万两，以补发左军六个月的军饷。左良玉一军于是就听从了李邦华停止了南逃，并整饬防务，让南京和江南等地安定下来。"世谓非遇邦华，则金陵殆矣。岂唯金陵，东南一块土尚可问乎！"劝阻左良玉，侯恂的儿子侯方域也起了一定作用。侯方域当时正在南京，许多士大夫知道侯恂有恩于左良玉，就力求侯方域致书左良玉，劝他不要顺江东逃。当时听说左良玉一军已备船东逃时，南京官员个个人心惶惶，担心李自成大军尾随而至，南京有可能会马上失陷。经李邦华和侯方域的一番劝阻，加之李邦华亲临左良玉军中，并给左良玉解决了军饷问题，才促成了左良玉坚守九江的决心。南京之所以没有落入李自成之手，这件事起了至关重要的作用。

在襄阳城外，李自成的大军安营扎寨，连营百余里，旗甲鲜明，气势磅礴。大军稍事休整后，立即分头攻打附近各州县，枣阳、宜城、谷城、光化等都很快被农民军所占领。向东南方向快速奔袭的是革左五营，他们于十二日攻占了德安，并继续向东逼进并攻占黄州。罗汝才和贺一龙则在湖北和四川交界的地方出击，一连攻下许多州县。

承天府是嘉靖皇帝的所谓"龙潜"之地，嘉靖称帝后追封父亲为兴献王，在此地置兴都留守司，有重兵驻守。他的父亲死后也葬在承天，称作显陵。李自成在攻占承天之前，先攻取了承天南边的荆州，随后把承天包围起来。

荆州是惠王朱常润的藩封之地，巡抚陈睿谟临时驻扎在这里防守。李自成占领襄阳没几天，他的侦骑部队就抵达荆州附近侦察，城中的文武官员得知后一片惊慌，有的人则借其他事由及早外逃。陈睿谟也在江边准备好了船只，做好了外逃准备。十二月十四日，李自成率先攻占了离承天府最近的荆门州，然后对承天围而不攻，大军主力则南下荆州。十二月十六日，李自成农民军开始对承天奋力猛攻。最令李自成高兴的是，当地百姓苦于官府苛征暴敛很久，对农民军的到来特别欢迎，甚至有成群结队的人打着旗帜来迎接农民军。这一方面也说明了，百姓已对明廷完全失去信心，希望李自成能早日推翻明王朝。李自成农民军在攻打承天时，先用大炮轰破北门，大批人马蜂拥而入。惠王由巡抚陈睿谟保护着仓皇登船而逃。李自成派骑兵沿江追击，没能追上。

这时，承天府已完全处于农民军的包围之中，农民军此时极占优势。崇祯皇帝对承天的防守情况一直非常重视，因为他自己就是嘉靖皇帝的直系后裔。为此，承天除了有本省总兵在这里驻防外，还有外省总兵驻守在这里协防，本省的巡抚和巡按也全都驻守此地。

左良玉从襄阳南逃时，曾打算在承天暂歇休整，但巡按御史李振声却关城不接纳。一则是因为左军无组织，无纪律，无约束，担心左兵入城后肆无忌惮，大肆劫掠；二则是城中粮食有限，左兵人多，一天需粮数百石，拿这些粮食给左兵，还不如给自己的军民自守。左良玉无可奈何，便纵容部下沿途劫掠，然后东去武昌。

十二月二十六日，李自成农民军开始准备攻打承天。他率先围攻位于承天北边的显陵。李振声和总兵官钱中选在此负责守护，并以栅木为城。李自成发现很难越城而进，便烧掉栅栏，立即占领了显陵。李振声和钱中选战败后，被李自成农民军俘获。

十二月三十日是除夕，李自成正式攻打承天府城。湖广巡抚宋一鹤督众固守，但这时官兵的军心已不稳，有的将士竟暗自缒下城去，投靠了农民军。崇祯十六年正月二日，农民军攻克承天，宋一鹤见局势已定，又不想当俘兵，遂自缢而死。留守沈寿崇、钟祥知县萧汉也都接连自杀，分巡副使张凤翥逃至山中。

这时，钦天监博士杨永裕也投降了李自成，"自诩有异术，能佐自成取天下"，李自成对他推诚信任。所以杨永裕建议李自成发掘显陵，断绝朱家皇帝的王气。这个建议正中了李自成的心意，因为李家的祖陵已被官军掘毁，这时掘毁朱家皇帝的祖陵，正是所谓一报还一报。

李自成的主攻目标是左良玉，而左良玉又提前逃往武昌，所以李自成占领承天后马上率军队向武昌进逼。左良玉在武昌也同样劫掠，当地百姓对左军非常仇视。左军监纪竟被人趁天黑人静时暗杀于武昌城头，一个监司在半路上被老百姓围住痛骂一番。左良玉得知李自成率大军赶来，便又仓皇往九江逃去。

李自成作为一个农民军领袖，这时在政治上也变得越来越成熟，从他对待明廷官员的态度上就看得一清二楚。李自成对那些清廉且有气节的官员，则极力争取。这些人即使在对抗李自成战斗中死了，李自成也尽可能把他们妥善安葬好。

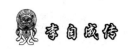

例如，钟祥县知县萧汉在保护显陵之战中被李自成剿俘，李知道此人很有气节，是个好官，遂就派人劝其投降，不允许别人杀他。经多次劝说，萧汉始终不降，李自成就将他送到吉祥寺，派人对他好好看护，善待于他，希望他能回心转意。萧汉受传统忠君思想的影响较深，拒不投降。三天后，他从僧床上捡了一把剃刀藏了起来，然后在一张废纸上写了首绝命词，纸不够，于是他投笔而起，接着用土块在墙上写道："钟祥县令萧汉愿死此寺!"然后便拿出剃刀，对墙自杀，鲜血正好溅到他写的字上。李自成得知后，深"嘉其人，用锦衣敛而葬之"。他的这种做法颇得民心。

御史李振声在承天府失守后被俘，他是米脂人，和李自成同乡同姓，做官为人较为清廉。当农民军已攻入城内，李振声仍督军抵抗。他被农民军俘虏以后，李自成与他见了面"泣而呼大兄"。对于一个降将来说，这种礼遇还不曾有人享受过。但即便这样李振声却无动于衷，称自己是朝廷命官，骂李自成"米脂走卒"，不佩做他的"大兄"。李自成不但不生气，反而笑道："大兄误矣!"并命部下备酒席款待。在酒席上，李振声一再对李自成明确表示："吾不从鼠辈反，何不杀我?"李自成仍然不生气，还命别人为他"置一帐，使数十卒卫之……供具甚丰"。李振声醉酒后时而大哭，时而骂李自成为"匪"，为"贼"。李自成都置之不理。有一天，李振声要求见李自成。李自成非常高兴，以为李振声可能要投降，没料想到李振声却"谕以逆顺祸福"，让李自成投降明廷。李自成很生气，担心动摇军心，立即又压住怒气，仍笑着以"大兄"称李振声，命人将李振声送往襄阳旧署，"列兵以卫之"。不久，李振声又暗地里给左良玉写信，召他带兵来攻打襄阳，不料他的这封书信在半路上被李自成的逻卒查得。李自成看后大为愤怒，这才下决心将李振声杀掉。这次争取李振声虽未成功，但却表明了李自成已具有了一个领袖人物的气节和风度。

正月十八日，李自成农民军在攻占汉阳的战斗中，缴获大小船只四五千艘，准备用它过江攻打武昌。第二天，因江中风急浪高，李自成渡江的船只多半被风浪打翻，死伤甚重，李自成只好放弃攻打武昌的计划，率部回到襄阳。

在这期间，李自成农民军在进入黄州时曾公布过一个檄文——《剿兵安民疏》：

> 为剿兵安民事：明朝昏主不仁，宠宦官，重科第，贪税敛，重刑罚，不能救民水火。日馨师旅，掳掠民财，奸人妻女，吸髓剥肤。本营十世务农良善，急兴仁义之师，拯民涂炭。今定承天、德安，亲临黄州，道牌知会：士民毋得惊慌，各安生理。各营有擅杀良民者，全队皆

斩。尔民有抱胜长鸣迎我王师，立加重用。其余毋得戎服，玉石难分。
此檄。

此篇檄文的矛头直接对准崇祯皇帝，斥责他是"昏主"，并数落他有许多"不仁"的事。李自成称自己为"本营"，历代是农民，与普通百姓心连心，并有共同遭遇，这给广大百姓带来了亲切感。同时也可看出，李自成很重视行军纪律和带兵方略，"有擅杀良民者全队皆斩"。正由于如此，当时流传着"贼梳兵篦"的语言，即官兵的劫掠现象比农民军要凶狠得多。另外，从这篇檄文中还可以看出，李自成在农民军中已确立起领袖地位。

二、争夺郧阳

李自成攻占襄阳以后，想到荆襄一带建成农民军的根据地，为今后自己在襄阳建立政权打好基础。也正因这样，所以李自成这时每攻占一地即分兵驻守，保住此地，不再像过去那样攻下一地不留人驻守随后丢弃。在这些被攻占驻守的地方，李自成都"严禁抢掠，以笼络民心"。可见李自成已有了长远打算，军纪严明。李自成把襄阳视为基地，到处派兵，攻城略地，可谓攻无不克，战无不胜。但是，他在攻打郧阳战斗中却遭到了对方的顽强抵抗。郧阳地处湖北、河南、陕西三省交界处，位置十分险要，明廷特意设一巡抚驻守在这里。郧阳是个不大的城市，"居民不足四千，数百里荆榛"，地方也不富裕。自明中期以后，有许多流民到这里开荒种地。他们对官府的驱逐、压迫和剥削顽强反抗，不时发动起义，成化年间的荆襄流民大起义就是其中最著名的一次，经数年才被官军镇压下去。明廷感到无法将这些流民全部从这里赶走，于是设立郧阳府，以便加强对当地的统治。当时，襄阳等地也是郧阳巡抚的管辖范围。李自成之所以要攻下郧阳，主要是从稳固军事要地上考虑，踢开这个绊脚石，以便将湖北、河南和陕西连为一片，建立起一个稳固的后方基地。

在此以前，张献忠就曾几次有攻占郧阳的想法，都未如愿。其中，崇祯十四年六月的那次战斗最为激烈。当时张献忠率兵从陕西东来，新按察使高斗枢到郧阳上任刚六天，双方就在郧阳展开了一场激烈的争夺战。尽管张献忠千方百计利用环城围攻的方法，但终没能将郧阳攻下。

李自成攻占襄阳不久，便分兵攻占了均州。驻守在均州的惠登相本来也是一个农民军首领，后投降了官府。他对李自成特别惧怕，所以得知李自成的大军来攻均州，就仓皇率领部下逃到武当山上，据险自固。还有一个在均州的守将高万锦没有办法，不得不投汉江自尽。李自成大军占领均州后，于崇祯十五年十二月十二日来到郧阳城下。当时在郧阳驻守的有按察使高斗枢，守令是徐启元，统兵将领主要是王光恩。高斗枢善于抚众，徐启元善于出谋划策，而王光恩勇敢善战。在他们同心协力的坚守之下，郧阳这座孤城始终没有被李自成攻陷。王光恩和惠登相一样，原来也是一个农民军首领，诨号"小秦王"，后来投降了官府。由于高斗枢的推诚任用，所以他在与李自成的战斗中显得坚定自如，尤其在固守郧阳中显示了自己的重要性。

李自成大军抵达郧阳，高斗枢督众在城外迎击，双方在青龙寺一带进行了激战。王光恩和王光兴兄弟表现得特别英勇，并向农民军营中投掷火罐子，许多农民军被烧死。农民军绕到城北，仍进攻不止，想再用城北为突破口，一举将城攻下。农民军万万没有想到，高斗枢预先已作了周密安排，在土墙内部署了多名鸟枪手，趴在内侧向外射击，几乎百发百中，给农民军造成不利，伤亡很大。农民军无法接近城墙，李自成遂于十五日撤军。这次对攻战连续进行了四天。

当时高斗枢还不知襄阳已被李自成占领，当李自成攻占郧阳不成退兵时，高斗枢追击俘获了三十余名农民军，从那些俘获的农民军口中得知，襄阳早已被李自成攻占。郧阳巡抚是王永祚，因襄阳被兵，他移师襄阳防守。当李自成到达襄阳时，王永祚打着护藩旗号，提前逃离襄阳。这些不利的消息给城内守军带来极大的影响，很多将领面露惧色，担心巡抚王永祚逃去，郧阳驻军的军饷的着落在哪里？另外，襄阳等地已被农民军攻下，郧阳一座孤城还能维持多久？因此，在李自成退兵两天后，守军将领李芹春私自率领自己的部下拔营西去，结果被参将徐勇在半道发现，立刻截回。高斗枢把李芹春交于徐勇羁押，以等候降旨处置。不久，徐勇和李芹春竟然一起逃去。此事说明，不少官军将领对固守郧阳已失去信心。好在高斗枢富有谋略，同徐启元、王光恩等齐头并肩，终保郧阳不失。

崇祯十六年三月底，李自成又一次率军攻打郧阳。这时，李自成控制了荆襄一带，郧阳已成了他的眼中钉。城内守兵大约有四千余人，就官兵数量无法与农民军相比，但是，通过高斗枢等人的整饬，这支守军已变得颇为坚强。李自成将从均州带来的几百块门板用绳子连接好，在郧阳城东北方向搭建起一座木城，意在与郧阳对攻做防守用。高斗枢乘农民军还未安营扎寨时，选派一支精锐部队，直达木城，用火罐发起进攻，木城顿时变成了火的海洋。木城内的农民军不得不仓皇撤离。次日，李自成命部下准备六十余副木梯，由一支精锐士兵迅速运到城下，想强行登城。高斗枢发现后，立命各营全面出击，将木梯尽数夺回。农民军无奈之下只好撤退。

离城约十里处的杨溪铺成了李自成这次主力驻扎的地方。经过几天休整，李自成又一次对郧阳发起攻击。这次李自成变换了策略，在离城约二十丈处筑起土台，土台搭建是一层土加一层秸杆，每台长约二丈，宽约一丈，层层累积，上边砌上砖石里边架上炮镜，实际上就是炮台。此种的炮台共筑三十六座。城的东边和北边都有，农民军利用这些筑起的炮台与城内官军作战。十几天过后，高斗枢发现农民军已显出十分疲惫的样子，就命各营在天亮时突然出击，带着兵器和锄头等物。不一会功夫，官军很快就铲平了二十二座炮台。又过一天后，第三天又将剩下的那几座铲平。农民军不得不又回到杨溪铺。从三月底到四月初，李自成连攻郧阳十多天未攻下，最后只好撤围。

崇祯十六年五月底，孙传庭已整军出潼关，李自成又不得不赴河南迎击孙传庭，而郧阳这座孤城又迟迟没能攻下，这又让李自成感到十分生气，于是又发令第三次发兵攻打郧阳。但是，这次农民军驻在离郧阳约八十里处的龙门，一连数日没有动静。原来，李自成知道孙传庭已来到河南，且郧阳防守坚固，不想在郧阳有太大的消耗，所以第三次对郧阳的进击计划半途而废。后来，当李自成占领西安后，还曾委派路应标带领三万大军去攻打郧阳，但仍未攻下。因此，郧阳确确实实成了李自成稳固大后方的一颗钉子，也是他的一块心病，给李自成日后的军事行动造成极大的障碍。让李自成更为恼火的是，当他的大军撤离后，郧阳官兵趁机四出，收复了郧阳周围已被李自成攻陷的一些州县。郧阳的久攻不下也向明军将领显示，李自成虽然人多势众，但也不是不可抗拒的，这样进一步增强了一些明军将领对抗李自成的信心。

三、巩固地位

罗汝才是陕西延安人，起事较早，他的农民军力量也比较强。罗汝才是个足智多谋的人，绰号"曹操"。他原来和张献忠合营，后因为二人意见不同，经常发生争执，于崇祯十四年与张献忠分手，来到河南，又与李自成合营一处。每攻破一个城邑，所得财物他俩四六分成：李自成取六，罗汝才取四。在以李自成为主的这支农民军中，罗汝才的地位仅次于李自成。他们一起拿下襄阳后，李自成号称"奉天倡义大元帅"，罗汝才号为"代天抚民德威大将军"。他们一个为"大元帅"，一个为"大将军"，显然李自成的地位高于罗汝才。李自成生活简朴、务实，处事深思熟虑，不好声色，相反，罗汝才生活比较奢侈糜烂，尤其酷好酒色。每攻克一个城邑后，罗汝才总是挑一些年青貌美的女子充实后房，虽在争战时期，他的后房也有数百美女，另有"女乐数部，珍食山积"。李自成就曾经蔑视地称他为"酒色之徒"。

李自成和罗汝才之间的矛盾有一个发展的过程。一方面，李自成要统一号令，罗汝才等首领就自作主张，他们习惯了那种我行我素的生活，而现在却要遵命服从，处处听命于人，受别人的约束，由平起平坐的兄弟关系变成了上下级关系，对这些草莽英雄来说实在难以适应，因而在统一号令的过程中难免产生矛盾。另一方面，由于官军将领不断地在他们之间挑拨离间，从而加深了他们之间的猜疑，使二人的矛盾越来越激化，以至于演出一幕幕火并的惨剧来。

一次，李自成设酒宴款待罗汝才，几杯酒下肚，李自成假装开玩笑地说道："我们都起义造反，真是不自量力。如今图谋关中，割土以分王。"罗汝才没理会李自成的用意，再加上此时已有几分醉意，醉熏熏地答道："吾等横行天下为快耳，何专土为！"既没有明确表示支持李自成称王，也没有对"割土以分王"的说法表示同意，因此使得"自成意色大忤"。

有一次，革里眼贺一龙征战回营，在见李自成之前却先到罗汝才营中，与其"屏人耳语"。有人把这件事告诉了李自成，李自成"衔之，不遽发"。随着时间的推移，李、罗之间的矛盾逐渐尖锐起来。罗汝才的谋士吉珪对他说："吾观李师非容人者，今群雄皆俯首，所颉抗者我与革、左耳，将军何不早自计耶？"罗汝才听后虽有所醒悟，但还是没作防备。

明廷中许多大臣主张搞反间活动，使农民军领袖之间互相猜疑，不少明廷将领也确实在这方面动了不少心思。如河南巡抚高名衡，在李自成和罗汝才围攻开封时，他伪造了一封罗汝才的复信，其中说道："前接将军密书，已知就中云云。及打仗时，又见大炮苗头向上，不伤我兵，足见真诚。一面具题，封拜当在旦夕。所约密机，河北兵马于九月初三日子夜由下口渡河，专听施行。"送信人有意让这信落入李自成手中，李开始看过信也产生了一些疑惑，但是，长期的斗争生涯，让李自成已逐渐成熟起来，对官府的这种挑拨离间早有警惕和预防，而不是一有风吹草动就轻易相信。因此，李自成仍和罗汝才亲密无间，团结合作，共同作战。在汝宁之战中，他俩就是如此表现的，幸亏罗汝才及时赶来，亲临督战舍身相救，才使李自成转危为安。这在很大程度上消除了李自成对罗汝才的怀疑。

有个叫陈生的人，可能是由官府特意派遣进行反间的人，他自诩"以口舌令二贼相斗"。陈生首先对李自成说："汝才必为变。"李自成表示不信。然后他又对罗汝才说："将军苦人以恶马易善马，盍以字烙之。令识别自为群耳。"原来，李自成常常用自己军中的劣马来换罗汝才营中的良马，这正给陈生反间创造了条件，被陈生钻了空子。罗汝才听了陈生的话然后说："善！生其为我行之。"于是，陈生想了主意将罗汝才营中的马分别烙上前、后、左、右四字。但陈生并没有把罗汝才的马一起烙字，而是先烙"左"字的一群。随后他就去告诉李自成："罗营东通良玉，马用左字为号矣。"李自成派人去罗汝才的马群查看，果然一群马都烙上了"左"字，这不能不使李自成起疑心。

据《甲申朝小记》记载，罗汝才感觉到李自成没有"天命"，不可能做皇帝，所以"潜图归顺，欲杀自成献功"。这也可能是官府的挑拨离间的表现。像这类的挑拨多了，时间长了必然会对李自成的心理产生某些影响。

罗汝才就个人而言，属于反复无常、性格不定的人。他也投降过官府，后又复叛；他先是和张献忠合营，因两人意见不同，性格不合，不久二人反目为仇，不久又和李自成合营一处。正因为他的那些反复无常、难以揣测的经历，所以军中很容易流传关于他的谣言。再加上他智高力强，成为唯一能与李自成相颉颃的人物。他生性疏阔，"贼不杀贼"几乎成了他的一句口头禅，其实这话很容易让人忌恨。他自己称自己"贼"，像李自成、张献忠等也称"贼"，这哪里还有正义可言！罗汝才起事也早，力量很强，但他不是帮助张献忠，就是帮助李自成，"不能为人上，又不能为人下，是绝物也，安往而非危地乎？"这也是罗汝才招致杀身之祸的关键因素。

李自成曾和罗汝才结拜兄弟，李自成最终还是将这个兄弟杀掉了。其最主要的原因还是政治的关系。李自成想当皇帝要建立以自己为首的政权，"一国不堪两君"，他不能容忍比自己强，能威胁自己地位的人。再加上前前后后的那些流言，李自成断定罗汝才最终将是个祸害，决不能留他坏自己好事，所以最后下决心除掉他。崇祯十六年三月初六日，李自成宴请罗汝才和贺一龙来自己营中吃酒，罗汝才托言自己身体不适，未去赴宴，只有贺一龙欣然前往。夜深时，李自成发现贺一龙已醉，遂命人将他悄悄地拉出去杀掉。黎明时，李自成部下有大约二十名骑兵以报告事情为名，直接朝罗汝才帐中走去。罗汝才刚刚起床，还正在洗漱，突然被来人杀掉。这些人立即向罗汝才的部下宣布道："汝才反，元帅令诛之。"罗汝才的部下顿时大声喧哗，李自成早已做好严阵以待的准备，罗汝才的部下无可奈何。李自成杀掉罗汝才以后，为了安抚罗的部下，也为了表现自己不忘往日的兄弟情义，亲自披麻戴孝为罗送葬。"自成乃素服为汝才发丧，哭尽哀，陈汝才通左状，与其不得已之故，且抚汝才子如己子，以悦其众。月余乃定，势大振。"这种做法不管是真情还是假意，但实际效果还是较好的，这也是李自成重视策略的一种表现。尽管如此，罗汝才的一些部将不相信事实，还是寻机逃了出去。罗汝才的部将杨承恩和外甥王龙，率领一部分人投靠郧阳那边，从而给郧阳的防守增加了力量。部将李汝珪率领数百名骑兵投降了左良玉。罗汝才的叔父罗戴恩想伺机报复，一直没能得逞。罗汝才的大部分士卒被李自成收编到自己的队伍中。挑拨李、罗关系的陈生也没得到好下场，李自成后来发觉了他的反间计，遂将他杀掉。

革左五营，也就是由五支相对独立的农民军组成的相对稳定的联合体。由于各自的力量都较弱，他们联合起来，共同抵抗官军。他们平时活动在湖北、安徽和河南的交界地带，灵活多便，时分时合。在崇祯十五年十一月李自成攻打汝宁时，革左五营又和李自成合营，联合作战。他们意识到，李自成如今已成了各路农民军的领袖，自己的力量已无法与李自成抗衡。在这种情况下，他们既反抗明廷，又反抗李自成是不可能的。但他们在感情上和李自成是相通的，都在与明廷对抗，所以很容易走到一起，愿意接受李自成的指挥。他们和李自成合兵后，在执行不同的作战任务时，也往往分开行动。李自成在以后的行动中，有意对他们进行分化瓦解。他积极笼络那些能听从他的号令的人，对那些不忠心的人，他则予以孤立，甚至干脆将其杀掉，收编其部众。

革里眼贺一龙是被李自成最先杀掉的。李自成是在杀罗汝才的头天晚上，乘贺一龙喝醉时将他杀掉。此前，李自成已把左金王贺锦和治世王刘希尧拉到自己一边，彻底听从李自成的领导，又通过他们将贺一龙的部下赵应元拉了过来。贺一龙被杀后，其部众由赵应元统领，仍听李自成指挥，只有一小部分心存疑虑的人逃离。

老回回马守应也是一个重要首领。他起义较早，诡计多端，他的部下人数虽不多，但却有一支精悍的骑兵，战斗力并不弱。他不论和谁联合，始终保持着很强的独立性。当李自成杀贺一龙时，他正率领部下在沣州作战。李自成为了消除他的疑虑，特遣人送给他一颗四十八两重的金印，并且授予他"永辅营英武将军"的头衔，马守应婉言谢绝，推辞不受，他的用意也很明了，实际上就是要保持自己的独立性，不受人摆布，更为了提防他人的暗算。后来，李自成调他回襄阳，他却把队伍拉到更远的地方去了，与李自成保持相当的距离。马守应病死于彝陵，其部众大都投奔到张献忠那里。

后来，左金王贺锦也被李自成杀掉，治世王刘希尧和争世王蔺养成都成了李自成的部将。如此，革左五营便不复存在。

崇祯十六年五月，李自成又消灭了小袁营，小袁营首领袁时中是河南滑县人，主要活动区域在河南一带，有时也进入附近的江苏、安徽一些地方。人们之所以称袁时中领导的农民军为"小袁营",是因为河南原来有一支以袁老山为首的农民军。小袁营的巢穴是在杞县和睢州之间的圉镇。小袁营行动迅速,往来不定,在河南的各支农民军当中,是较强的一支。小袁营纪律严明,不抢掠老百姓,力量达到鼎盛时有数十万众。随着李自成在河南的胜利进军,威望越来越高,小袁营又和李自成联合。崇祯十五年三月中旬,农民军攻打河南太康县,小袁营攻打北门,罗汝才攻打南门,李自成攻打东门和西门,标志着他们已经联合起来。袁时中以前也曾和李自成联合过,后来由于意见不统一,便又分开各自行动。当然他们的联合大都是貌合神离,此次也是这样,袁时中并非已完全相信李自成,而且还害怕李自成吞掉他,所以只是在表面上的合作关系。另外由于河南地方官员也极力拉拢他,他也就依违于官府和李自成二者之间,心存二意。李自成在攻占睢州、宁陵、归德等地后,开始第三次围攻开封,便命令小袁营为前锋。袁时中以为李自成故意让自己"当矢石,而己收其利,心不服",到杞县后就"叛而去"。即袁时中怀疑李自成故意让自己去送死,他自己坐收渔利,所以就在杞县擅自逃去。李自成大怒,命李过率兵追击,"追三百里……仅存骑百余,收合散亡,复至数万,屡扰颖、亳。"这次合营也仅仅维持了一个多月。在李自成主力南下湖广后,袁时中便又加紧勾结官府。他向河南巡按御史苏京表示自己想将功补过,愿意去镇压叛乱的总兵官刘超。但苏京和巡抚秦所式认为袁时中实际上是惧怕李自成,不是真心想消灭刘超,是权宜之计,所以不许他把队伍开到黄河以北,而是命令他杀掉李自成派去的使者,以示诚信。袁时中自以为李自成鞭长莫及,不会再危及到自己,于是,就把李自成派来的刘宗文扣押,交给了苏京。苏京马上处死刘宗文。同时,袁时中又袭杀了李自成的游骑数百人,向官府邀功。李自成听到消息后,怒不可遏,马上发兵前往睢州,对袁时中大加围剿,结果,袁时中部被消灭,他本人也被俘杀。

综观中国历史上历次大规模的农民起义,在其发展壮大的过程中都曾发生过一些矛盾和斗争,有的还相当尖锐激烈,甚至出现相互残杀和兼并战争。之所以会出现这种现象,其主要原因,一则是由于官府的分化和离间,再则是农民军首领之间的争权夺利。在封建社会,由于历史条件的制约,农民军领袖一般都文化知识少,有的从没有接受过什么学校教育,都是所谓的"草头王"。他们在起事之初以兄弟相称,但等到力量壮大,处于鼎盛之时,就想分上下尊卑。如此,就必然会产生矛盾,以至于以武力决出胜负。以前,有的人以路线斗争来划线,用阶级斗争的观点来进行分析,事实上,除极个别情况外,绝大多数农民军首领之间的矛盾都属于争权夺利的矛盾,而不是阶级斗争。李自成与罗汝才、张献忠等人的矛盾也是如此。

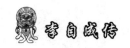

到了此时，除了张献忠以外，已经没有第二个能和李自成相抗衡的农民军首领了。与此同时，在李自成这支农民军集团当中，他的领袖地位已越来越稳固，是任何人所无法代替的。

四、襄阳建制

随着李自成的节节胜利，控制的区域越来越广，谋士牛金星向李自成提出新的建议，此时，已经该"分等威，申职守"，设置官名爵号，使自己和同伙早分出上下尊卑，确立自己的绝对性权威，以便为日后正式建立全国性政权奠定坚实的基础。这话很合乎李自成的心意，于是在崇祯十六年二月正式建立了襄阳政权。

李自成把襄阳改为襄京，作为自己中央政权所在地。把襄王藩邸宫室修葺一番，作为中央机构住处。同时，李自成又改德安府为安乐府，承天府为杨武州，还把一些州县也改了名。李自成在官制和军制上也都采取了一系列新措施，一个新政权初具规模。

李自成自称"奉天倡义文武大元帅"，是最高统治者。由于此时还没有建立国号，自然也就谈不上改元，所以李自成在发布文告命令时仍采取干支纪年。中央政府的最高文官为左辅、右弼，即相当于左丞相、右丞相，以牛金星为左辅，来仪为右弼。下设吏、户、礼、兵、刑、工"六政府"，即相当于六部，每部设侍郎、郎中、从事官等。

从外官的设置情况而言，李自成这时尚未设省一级官员，省以下各级则大体设置较全。府设有府尹，州设有州牧，县设有县令，分别为各级最高行政长官。另外还设提督、防御使、观察使、统制使等职，以分掌职守。

李自成最重视的是军制建设。在元帅以下，依次设置权将军、制将军、果毅将军、威武将军，再下依次是都尉、掌旅、部总、哨总等职。李自成的妻弟高必正居帐中，掌亲军。战功并不显赫，但为人十分宽厚的田见秀，授为权将军，提督诸营事。战功显赫的刘宗敏也是权将军，但位在田见秀之下。

其下设前、后、左、中、右五营，每营设制将军一人，总领其事。其下再设果毅将军、威武将军等职，分掌事权。

中营以李岩为制将军，贺锦也为制将军，位在李岩之下。此外还有：张鼐为正威武将军，党守素为副威武将军；辛思忠为左威武将军，果毅将军谷可成为其副；李友为右威武将军，任继荣为前果毅将军，吴汝义为后果毅将军。在五营当中，中营的规制最大。

左营以刘芳亮为制将军，下设左果毅将军和右威武将军，分别由马世耀、孙汝魁担任。

右营以刘希尧为制将军，下有左果毅将军白鹤鸣，右果毅将军刘体纯。

前营以袁宗第为制将军，下有左果毅将军谢君友、右果毅将军田虎。

后营以李过为制将军，下有左果毅将军张能，右果毅将军马重僖。

以上五营共设置二十二员将军，这也就是当时李自成手下的主要将领。除了这五营流动作战的部队以外，李自成还"分地以定卫帅"。此前，李自成攻土掠地，每攻下一处，将财货掠为己有，以充军资和救济饥民，然后把城墙毁掉，府署烧毁后撤兵走，采取流寇主义作战方法，无意固守，也从没有为自己将来如何发展作过什么长远计划。占领襄阳后，意识到推翻明王朝已指日可待，官兵已不足畏惧，所以李自成开始注意地方上的建设，在地方上派兵驻守。襄阳政权建立后，李自成于地方上设立了五个"卫"：襄阳卫，由高一功和冯雄各领三千人驻守；通达卫，由任光荣率六千人防守，驻荆州，因彝陵为楚、蜀门户，是军事要地，另派蔺养成和牛万才率兵千余人防守；扬武卫，防守承天府，由白旺率兵驻安陆；汝宁卫，由韩华美率兵驻信阳；均平卫，由周凤梧率兵驻守，防地为禹、郑二州。

我们从《绥寇纪略》和《平寇志》等史书的记载中可以看到，李自成建立襄阳政权后还任命了许多地方官员，其中可考者有防御使六人，府尹六人，州牧十八人，县令六十七人。这表明，李自成已经重视地方政权的建设。由此也可看出，李自成自己也有意识或无意识地发生变化。

李自成建立襄阳政权后，即于崇祯十六年初举行第一次开科取士，因为建立了政权，就必要有一大批文人帮助他治理。这是为了适应当时的形势发展，于文化上所采取的主要措施，参加考试的基本上都是荆、襄一带的诸生，共九十人。题目是《三分天下有其二》。由此看出，李自成对夺取天下已充满信心。最后录取了七人，第一名赏银三百两，其余六人各赏银一百两，没有被录取的亦每人赏银十两，以作为对他们的鼓励。李自成于经济上也采取了许多措施。其中最得民心的就是"三年不征"。明廷连年不断地向农民加征，弄得百姓民不聊生，不得不四处流亡，此时，李自成采取如此策略，与官府形成了鲜明的对比。不仅如此，他还命令地方官员为百姓提供耕牛、种子，这不能不赢得百姓的拥护。当时，面对这种情况，明廷一些有见识的地方官心急如焚，非常担心，有的官员在奏疏中说："贼又给牛、种，赈贫困，畜孳牲，务农桑，为久远之计……民皆附

贼而不附兵……"可见情况确实如此。这样，为李自成下一步的胜利进军打下了一个良好的基础。

李自成建立了襄阳政权，自己却没有称王，仍然称"大元帅"，这是因为，元帅和将军虽然有着上下级关系，只是级别不同，其不存在臣属关系。如果李自成称王，那些将军们不论级别多么高，就都成了李自成的臣属。尽管如此，李自成称"大元帅"，这不仅标志着他权威的进一步提高，而且标志着他在向皇位迈进的道路上又跨进了一大步，或许他也意识到这只是一个时间而已。所以他没有急于称王，不是他不想，而是条件还不成熟。因为在二月间，罗汝才、贺一龙等势力依然都在，并且具有相当实力，他们难以接受向李自成称臣的屈辱地位。这种因素也是李自成下决心要除掉他们的推动力量。所以，李自成于二月间建立了襄阳政权，三月间就除掉了罗汝才和贺一龙，五月间又消灭了小袁营，杀掉袁时中，从而清除了称王道路上的主要障碍。

崇祯十六年"五月，自成伪号新顺王"。所谓"顺"，是指顺从天意，日后建国号为"大顺"。这时，李自成对明朝宗室的态度也发生很大转变，也不再都是一杀了事，而是区别对待。对那些顽抗的宗室，破城后则抓到就杀，对那些投降的不但不杀，而且有的还封以爵位。例如，李自成授崇王朱由樻为襄阳伯，还有邵陵王朱在铖、保宁王朱绍𣏌、肃宁王朱术授都在投降以后授以伯爵。这说明，李自成更加重视了策略的运用。这些被授以伯爵的藩王就是例子。这也等于明确告诉明朝官员，只要投降，就会受到良好的待遇。确实，这一策略也收到实效。

五、觊觎皇位

李自成称新顺王后，他的政权设置就更趋完备，除了开科取士以外，李自成又征召了一些文士，以充实他的政府机构。有的人应召而往，但其中依然有人视李自成为"贼"，拒不合作。例如，"江陵举人陈万策、李开先在所荐中，伪檄下，万策自到，开先触墙死"。这个李开先不是善于写词曲的那个山东章丘李开先，他是湖北江陵人，天启年间举人，比山东章丘李开先稍晚。这个李开先在荆襄一带小有名气，所以李自成曾经命令手下带着自己的亲笔信和银两以及其他礼物前往征召。但李开先自谓饱读圣贤书，仍称李自成为"贼"，誓不归顺，并撞墙而死。这也表明，李自成此时已对知识分子十分重视，只是，许多知识分子像李开先那样，注重气节，有着浓厚的儒家正统忠君思想，而不肯归附李自成。这也是李自成所要面临的一个十分重要的问题。

李自成这时还有个明显的变化。就是开始让身边的文士每天进讲一段经史，讲些历代兴衰的事，学习一些治国安邦的道理。在中国古代，可以说，这是历代帝王的必修课，即使做了皇帝后也要按时由大臣进讲。李自成这样做，也是为他日后当皇帝作准备。

李自成称新顺王，使明廷更加惊慌。看来李自成到了此时不再是一般的"草寇"，而是要夺取朱明王朝的江山死敌。对于李自成这支农民队伍，绝不能再有丝毫姑息和差错。崇祯十六年六月，崇祯帝颁赏格于全国："购李自成万金，爵通侯。购张献忠五千金，官极品，世袭锦衣指挥。"从这也可以看出，李自成对明廷的威胁已远远超过了张献忠，已成为最主要的目标。

李自成这时也更加重视军队纪律的建设。他征召十五岁至四十岁的青壮年为兵，队伍迅速壮大。他严申军令，行军作战时，兵士不得私藏金银，收获要归公；途经城邑时，不得擅自到老百姓家中住宿；除了自己的妻子外，将士一律不得携带其他妇女；一个骑兵配备三四匹马，一马疲累，则换乘另一匹。作战临阵时，数万匹马分为三排，名为"三堵墙"。如果前排溃退，后排则将其截杀。如果久战不胜，马兵可以假装败退，诱敌深入，步兵持长枪迎击，马兵也回头再杀入敌群，无不大胜。攻城时，如守军降，则不杀一人；如抵抗一天，破城后则杀十分之三；如坚守二天，破城后就杀十分之七；如固守三天或以上者，破城后则"尽屠之"。城在即将被攻陷时，由步兵把城四周团团围住，骑兵巡逻。攻破以后，守城官兵无一幸免。对各营所获战利品，一律上交，并获得数量不等的赏赐。得马骡者获上赏，得弓箭火器者次之，得币帛又次之，得珠宝为最下等。可见，李自成最看重的是那些对战争有用的东西。

李自成的这种攻城策略还十分奏效。在日后的攻城略地中，明王朝的守城将士自度不敌，就干脆投降，免得城破后被屠戮。这也是李自成日后能够顺利进军的因素之一。经过数月的攻城略地，湖广北部除郧阳以外，已大都平定。下一步如何进兵，李自成召集诸谋士集议。牛金星认为，应该从河南向北攻取河北，直取京师。谋士杨永裕建议南下金陵，先占领明朝的陪都，断绝京师粮道。从事顾君恩则以为："金陵居下流，事虽济，失之缓。直走京师，不胜，退安所归，失之急。关中，大王桑梓邦也，百二山河，得天下三分之二，宜先取之，建立基业。然后旁略三边，资其兵力，攻取山西，后向京师，庶几进战退守，万全无失。"李自成认为顾君恩的意见比较可取，于是就采纳了他的办法，决定马上进军陕西，先夺取关中，以建立自己的基业。

以上可以看到，他的帝王思想已有了鲜明的表露。他在襄阳先称"大元帅"，

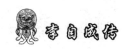

继称"新顺王"，并为夺取全国政权确定了明确的行动方案，他的最终目的就是要当全国的皇帝。事实上也确实如此，当他攻占北京后，他果然登上了皇帝的宝座，建立了大顺政权。虽然这个政权没能巩固下来，但这又另当别论，只是李自成此时已具有了帝王思想，这一点是不可否认的。

帝王思想就是皇权主义。这一思想大体表现为两种形式：其一、初级表现形式，这种表现方式是只反贪官，不反皇帝；其二、高级表现形式，这种表现方式是反掉坏皇帝，自己当皇帝。隋末农民起义领袖窦建德就一直尊奉隋朝皇帝，当他得知隋炀帝被宇文化及杀了时，对宇文化及显得十分愤恨。宋代的梁山泊起义，宋江就曾亲口讲，只反贪官，不反皇帝。明中期和刘六、刘七一起造反的农民军领袖赵燧，就是反对依附大宦官刘瑾的焦芳，而对明朝皇帝却表现出一片忠心。在他们身上都表现出初级皇权主义思想。皇权主义的高级表现形式，较为典型的例证就是刘邦和朱元璋，他们在造反后自己都当了皇帝。有的则是，最初是只反贪官，后来随着自己力量的壮大，野心也很大，也开始反对起皇帝来。像李自成起义就是如此，在他刚起义时看不到任何要当皇帝的迹象，只是为了混饭活命而已，后来随着其自身力量的增长，这种迹象就越来越明显了，以至最后正式称王称帝。

在中国封建社会，历代的农民起义军领袖无一例外的都是皇权主义者。就其经济基础而言，是自给自足的小农经济。个体小农没有能力保护自己，皇帝就是他们的最高保护者，就如同一家之长。皇帝又称天子，也就是说皇帝是上天的儿子，是代表上天来治理天下百姓的，是全社会各阶层的总代表。这样，皇帝就成了上天意志和人间力量的神秘结合物。人们对这种神秘结合的迷信和崇拜，就表现为皇权主义。

《诗经·文王》篇中有"天命靡常"的话。也就是说，皇帝虽说有"天命"，但天命也是可以转移的。如果皇帝是个坏皇帝，经常干些扰害百姓的事，天命就会从他身上转移到他人身上，王朝的更替就是合乎天命的。于此，中国民间就流传着"风水轮流转""皇帝轮流当"许多这样的谚语。这就为农民起义军领袖自己当皇帝提供了思想基础。"望子成龙"成为中国古今老百姓的口头禅，皇帝就称为真龙，大家都望子成龙，实际上也带有自己的儿子也可能当皇帝的意思，即使当不了皇帝，那也是为官愈大愈好。儒家也有"五百年必有王者兴"的思想，实际上也体现了这种思想。

在封建时代，农民起义的最终结果有两种，要么被镇压或被招安，而导致起义失败；要么是推翻旧王朝，建立新王朝，最终由自己来当皇帝，建立新的封建王朝，其他的出路是不会有的。对于李自成来说，随着起义军队伍力量的日益强大，自己要来称王称帝也就是自然而然的。

对于农民起义军而言，皇权主义思想和其他思想一样，具有两方面的意义，既有有利的一面，同时又有不利的一面。农民军可以充分利用这种思想发动和组织百姓，帮他们树立信心，坚定推翻旧王朝的信念，尤其是农民军处于鼎盛时期后，这种思想愈加明显。可是，另一方面，统治者也可以用这来分化瓦解农民军，使农民军甚至于不攻自破。一些农民起义军领袖向明廷投降，就是统治者用这一思想进行分化瓦解的结果。就李自成而言，他在建立襄阳政权以前这种思想就已开始萌芽。例如，在潼关南原失败后，李自成率十几骑逃入商洛山中，他"昼则射猎，夜则读书，且观乾象，云：'过此六月之厄，九五可期'，以勉慰群贼。高一功笑之。曰：'西汉沛公，百战百败而得天下，汝知之乎？'""九五可期"，就是指九五之尊，当然，其意思是不言而喻，即将来可以当皇帝。尽管李自成用这些语言来激励将士，以度过难关，却也不难看出，这也是李自成皇权主义思想的表现。于当时，这种思想对于消除失败主义情绪，坚定部下的信心，是起了一定作用的。当李自成称新顺王以后，再继续向皇帝的宝座冲击，也就自然而然的了。

第十一章　建元永昌

一、角逐中原

　　孙传庭在"柿园之役"大败后，仓惶率领余部退回陕西，扼守潼关要地。他是个善于治兵的将领，曾多次击败过李自成，因此而得到崇祯皇帝赏识。孙传庭回到陕西后加紧整治队伍，并大量募集勇士，整修兵器，积极进行屯田，大量积贮粮饷，准备迎接新的战斗。他下令三家要抽出一壮丁，以扩充壮大队伍。他还打造可载火炮的兵车三万辆，打仗时摆在阵前抵御敌人的骑兵，停战时可围成环形来自卫。孙传庭督工苛急，令工匠们夜以继日地打造，使得老百姓难以忍受。当时陕西连年遭灾闹饥荒，官兵多，所需的粮饷也多，大多取之于当地的老百姓。孙传庭用法太厉，动辄以军法从事，地方官员都很畏惧他。由于陕西的老百姓连年遭战乱，朝廷加征不断，普通百姓几乎是搜刮殆尽，穷困已极，摊派的粮饷大都不能按时交足。孙传庭就下令大户人家捐助。这些大户人家害怕孙传庭，慑于强大的压力，不得不有所表示，这样从内心对孙传庭极为不满，就通过各种关系在京师制造舆论，说什么孙传庭拥有重兵，不出师讨伐农民军却在陕西糜饷无度，也即后人所常言的"秦督玩寇"。有人曾当面对他说："秦督不出师，收者至矣！"意思是说，如果你再不出师进击李自成，你就会将再次被投入监狱。当时官军的兵力大都是刚刚集中，不利速战，但要孙传庭迅速出关的压力却越来越大。

　　崇祯十六年（1643年）五月，崇祯皇帝命孙传庭监督河南、四川军务，六月又晋升为兵部尚书，改称督师，并加督山西、湖广、贵州和江南、江北等军务，赐尚方宝剑。他的兵权加重了，与此同时，催他出关的命令也愈来愈急了。孙传庭顿足叹道："奈何乎！吾固知往而不返也。然大丈夫岂能再对狱吏乎！"在这种情况下，不得不再议出师。

　　对崇祯皇帝而言，任命孙传庭为督师，催他出关，可谓孤注一掷，也总算又找到了一个肯为他卖命的大将。原来，李自成南下湖广，毁承天皇陵，崇祯皇帝闻知消息后声泪俱下，悲愤交加，"朕不德，忧及陵寝"。他在此前曾命吴甡督师，吴甡开口向他要三万精兵，朝廷却连一万也凑不足，吴甡也就一直拖着不肯离开京师。这样拖延了两个月，崇祯皇帝迫不得已改任孙传庭为督师，而把吴甡充军云南。崇祯皇帝对孙传庭授权特别重视，他把大明王朝的希望都寄托在了孙传庭的身上。如果孙传庭这支明廷的王牌军表现不佳，遭到失败，明王朝的灭亡也就基本注定了。

崇祯十六年七月，李自成率军进入河南。八月一日，孙传庭去西安关帝庙誓师，希望得到这位"武圣人"的庇佑，随后立即率领十万大军出关。在他部下的主要将领有牛成虎、高杰、卢光祖，另下令调白广恩从新安来与孙传庭会合，同时也下令调秦翼明带领四川官兵出商、洛，河南总兵陈永福带兵出征洛阳，命左良玉率兵西进，对李自成实施两面夹击，摆出一副决战的架势。尤其令孙传庭高兴的是，高斗枢守郧阳十分坚固，无懈可击，使李自成农民军久攻不下。李自成现在率主力进入河南，高斗枢可以带兵趁机骚扰李自成的后方。另外，李自成的兵政府侍郎丘之陶想叛变与孙传庭暗通，可及时给孙传庭报告李自成的动向和计划，这也增强了孙传庭的信心。于是，李自成和孙传庭在河南就展开了一场生死存亡的角逐。在某种意义上，这场激烈角逐关系到明王朝的盛衰。

李自成和孙传庭率领自己的大军相继进入河南，这时这片中原大地上可谓一片残破，如河南巡抚秦所式在奏章中所说，因战争连年不断，河南"八十余城尽为瓦砾"。同时，"方千里之内皆土贼，大者数万，小者数千，栖山结寨，日肆焚掠"。这其实是指各地大小不同的农民起义。河南所剩的官军不足万人，且军饷供给不足，已五个多月未发军饷。成壮年人被拉去"守城、修城、转运"，以至于"稚子荷旗，老妇鸣柝"。更有甚者，许多州县无官治理，没官做事，名义上有官员，但实际上没人赴任，"中原郡县，所至皆然"。这表明，河南已被农民军所控制，明廷对河南的统治已彻底瓦解。崇祯帝见到此奏章以后，也无能为力，"抚案叹息而已！"而李自成的一些政策在这里却颇得民心。这种民心的顺逆对这场大战的胜负有着极大的影响。

孙传庭于八月十日出潼关，当日到达阌乡，直接向洛阳进发。孙传庭这次出关的表现颇为悲壮。他心里非常清楚自己所带兵力的情况，兵士临时新召集，训练时间短，没有必胜的信心和把握，而明王朝的生死存亡则在此一举，所以事关重大。临出发前，他怀着悲伤的心情与妻子诀别。他的妻子张氏颇懂大义，明理是非，极力安慰孙传庭说："丈夫报国耳，毋顾家！"孙传庭听后颇受感动，给妻子交待了一些自己的后事，即毅然率师出关，显示了"壮士一去兮不复返"的气概。李自成闻知孙传庭出关来河南，马上从邓州出发，率精锐到洛阳迎击孙传庭所带的部队。李自成农民军的老营安在唐县，主力驻扎在襄城、宝丰一带。他要求农民军的一支步兵每人带上三个葫芦，准备北渡黄河之用。他的先遣部队从荥泽渡河时，被刘洪起率领的官军发现扼阻，不得不返回。河南巡抚和巡按担心农民军渡河北上，急忙调遣陈永福到黄河北岸驻守。孙传庭却说"荥泽乃零贼，不足畏"，命令陈永福急忙赶往洛阳。陈永福感到左右为难，但也左右逢迎，他用督师的命令搪塞河南巡抚和巡按，又用巡抚和巡按的命令敷衍孙传庭，自己仍按兵不动。八月十二日，前锋牛成虎引兵从渑池到洛阳，以督师的命令急催陈永福速赴洛阳迎敌。陈永福为了避开李自成，便借口巡抚、按察使的命令，率领部下到黄河北边驻守去了。孙传庭十分气恼，上疏弹劾陈永福，于是朝廷把陈永福由总兵官降为副将，命戴罪立功自赎。陈永福是名勇将，在守开封的战役中屡有战功。他这时表现得畏缩不前，表明他已对官军战胜李自成失去了信心。他也想像左良玉那样拥兵自重，尽量避免与李自成正面作战。

与此同时，李自成营中却有一股恐孙症蔓延开来。孙传庭以前曾任陕西巡抚数年，是镇压农民军的能手。李自成手下的将领大都被孙传庭打败过，连李自成自己也数次败在孙传庭手下，潼关南原一战中李自成差点儿被孙传庭俘获。因此，农民军将领很多恐惧孙传庭。现在听说孙传庭率大军进入河南，有些将领显得颇为惧怕，"部中多相对涕泣，且有相率亡去者"。也就是说，李自成的部将中有的见了孙传庭吓得掉泪，有的为了躲开与孙传庭交战，竟然偷偷地逃跑。

面对这种恐孙症，李自成也非常忧虑。但毕竟他是个久经沙场的老手，仍旧一副十分镇定样子。他向部下解释，现在形势与以前发生了根本的变化，农民军的兵力大大超过孙传庭，且老百姓心向农民军，对官军十分痛恨，官军的粮饷供给已成了一个难以解决的大问题。因此，这时我们完全可以战胜孙传庭，而没有必要惧怕孙传庭，可是，这样李自成的部下还是有些人陆续投向孙传庭。为此，"自成亦降箕仙，问吉凶"。也就是说，李自成利用人们的迷信心理，通过算卜来稳定军心。这类的占卜大都是事前安排好的，利用卜得吉卦来消除部下的恐惧，给部下树立起战胜孙传庭的信心和勇气。

孙传庭在八月中旬战胜李自成，收复了洛阳。这时有人向他提议，应赶紧修复洛阳古城。孙传庭不同意并且说："吾据关不出，犹为持重万全。"何况"秦人弃亲戚坟墓"以从征，倘筑城自守，只能降低士气。实际上是孙传庭害怕朝廷命令，不敢长时间在洛阳停留。孙传庭三天一个周期向崇祯帝上书一次，以报告军队行进过程及到达的地方。他若在洛阳逗留筑城自守，将无法向崇祯帝交待。

李自成利用了孙传庭的这种心理，采取诱敌深入的策略，将官军主力部队引到对自己有利的地方准备决战。农民军先在洛阳西边的滋涧设好圈套，在八月二十日官军追到后，农民军撤退到洛阳南边的龙门。两天后，官军尾随追击到龙门，而农民军又已离开龙门，只在伊河以西留守一支骑兵哨所。杨承祖主动请战，单骑驰谕，杨承祖原是个农民军首领，后投降了官军，使李自成这支五十余人的哨骑便全部投降了官军。接着，官军副将卢光祖又将李自成的部将高纪祥招降了。孙传庭主力驻守龙门，命前锋牛成虎带兵五千追击农民军到汝州。牛成虎孤军作战，害怕中了农民军埋伏，不敢深入农民军内部，便撤退到渑池屯兵作战。

九月上旬，孙传庭带兵驻守汝州。李自成的部将李养纯率部投降了孙传庭。从李养纯那里得知，李自成在宝丰留了一支主力固守作战，孙传庭于是督众进击，将宝丰团团包围。官军猛攻数日，一直没能拿下宝丰。李自成派轻装骑兵援救宝丰驻守部队，官军中的高杰、白广恩等分兵逆击，将李自成的援兵堵截击退。呆了几天，李自成又派一支援军来救，也被官军击走。但是，宝丰城却一直未能被官军攻下，孙传庭深为忧心。他担心官军屯坚城之下，李自成倘率大军来救，里外夹攻，官军将腹背受敌，形势将变得对他们非常不利。于是，他决定不惜一切代价，尽早将宝丰攻下，遂亲自督大军强攻。经过一番激烈猛战，宝丰终于被攻克，李自成委任的州牧陈可新被擒杀。孙传庭带领主力部队直捣唐县。

唐县是李自成农民军的老营，农民军将领的家属都在这里住。在得知官军向唐县进逼的消息后，李自成坐立不安，他急忙派精兵前往营救。但是，援兵还未赶到时，官军已将唐县攻下，农民军将士的妻儿老小全被杀掉。李自成的部将们知道后，"满营痛哭，誓杀官兵"。孙传庭接连打胜仗，十分高兴，也随之大振军威。

由于连降大雨，道路泥泞，士马俱疲。官军的粮车每天只能行二三十里，有的人劝孙传庭撤退，而他却认为撤退也是缺粮饷，不如攻破一县解决目前的粮饷问题。于是，孙传庭督大军攻破郏县。郏县很穷，骡羊很少，官军好不容易找到二百余只驴马骡羊，顷刻间让官军食完。明廷立即下令河北、山西就近运粮饷，以供孙传庭军需。

李自成亲率万余人迎击官军，一只虎李过作为前锋，结果却连战连败。李自成率主力迎战，官军前锋向李自成军直冲而来，居然砍断了李自成坐骑，李自成本人也险些被官军擒获。官军乘胜追杀李自成军，李自成仓皇而逃，主力死伤甚众，于是逃往襄城固守。

官军接连打了好几次胜仗，使李自成一时陷入很不利的境地。这时，河南到处组织起来好多地方武装，大的武装队伍达万余人，小者数千人，不但村联合村

保护自己，而且有的配合官军攻打李自成。湖广北部本是李自成的后方，这时也乱了起来，方国安率领的官军收复了承天府，老回回马守应也多次被官军在夷陵一带击败，不少州县又重新被官军所控制。

孙传庭在河南获得一系列胜利后，改变了出关时忧心忡忡的样子，而变得趾高气扬起来。他向崇祯皇帝连报战捷，表示不把河南和湖广一带的农民军消灭掉，决不收兵。崇祯皇帝听后十分高兴，得意地让大臣们传阅孙传庭的捷报，并面谕大臣，催促各镇"星速赴任"，好像河南、湖广那些失陷的州县马上都被光复。兵部尚书冯元飙却表现十分冷静，他担忧地对崇祯皇帝说："贼故见赢以诱我师，兵法之所忌也，臣不能无忧。"这使崇祯皇帝一时变得扫兴，但这话后来却应验了。

大雨连绵不断，官军缺饷的问题一直得不到解决且变得越来越严重，军纪也显得越来越差。九月十七日，驻守汝州的官兵突然发生哗变，孙传庭费了九牛二虎之力才平定下来。这时，在官军做事的李际遇，他原是个农民军小头目，后来投降了官军，现在又和李自成暗中勾结，不断地向李自成提供官军动向和事态的信息。孙传庭对此一直没有发觉，还以为李际遇是自己的内线，而暗自高兴。原来，李自成的兵政府侍郎丘之陶已和孙传庭暗地里勾结，表示要全力为官军效劳。他和孙传庭曾有一个约定，当官军与李自成激战的时候，他就向李自成传递假情报，说左良玉进攻李自成的大后方襄阳，十分危急，以动摇农民军军心，李自成一定带兵回来相救，官军即可乘势掩杀。李自成去河南后，丘之陶留守襄阳，深得李自成信赖，并不知道他已暗通官军。孙传庭对丘之陶的通风报讯及他的所作所为十分高兴，并利用手书报讯。但这手书不幸落入李自成的巡逻手中，孙传庭和丘之陶一概不知。李自成也假装不知情，调集精锐到襄城一带，准备与官军大战。李自成诱敌深入的办法在这里又起到作用，他故意示弱，引诱官军一步步进入他设计的埋伏圈。孙传庭凭借自己有内线，连营向前，双方的主力都集中在郏县和襄城之间。

这时，丘之陶果真举火做暗号，谎报给李自成说左良玉兵从东边袭来。李自成应验却是诈，派人将丘之陶召来，拿出孙传庭给他的密信让他看，怒斥丘之陶辜负了自己对他的信任。丘之陶知道事情败露所带来的后果，反而镇定下来，当场破口大骂道："我岂从若者耶！恨不能尽歼汝丑类，以报吾君父！"李自成大怒，立命将丘之陶磔杀。

孙传庭督军深入，又赶上连日大雨，粮饷供应日益匮乏。李自成命人拿着大牌子到官军营前，要与官军刻期会战。孙传庭召集诸将商议，高杰请求立即出战，白广恩却说可以缓战，"宜驻师分据要害，步步为营"。孙传庭仗着自己有内应，担心农民军逃跑，便自信地对白广恩说："将军何怯！独不如高将军耶！"白广恩非常不高兴，便率领八千人先去。孙传庭随后督诸将进击，一接火就陷入农民军的埋伏之中，陷泥淖中死者达数千人。高杰站在一个山头上瞭望，见农民军势不可挡，铺天盖地而来，便惊奇大声叫道："不可支矣！"于是率领自己的部下仓皇而退。高杰军一退，官军诸路人马都溃败想逃。李自成督大军疾步追赶，官军已吓得溃不成军。白广恩的火车营的士卒为了逃命，纷纷解下拉车的马匹，将车辆丢下，个个骑马逃命。农民军随后追杀，"一日驰走四百里"，一直追官军到孟津。"官军死亡四万余人，尽丧其军资数万。"孙传庭的主力部队损失非常惨重。

李自成在汝州大胜，孙传庭几乎全军覆没，"明事不可复为矣"。从前的老总督如杨文岳、汪乔年之类的人物，李自成根本对他们毫不在乎，而惟独对孙传庭有几分害怕之意。孙传庭现在又被李自成打得一败涂地，人们都感到明王朝的灭亡已指日可待了。当时，李自成对新占领的州县大都旧官连任，例如汝州的知州就投降了李自成，被李自成继续委任为汝州知州。这对号召地方官员投降大顺政权产生了积极的作用。

二、鏖战陕西

1. 潼关大捷

孙传庭大败汝州后，和高杰渡过黄河，由山西绕行到潼关，力图在潼关固守。李自成农民军很快收复了诸州，接着就向潼关进杀。

对官军来说，孙传庭在汝州的大败就像一场赌博一样，已将老本输了个精光。这是明廷对付农民军的最后一支王牌军，这支王牌军的大败就为明廷敲响了丧钟。孙传庭的精锐损失殆尽，他不得不收了一些散亡败卒回守潼关。李自成在汝州大败孙传庭后，便按照自己既定策略，立即向潼关进军。

官军因在河南新败，士气不振。高杰向孙传庭提议丢弃潼关，集中兵力专守西安："三军父母妻子在西安，今战败思归，而强之守关，此危道也。不如弃关专守西安，凭坚城，以人自为战。"立即遭到孙传庭的大骂："若贼已进关，则西安靡费，秦人尚为我用乎?"于是，孙传庭就与白广恩、高杰等竭力激励部下，决心在潼关坚守。

李自成命一只虎李过作为前锋，率轻骑兵追杀官军，逼进潼关，自己则率领

刘宗敏等部兵力约数十万尾随而至。同时，李自成命袁宗第、刘体纯等率兵十万为偏师，自南阳向内乡、淅川，从而攻取陕西商州，从另一方向的另一条道进入陕西。李过率前锋疾进，以迅雷不及掩耳之势攻克了近临潼关的阌乡。城内官员早已四处逃散，潼关以东的各州县城基本唱了空城计。正如《豫变纪略》中所说："是时潼关以东之州县，莫不破碎而莽为盗区。"因此，农民军几乎不费任何力量就占领了这些州县。随即李过马不停蹄地乘胜追击官兵，逼向潼关，夺取了孙传庭的督师大旗。崇祯十六年十月七日，李自成督诸部大举进攻潼关。白广恩部依然率军苦战，高杰因白广恩曾出卖自己，在宝丰之战中不去营救自己，所以他眼见白广恩力量不支，仍拥兵不去救援，致使白广恩部在潼关前先溃败。这时，李自成率部从其他小道绕到官军背后，对官军来了个前堵后截，逼迫官军只好退入关内。李过举起孙传庭的督师大旗骗守关的官兵，官兵不了解情况，慌乱中竟开关迎进农民军。农民军于是蜂拥进关，潼关于是破败。农民军到处喊杀，官军乱作一团，四散奔逃。高杰率残兵败将逃往延安，白广恩逃往固原。孙传庭收拾散兵卒士，准备撤退渭南。在往渭南退逃的路上，孙传庭被农民军追及，不得不回头迎战，但他毕竟是个经受战场多次洗礼的勇将，面对李自成率领的众军，他临危不乱，和参军乔元柱一起督众奋战，跃马大呼，直冲农民军的队伍。但终因寡不敌众，力量不支，官军大溃，孙传庭战死于阵中。由于孙传庭死于乱军之中，官军始终没有发现他的尸体，他的政敌说他可能没有死，导致崇祯皇帝也对孙传庭产生了怀疑，所以朝廷对他没有给予赠荫。

在明朝末年，孙传庭可算得上是一个有智有勇有谋的能臣，但是，他却不能挽救这种失败的局势，甚至连自己的身家性命都不能保全。孙传庭的悲剧实际上是明王朝与崇祯帝的悲剧。崇祯帝生性多疑，用人不专。孙传庭还没尝到失败的滋味便因其他小事而被崇祯投入监狱。待天下糜烂不堪时，崇祯帝又将孙传庭从狱中放出，但又不能对他推诚任用，孙传庭的计划得不到认真推行，他只是不愿再身陷狱中而勉强出关，导致今天大败，"明之亡于是乎决矣"这正如顾炎武在评论孙传庭时所说："……公之一身而系国家之重。然则天下未尝无人，而患不用，又患于用之而徙。用徙三四年之间，而大事去矣！"明清之际有许多史书记载大都为孙传庭感到惋惜，为之鸣不平。

孙传庭战败而死，明廷已拿不出任何可与李自成较量的官军。潼关一破，通往西安的大道已被打开。李自成随后便以破竹之势向西安挺进。

2. 占领西安

李自成的大军由潼关前驱西进，接连攻克华阴、华州、渭南、临潼诸州县，十月十一日逼临西安。陕西巡抚冯师孔原在商州驻防，这时赶忙从商州撤退去保西安。明末农民造反基本以陕西为中心，十多年来，农民军主力进进出出，但西安从来还没有被农民军攻陷。西安是明太祖朱元璋的第二子秦王封藩的地方，不仅十分富裕，而且这里防守坚固。但这时因为很多将士外出作战，城中只有五千川兵助防，守城主将是王根子。由于天气比较寒冷，守城士兵没有冬装，有人让秦王朱存枢捐些府中银两，为士兵添置一些棉衣，被秦王拒绝。这年天气冷得特别早，士兵排队盛饭，未盛完，饭桶里就结了冰。由于守兵少，加上缺饷、缺棉衣，守城士兵的士气变得十分低落。王根子知道大势已去，就偷偷地射书城外，与农民军私下约定，他将开东门迎降。农民军由东门进入城内，冯师孔等人依然带领部分官军在城中的胡同巷子和农民军作战，但很快就被农民军打败。冯师孔和按察使黄炯、长安知县吴从义、指挥使崔尔达都兵败被杀。秦王朱存枢被俘后投降，十分没骨气，反而一些臣僚和士绅倒表现得十分大义凛然。例如，致仕的原右都御史焦源溥被俘后，大骂不停，农民军先割掉了他的舌头，不能让他咒骂，接着把他杀掉。副使祝万龄祭拜孔子后从容自杀，佥事王征绝食而死。

有的士绅由于形势逼迫，为了保住自己的性命，不情愿地投降，还接受了李自成授的官职。例如惠士扬，是位陕西耆老，在当地颇有声望，"然协于凶逆"，只好"匍匐受伪官"。最让人看不起的莫过于张国绅了。由于他在当地有些名望，以前还做过参政，李自成特召见过他一次，任命他为刑政府侍郎。张国绅向李自成百般献殷勤，劝李自成早即皇位，他自己觊觎丞相之职。为了讨好李自成，他居然把自己的好友文翔凤的继室邓夫人献给李自成。文翔凤曾任太仆寺少卿，邓夫人是个貌美且通诗书的女子，李自成对文翔凤一直很敬重。见张国绅这样做，李自成很生气，当场痛斥他卑鄙无耻，立命将张国绅拉出去杀掉，派人把邓夫人送回家去。李自成这样处置张国绅不仅受到部下的赞赏，而且颇合民心，使那些旧官绅也十分敬佩。

李自成刚来到西安时，曾"放兵大掠三日"。牛金星劝李自成严格约束将士，禁止兵士劫掠百姓财物，以收民心。李自成于是"下令不得妄杀一人，误者，将以偿其命"。城内的秩序很快得到了安定。

李自成把西安改为长安，命名官署都按照唐朝制度。他任命秦王朱存枢为权将军，秦王欣然接受，而秦王的世子妃刘氏表现的却颇有气节，大哭着喊道："国破家亡，不如一死。"李自成备受感动，命人将其护送回她的老家。

西安原本就是帝王之都，城墙坚固牢不可摧。李自成为了将西安建成自己的后方基地，他招募了大批民工，对西安重新进行大整修，对城墙加固得更加牢靠，加深加宽了壕堑，使西安比以前更加牢不可破，看上去更加壮丽。军队在没有战争的时候，就去教场上训练。李自成三天就去大教场校射一次。他身穿蓝布

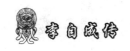

袍，张小黄盖，骑着高头大马，百姓看见黄龙旗，就知道是李自成要过来了，都要赶紧避开。

由于陕西是李自成原籍，所以他对部下严格约束，对老百姓不得有任何扰害。"所过村镇，慰谕父老，戒有所侵暴"。对那些富豪劣绅，李自成便向他们"追赃助饷"。知道这些人都不愿归附自己，也只有这些有钱人家可追交钱物，况且自己不向老百姓征敛，只好从这些富家大族身上打主意。于是，明廷旧臣和一些富家大族被他召来，让他们捐献钱财以充军饷供给军队，对那些不想交不能如数交纳者，则关在一起，严加拷打，逼他们如数交纳。不少人被拷掠致死。例如，李自成要家住渭南的南氏家族捐饷银一百六十万两，原礼部尚书南企仲已八十三岁高龄，由于抗拒不交被追逼致死。他的儿子南居业是个进士，南居业的堂兄南居益曾任工部尚书，"皆被炮烙死"。这种做法遭到许多人的反对，例如西安有个叫丘从周的人，身体矮小，乘喝醉酒闯入秦王府，此时的秦王府已变为李自成的宫室，指手画脚地骂李自成："若，一小民，妄踞王府称尊，而所为若此，何以得长久？"李自成斥责他是个"酗鬼"，命人把他撵出去。这些小事情使李自成感觉到，反对他的旧势力仍不可轻视。李自成利用拷掠追赃助饷的做法过于严酷了一些，由此产生很多舆论给李自成带来了不利因素，舆论实际上就来自这些被追赃助饷的官绅以及他们身边的人。

3. 巩固后方

李自成占领西安后，马上兵分三路攻略陕西各地。这三条路分别为北道、南道、西道。李过出北道，追高杰到延安。高杰仓皇东走宜川，正赶上黄河刚开始结冰，他便渡过黄河，进入山西蒲州。待李过赶来时，却"冰解不得渡"，不得不返回。田见秀出南道，追高汝利到汉中。高汝利逃入四川，不久便投降了李自成农民军。刘宗敏和党守素等出西道，追白广恩到固原，白广恩全城投降。剩余的陕西城邑，力量微弱，无法抵抗，便纷纷投降。于是，陕西整个处于李自成的控制之下。

白广恩投降后，李自成和他携手进餐，相处非常好。左光先听说这件事后，解除了对李自成的疑虑，也毅然投降了李自成。悍将陈永福依然带领大军等待观望，李自成命白广恩前去劝告陈永福投降。陈永福怀疑白广恩替李自成说话出卖自己，因为他在守开封时曾打瞎了李自成的一只眼，李自成不可能饶恕自己。李自成却表示，那是各为其主，各负其政，自己决不计较。"自成折箭以示信"，表示决不失言，决不反悔。陈永福颇受感动，于是立即率众投降，李自成封他为文水伯。这些投降的将领又相互转告，致使那些没投降的将领也没有主心骨，不少人就相随着投降了李自成。从李自成对待这些降将的做法上可以清楚看出，他对这些敌对将领能不计旧嫌，不计前仇，推诚任用，已具备了一个军事统帅的气度和胸怀。

明廷看到李自成的势力越来越大，就密令掘毁李自成的祖墓。十一月间，李自成回米脂原籍祭墓。两年前，李自成攻占洛阳，有人上奏崇祯皇帝，说李自成祖坟中一定有异物。崇祯皇帝随即命令陕西巡抚汪乔年负责挖掘毁坏李自成的祖墓。汪乔年即命米脂县令边大绥将李自成祖墓毁掉。李自成为了报复，所以他在后来也掘毁了承天皇陵。

李自成这次回米脂的声势比较大，"戎马百匹，旌旗数十里"。当地顿时谣言四起，说他是为了报祖墓被毁之仇的，一定会大杀一通。其实他只处死了一个参与掘墓的生员，其余的人概不追究。他收起祖墓上被毁弃的遗骸，"筑土封之"，并"求其宗人，赐金封爵以去"。与此同时，李自成把延安府改为天保府，因为米脂县为天保县，清涧府为天波府，随后他就回到西安。

在明代，陕西的地盘很大，除包括今天的甘肃、宁夏两大部分外，还包括今内蒙古的一部分。明代大体沿长城设置有九个军事重镇，合称九边。其中有三镇在陕西境内，合称三边。从明中期开始，明廷就专门设有三边总制，驻守固原，后又改称三边总督。各镇都驻扎有重兵，目的是防备蒙古诸部内侵。李自成为了建立起一个比较稳固的后方，开始积极部署，准备攻取三边。

延绥下辖四卫：榆林、延安、庆阳、绥德。到了此时，延安和绥德已相继归附，而其他二卫中以榆林卫最为雄武，兵力较强。延绥巡抚和延绥总兵都驻榆林。延绥巡抚崔源之前不久刚刚被罢官，继任者还未到达。总兵官王定借口去河套剿寇，率领部队弃城离去。榆林城内就以王氏和尤氏两大家族为核心组织抵抗力量。王世国、王世臣兄弟，尤世禄、尤世威兄弟等人，积极团结其他将领，召集各堡精兵入城，共推尤世威为首，齐心合力加强防守。

李自成对榆林采取的策略是先礼后兵，先派延安辩士舒君睿前去劝谕。十一月十二日，李自成命他带上五万两银子和自己的一封亲笔书信前去榆林。李过和刘芳亮率大军随后前往，如不听劝降，就立即加之以武力。

十一月十五日，舒君睿劝降失败，农民军按照李自成的命令，开始奋勇攻城。在尤世威等人的激励下，守城将士的士气颇为高涨，连一些妇女儿童都上城参加防御。城内守军用大炮轰击，农民军伤亡惨重。守军还曾经多次开城出战，袭击农民军大营，杀伤农民军数千人。李过等督众猛攻，但一连十余天未能奏效。二十七日，农民军采取挖地道的办法，用火药将城墙崩塌，农民军随后一拥而入才进得城来。守城官军依然顽强参加巷战，终因寡不敌众，榆林陷落。王世国、王世臣、尤世威和原任总兵李昌龄四人被俘。李过派人把他们解往西安。李

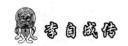

自成亲自劝他们投降："吾虚上将以屈四将军，奈何固执，不相与共富贵？"四人却张口大骂："我大臣也，汝草窃，且灭不久，毋污我！"不管李自成如何劝说，他们四人依然是骂不绝口。李自成没办法，只好下令把四人处死。他们临死时还后悔不迭道："我四人不早殄此贼，致今日，真死有余恨！"尽管明王朝已经到了"昏惨惨似灯将尽"的地步，依然还是有一些文臣武将甘愿为它殉葬。

十一月底，李自成派刘宗敏率领五万大军攻取庆阳，经过四昼夜的激战，农民军破城而入。结果兵备副使段复兴、宁州知州董琬都战死，明宗室韩王被俘。

李过攻下榆林后，马不停蹄，挥师西进，准备攻打宁夏。宁夏总兵官抚民自知不敌，遂举城投降，不伤一兵一卒而得城。同时，李自成命贺锦等率大军攻取兰州。甘肃巡抚林日瑞命副将郭天吉率领四千骑兵驻守峡口，但被农民军很快击溃。贺锦火速赶到兰州城下，乘夜里下雪，率领农民军登上城墙。林日瑞和总兵马爌都战死，城中军民被杀死达数万人。此后甘肃的其他许多州县纷纷投降。随后，由党守素率领一支农民军镇守兰州，贺锦率领辛思忠等前往攻打西宁。在这次战役中，贺锦中伏战死，辛思忠最后还是将西宁攻破，然后受命留守西宁。当地的土司前后归附。

经过这一番东征西讨，纵横驰骋，李自成已完全控制了以陕西为中心的几乎整个西北地区，从而建立了一个相对稳定的后方。他下一步就是以此为根据地向北京进击。

三、编练童子兵

襄阳政权建立前后，李自成军中活跃着一支童子兵，这支部队在当时十分引人注目。在明清之际的一些野史笔记当中，李自成的童子兵又被称作"孩儿兵""孩儿军""健儿营"等等，也有贬称为"剪毛贼"的。李自成的军师宋献策身材十分矮小，就像个孩童似的。在当时流传着一首歌谣，并且流传甚广，还颇有点神秘色彩：

> 孩儿军师孩儿兵，孩儿攻战管教赢。
> 只消出个孩儿阵，孩儿夺取北京城。

宋献策还曾向李自成提出过建议："吾王须用十五六岁者，名童子兵，攻城方能济事。"由此可见，李自成的童子兵大都是十五六岁的少年。《明史·李自成传》曾记载，李自成在建立襄阳政权时，制定军制，其中有"收男子十五以上、四十以下者为兵"的内容。如果说以前还没有明确的制度的话，那么，到了此时就出现了关于童子兵的许多具体规定。事实上，童子兵的年龄也有的不足十五岁，明清之际的许多野史笔记中就有"十四五岁童子"之类的记载。总体而言，童子兵绝大部分应该是十五六岁的少年。

李自成一方面为了扩大兵力，另一方面为了适应广大老百姓的要求，因此建立了这支奇特的队伍——童子军。为什么会出现这一现象呢？因为，明朝末年，面对风起云涌的农民起义，明朝统治者一边对农民起义军实行残酷镇压，一边对农民军的家属实行株连政策："一人入盗，累及一家；一家入盗，累及一甲。"在这种情况之下，广大农民军将士就不得不携家带口一起走向造反的道路，免得自己的亲人在原籍遭受官府的迫害。如此一来，李自成军中就有大量的非战斗人员，他们都被安置在所谓"老营"，也就是后方比较安全的地方。在这些随军家属中，必然会有一些十五六岁的少年。李自成把他们编入军中，让他们做一些力所能及的事，当然有利于提高农民军的战斗力。另一方面，这些少年热情高，比较单纯，好管理，具有他们的特点，一些成年人不适宜做的事情交给他们去做，往往能收到意想不到的结果。

李自成的这支特别队伍并非一支独立的军队，而是被混编在各营各队中。李自成的队伍以"队"为基层单位。据记载，在他的队伍中，"标营队百，左右前后营队百三十，每队骑五十，厮养小儿三十或四十"。其中所讲到的"小儿"，就是指童子军。每队大约百人左右，"只抽二人做精兵"。"精兵"，实际上就是队长，是这一队的指挥长，队中的童子兵都要接受精兵的管辖，也可以说是为精兵服务。由于如此，所以有的史书中就把童子兵称作精兵的"养子"或者"小儿"。李自成在各营各队中编入相当数量的童子兵，其用意也很明显，主要是让他们接受实战锻炼，兼做一些适合少年做的工作，等他们长大成人后转为正式士兵，到那时，他们的经验就可谓十分丰富了，比新入伍的士兵要强不知多少倍，这样，无形中李自成的兵力就会增加许多。

在正常情况下，童子兵并不直接上前线，而主要从事一些非战斗性的工作，例如养马、保管兵器、打柴烧饭、站岗放哨、鼓动宣传等。崇祯末年任凤阳总督的马士英就曾说道："贼善给养也。贼营百人，只抽二人做精兵，安坐以听给养，子女玉帛，尽厌其求。"他以为，李自成是"以数十人养一兵"，而官兵却不同，是"一兵为一兵"，这是李自成能够屡屡获胜的一个法宝。其中所讲的供养精兵的人，就是指的童子兵。

在行军作战时，规定战士不许身上带不利于作战的辎重。银两细软等都交给童子兵携带，一般每个童子兵可携带五十两银子，行军的时候骑骡、驴等牲畜，马匹要留给上前线打仗的战士去骑。这样一来，减轻了农民军战士的负担，就可以轻装上阵迎敌了。很显然，童子军对提高军队的战斗力是十分有利的。

童子兵还经常承担一些侦察巡逻、站岗放哨的任务。李自成此次进入河南、湖北一带后，改变过去攻占一个城市后随即就人走城弃的做法，而是派兵设官留守。为了稳定当地社会秩序，防止旧官员、旧势力乘机破坏，童子兵就和老兵一起站岗放哨，侦察巡逻，有时就完全由他们来承担这类任务。

李自成的谋士李岩等人曾编了一些歌谣，用来宣传李自成的方针政策，使广大老百姓了解农民军，支持农民军。这些歌谣主要就是通过童子兵来传唱的，一传十，十传百，很快就传遍了大街小巷。《明史·李自成传》中就记道："岩复造谣词曰：'迎闯王，不纳粮。'使儿童歌以相煽，从自成者日众。"古代是没有现代社会中的这些宣传手段，百姓平时只靠官府的告示、邸报等来了解政策。李自成把自己的方针政策编成歌谣，由童子兵到处传唱，借以鼓动群众宣传他们的政策，这不能不说是个创举，况且，事实上是起到了巨大作用的，像"平买平卖"、"均田免粮"、"三年不征"等诸多政策，通过童子兵之口，广泛传播到老百姓中间，对扩大李自成农民军的影响起到了难以估量的作用。有时，李自成要攻打某一城市，就先派一些童子兵扮做普通商民，提前进入城内，宣传李自成的方针政策，分化瓦解官军，减少攻打城市的阻力。

李自成每攻克一城后，常常把一些顽固不化的官绅交给童子兵看押，夺获的一些战利品也交给童子兵保管。后来，在李自成攻破北京后，京城中的那些宦官都是交由童子兵看押的，很多宦官头目被追赃助饷，有的遭到童子兵的鞭打，"孩子兵群呼打老公。许多宦官常常是哀号奔走，衣帽不全，血流满面一钱不得随身。"有些官员也常常遭到和这些宦官相似的待遇。有的童子兵经过一段时间的实际锻炼，颇为骁健，杀敌英勇，不肯降附的顽固官绅有时就直接死在他们手里："贼破城，常缚多人，令童子操刀杀戮。少有畏惧即斩。童子有黠悍者，遂以善杀为乐，上下马如飞，杀人如刈菅，名曰孩儿军。"在封建士大夫的笔下，这些童子兵被描绘得很残忍，实有言过其词之嫌。尽管如此，一些顽固官绅死在童子军的手下则是毫无疑问的。

李自成有时也挑选一些有胆略、有智谋、能冲锋陷阵的童子兵参加攻城。一些史料中关于这方面的记载有许多，说什么这些童子兵"善缘城"，李自成用他们"扒城、拆垛、掘壁、穿墙"，让他们砍伐树木，制造登城的方梯等等。于平时，在前线攻城略地的主要是精兵和成年战士，只是偶尔使用童子兵。据史料记载，李自成在攻占北京城时，就曾使用五千童子兵作为先锋。有些童子兵经过一段时间的培养和锻炼，在战场上确实表现得英勇果敢，有的很快成为一名优秀的战士。李自成的后期将领中有许多就是从童子兵中培养出来的，而直接成为起义军的中坚。例如，李自成的养子张鼐原来就是个童子兵，由于作战勇敢，屡立战功，李自成在建立襄阳政权时，就任命他为中营的"正威武将军"。

我们可以从中了解到，这些十五六岁的孩子还都很单纯弱小，他们之所以投入到农民军中做一名孩子兵，主要是因为生活所迫，跟随农民军或许能有饭吃，能够得以活命，总比在自己家乡活活饿死好吧。所以，他们对明王朝的黑暗统治有切肤之痛。与此同时，这也反映了此时的明廷已经彻底地失去了民心，失去了广大老百姓的支持，是注定要最终走向灭亡。

四、建元永昌

自从孙传庭败亡后，明廷已再没有可以用来对付李自成的兵力，所以李自成在陕西一带的进展基本上是顺利的。有时虽一时也曾遇到较顽强的抵抗，但官军守将大都是出于不愿投降的缘故，表明自己忠于明廷，而不是出于对客观形势的分析，因而很快都失败了。因为李自成的兵力如今是势不可挡，所向披靡。官军依据孤城拒降，一天两天尚可，怎能长期坚持呢？因为力量相比，官军实在太弱了，而外边再也没有可以救援的军队。顽抗不顽抗到头来都是以失败告终。即使抵抗，也毫无战斗力，只是苟延残喘而已。明廷大臣心里也都清楚，局面已到了不可收拾的地步。崇祯皇帝对此已经气急败坏，他命兵部右侍郎余应桂接任三边总督，命御史霍达监军陕西。余应桂闻命饮泣，到殿上辞别时流着泪对崇祯皇帝说："不益兵饷，虽去何济！"崇祯皇帝沉默了半天，才答应拨给他五万两银子用作军饷。余应桂虽率师出了京城，但他知道大势已去，不可能再挽回局势，便迁延不进。崇祯皇帝听到消息后大怒，立命将他革职查办，命新任陕西巡抚李化熙接任。这种任命等于一纸空文，李化熙也同样是不敢前进。而此时的霍达也是无地就任，无一军可监。

在这种形势下，李自成接受了谋士们的建议，决定正式建国。这就可以使自己的政权更加正规化，同时也可以进一步扩大自己的影响，为将来夺取全国政权奠定坚实的基础。

据史料记载，当李自成准备称帝的前几天，曾默默向上天祈祷："某日晴朗，

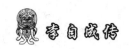

则天与我矣!"希望元旦即位那天能是个晴朗的日子,给大家一个吉利的印象,以鼓舞部下的士气,增强夺取天下的信心,就如同是上天要李自成当皇帝,以取代昏庸腐朽的明王朝。可是,崇祯十七年元旦这天却是个坏天气,凛冽的北风呼啸着,天空阴沉沉的,看不到一丝阳光,鹅毛般的大雪下个不停,老百姓都躲在家里不敢出门。李自成看到天气如此,心里很不是个滋味,一气之下甚至想取消称帝仪式。一些大臣看到李自成如此状况,感到十分害怕。不取消吧,这种天气好象不大吉利;取消了吧,也会给天下人落下个成不了大事的话柄,会使人心瓦解,感到两难。正在此时,一个谋士呈给李自成一副对联:"风云有会扶真主,日月无光灭大明。"李自成看到这副对联后马上转忧为喜,不再犹豫,决定按时即位。事实上李自成并没有在西安正式称帝,是否与当时的天气有关,这也很难说。

在北京,这一天对于崇祯帝来说,就更不怎么样了。过去农历的正月初一日为元旦,是中国人一年中最隆重的节日。不要说皇帝,就连普通百姓也都要好好地庆贺一番,同时还要举行各种各样的祭祀。崇祯帝在元旦这天上朝最早,但天气却十分恶劣,"正月初一庚寅,大风霾,震屋扬沙,咫尺不见"。大概由于尘沙蔽日和风声太大的原因,当钟声响过之后,却没有一个官员来上朝。而群臣此时却都站立在外边,因听不到钟声,便以为崇祯帝还没有来到。崇祯帝正等百官来朝贺,却不见一个大臣前来,心中便很不高兴。于是再命敲钟,同时命令打开东西两边门,又等了好大一阵,还是不见一个人来。崇祯帝于是打算先拜祭太庙,回来再接受百官朝贺,便命准备车马前往。皇帝用车需要用马百余匹,但当时却连一匹马也没有准备,侍卫只好将外朝官骑的马驱入内廷,以供使用。众人忙乱了一阵,崇祯帝正想登辇前往,司礼太监害怕外朝马不听使唤,万一惊跑起来可了不得,便奏请崇祯帝不如暂缓一下。崇祯帝认为有道理,便命令先接受朝贺,然后再拜祭太庙,转身回殿坐定,待百官来贺。此时文武百官陆续赶来。依照旧制,上朝时,明代的文臣列于东班,武臣列于西班。大臣们因为上朝来得太晚,生怕崇祯帝惩治,"以无颜正视,竟不敢过中门",大都从东西两边门弯着身子进去,防止被崇祯帝看清自己的面容。如此一来,有的文臣站到了武臣朝班中,而有的武臣站到了文臣朝班中。这就出现了所谓"元旦文武乱朝班"的混乱景象。崇祯帝或许意识到今天是元旦吉日,不便出现不愉快的事情,因而也就将就过去了,否则不知有谁要受到惩治。崇祯帝在接受百官朝贺后便起驾去太庙,按常规六品以下的官员不能陪祭,朝拜结束应立即回府。原来供他们骑的马匹都被赶入内廷,所以无马可骑,他们就只好步行回家。在甲申年的大年初一就出现许多的混乱,天气又如此恶劣,很多人都意识到这不是吉兆。

过了没几天，崇祯帝得到报告，元旦这天凤阳发生了地震。凤阳是明朝的中都，朱元璋的父母都葬在那里。凤阳皇陵在元旦这天遭地震，无疑又被认为是大凶兆。正月初四日，百姓还都沉浸在欢乐中，而崇祯帝却又看到了一个不吉之兆，"星入月中"。占星术士知道，这种星象是个不吉利的星象，主"国破君亡"。占星术士虽没有也不敢向崇祯帝直言，但这种星象的异常肯定加重了他心头的阴影。又过几天，南京又发生地震。南京是明朝的陪都，开国皇帝朱元璋的陵墓就在南京。凤阳震后南京又震，这种巧合确实容易引起人们一连串的想法。

崇祯十七年（1644年）旧历正月一日，李自成正式在西安建国，国号"大顺"，年号"永昌"，以这年为永昌元年，李自成因此也改名为"自晟"，称顺王，仍没有正式称皇帝。由于这年是旧历"甲申"年，大顺政权就创立和使用"甲申历"。

李自成也如同先前那些新立的帝王一样，自己的曾祖以下，皆上谥号。以西复时的远祖李继迁为"太祖"，册封高氏为皇后，陈氏为贵妃，并规定一切文书都要避讳十个字，即：海、玉、光、明、印、受、自、务、忠、成。由于在西安建国，便把西安称为西京。

李自成对官制也重新加以更定。他仿照明朝内阁制度，任命牛金星为天祐殿大学士。最初设置的六政府只设有侍郎，未设尚书，这时都增置了尚书之职：宋企郊为吏政尚书，陆之棋为户政尚书，巩焴为礼政尚书，喻上猷为兵政尚书，其他刑、工二政府尚书由原来的侍郎升任。另外还增置学士、弘文馆、文谕院、谏议、直使从政、统会、尚契司、验马寺、知政使、书写房等衙署和官职。

李自成还恢复了中国古代的五等爵制，用以封赏功臣。刘宗敏、田见秀等九人被封为侯爵，刘体纯等七十二人被封为伯爵，还同时封子爵三十人，男爵五十五人。李自成对有功将帅各分级赏赐，如刘宗敏等主要将帅，每人赏赐珠宝两升，白银一千两。

地方官的设置也有所变化。李自成将地方政权改省为州，把天下分为十二个州，只是在全国未统一以前暂不实行。大顺政权在省一级设节度使一职，等同于明廷的巡抚；另设巡按直指使，等同于明廷的巡按御史。府、州、县各级官吏的设置基本上与建立襄阳政权时的设置相同。

于经济方面，李自成在自己的占领区域内仍实行"三年不征"的政策，所需粮饷都是通过向明代旧官僚和一些豪绅大户"追赃助饷"来解决。与此同时，大顺政权也开始铸造自己的钱币，以平抑物价，规定大钱值白银一两，次等者相当于十钱，再次者相当于五钱。

大顺政权在军制上也基本上沿袭了襄阳政权时的名号，只是稍稍进行了一下调整。李自成下一步的目标就是要夺取全国的政权，因此他在军纪上作了更加严

格的规定："有一马儳行列者斩之，马腾入田苗者斩之。"当时"籍步兵四十万、马兵六十万"，操练部队时"金鼓动地"，威武雄壮。李自成看到自己拥有这么多的兵马，个个精神抖擞，不禁喜形于色。

李自成为了广泛收罗人才，以充实大顺政权的各级官署，他随即下令在西安开科取士，以宁绍先为考官。这次的考试题目是《定鼎长安赋》。扶风举人张文熙获得第一名。大顺政权规定，在科举考试中，不再使用八股文体而改用散文体。我们早已知道，八股文不能真正反映出士人的才能，只是严重束缚了读书人的思想，其弊端已为越来越多的士人所识透。李自成废除八股文之举应该说是一个很大的进步。所考内容虽仍含有经义，但大顺政权更侧重于策论，也就是对于时局的看法以及主张。张文熙的策论就是一篇指斥明廷和崇祯帝过失的檄文，因而，最终他考取了本科第一名。

弘文馆学士李化麟等撰拟文章，为李自成"颂功德，张形势"，揭露明王朝的腐朽政治，号召各地官员要及早归附大顺政权，不要再为明王朝卖命。

到了此时，李自成除了要对付明廷之外，张献忠已成为他的一大心病。张献忠的兵力这时虽不如李自成，但他事实上也割据一方，有着非同寻常的实力，而且老回回马守应和他关系密切。李自成担心张献忠和马守应联合起来共同反对自己，所以在攻占西安后，特地给张献忠修书一封。表示要同心协力，共谋反明。张献忠也自知自己的力量远不如李自成，故"逊词以报之"。实际上就是和李自成保持一种若即若离的关系。尽管如此，李自成还是感到十分满意，至少说明张献忠此时不公开反对自己，他可以放心地建立自己的政权，并集中精力对付明王朝。

五、清兵入犯

1. 攻略京师

崇祯十七年是（1644年）甲申年。这年元旦李自成在西安建立了新政权，它如同一场大地震的震中，随它的巨大能量逐渐向四周扩散，使整个中国大地好像在天翻地覆，从而使这个甲申年成为中国历史上少见的多事之年。

努尔哈赤死后，他的第八子皇太极继承了汗位。随后他大力整顿内政，发展生产，同时积极吸收汉族先进文化。他废除了四大贝勒共同治理朝政的旧制，自掌三旗，加强皇权专制统治。他在征讨漠南蒙古时获得传国玉玺，认为这是天命所归，极大地助长了他要夺取全国政权、当全国皇帝的野心。崇祯九年（1636年），他改后金为清，正式称帝，加快了反明称帝的步伐。

在崇祯八年，皇太极命令多尔衮率兵征讨漠南蒙古，全面获胜，并得到了元朝的传国玉玺。在今天看来，这实在是一件不足为奇的小事，但在当时却是一件大事。皇太极为此非常高兴，因为在当时人们的心目中，它象征着天命所归，人们十分看重玉玺。明王朝建立政权后，元顺帝携玉玺北遁，明太祖和明成祖曾多次对蒙古用兵，其目的之一就是要夺回玉玺。名士解缙在上朱元璋的万言书中就曾说："何必兴师以取宝？"太学生周敬心在上给朱元璋的奏疏中也说："臣又闻陛下连年远征……为耻不得传国玺，欲取之耳。"明成祖虽然口头上也曾说"帝王之宝在德不在此"，但他心里实际上更急于要得到传国玉玺。因为按照传统观念来说，他的皇位是属于非法的，不合乎当时的礼仪制度，是通过武力从侄儿建文帝手中夺得的，得到玉玺可以改变他的篡逆者的形象。因此，明成祖除了命丘福进行一次大规模北征以外，他本人也亲自率师五征漠北，但最后抱憾死于回师的路上。在将近三个世纪后，这颗玉玺竟然被皇太极获得，这难道不是预示着皇太极将要成为天下共主吗？这极大地鼓舞了皇太极要取代明王朝的信心，也极大地提高了皇太极对蒙古诸部的影响力，致使他们纷纷来归，愿意听从他的领导。皇太极本人原来没有想要那么快称皇帝，得到宝玺后，便加快了他称帝的步伐。他在得到宝玺的第二年正月即改国号为"大清"，改"女真"为"满洲"，改年号"天聪"为"崇德"，自己正式称大清皇帝。蒙古诸部也都承认他的尊位，这标志着自成吉思汗以来延续了四百二十八年的汗统宣告终结。从此以后，蒙古诸部仿照满洲八旗改编为蒙古八旗，和清兵共同对明王朝连续发动进击。由此使得崇祯帝所面对的北部局势更加严峻起来。同时，这也对李自成在西部的大发展起到了有力的支援作用。

蒙古诸部在归顺清前是明王朝的藩属，这时全部叛明投靠了清，无疑是对崇祯帝的一个重大打击。在皇太极臣服了漠南蒙古后，漠北蒙古诸部也纷纷归附或通好。比如漠北的喀尔喀车臣汗就遣使来清，表示要友好相处，互通有无。皇太极又进一步统一了黑龙江流域，并且设官治理，征收赋税，将当地居民编入旗籍，称之为"新满洲"。至此，皇太极便建立起了一个相当巩固的后方，解除了后顾之忧，从而可以大胆地向明廷发动强大攻势了。

在皇太极称帝后的第二个月，也就是崇祯九年六月，他就派遣阿济格率领大军翻过喜峰口，向明朝发动大举进攻。巡关御史王肇坤虽然进行了奋勇抵抗，但终因势单力薄，寡不敌众，结果他本人战死，余部退保昌平。七月，清兵从天寿山后包抄昌平。崇祯帝得到消息后十分恐慌，立即命令张之佐为兵部右侍郎，前

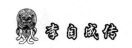

去镇守昌平，保护祖陵，命司礼太监魏国征前去守卫天寿山。魏国征态度十分积极，接到圣旨后马上就动身前往，但张之佐一连三天都没有作好准备，这就为崇祯帝重用宦官提供了口实。他对阁臣们不满地说："内臣即日就到，而侍郎三日未出，何怪朕之用内臣也？"阁臣们一时也无法分辩，只好点头称是。

清兵很快占领了北京近郊的昌平，京师大震。这使兵部尚书张凤翼十分害怕，因为这是随时要掉脑袋的大事。他害怕自己重蹈丁汝夔的覆辙。因为在嘉靖二十九年俺答内侵时，丁汝夔因未出师，后被嘉靖帝处死。他于是向崇祯皇帝主动请缨，自请总督各路援师北上抗击清兵。崇祯帝马上答应了他的要求，并赐给他尚方宝剑，白银万两，赏功牌五百。于大凌河降清不久又回归明廷的祖大寿，此时也率军入援，崇祯帝命令张凤翼督祖大寿南援霸州。清兵从霸州撤围，转而连续攻破了定兴和层山，并杀死了光禄寺少卿鹿继善。

保卫京师是当务之急，所以崇祯帝又马上命令卢象升从郧阳一带撤回，以保卫京师。当时卢象升和洪承畴正在分头进剿李自成农民起义军，并且都小有成绩。只是因京师告急，不得不暂时放弃对李自成农民军的围剿，率军北上。这为李自成在陕西的发展提供了喘息之机。崇祯帝任命卢象升总督宣大和山西军务，配合张凤翼共同抵抗清兵。这时其他各路援军也陆陆续续赶来，使清兵受到越来越大的压力。封藩在外的唐王朱聿键竟也率千余护卫军前来勤王。依照《皇朝祖训》，如果得不到皇帝的允许，藩王是不得率兵入京的。因此，当他要入卫勤王时，被崇祯帝马上严厉拒绝，令他立即回藩。唐王也就因为此事而被废，还被禁锢于凤阳高墙内。

张凤翼和总督梁廷栋在河北只是跟在清兵后边听之任之，清兵在河北一带攻城略地，并不敢主动进击，这使得清兵为所欲为，抢劫了大量的财物。当清兵于九月从建昌、冷口北撤时，大小车辆满载着抢来的物品，从容出关。更使人气愤的是，清兵把抢来的许多年轻女子，让她们个个浓妆艳抹，坐在车上，有的还骑着马，鼓乐齐鸣，一副凯旋而归的景象。永平监军陈景耀实在看不下去，不顾他人劝阻，毅然率领自己的部下对清兵发动突然袭击，杀清兵一二百人。而张凤翼却怎么也不敢出战，眼睁睁地看着清兵从容撤去。

在清兵撤退时，守关将领崔秉德曾主张率兵出击，袭击清兵，以切断清兵退路，但监军太监高起潜却怎么也不敢进兵，只是说"当半渡击之"。依照他的话如果真的在半道袭击的话，也能够给清兵以打击，但这只是他的托辞，他并不敢半道截击，而是在清兵都走远以后才装模作样地下令追了一阵，"报斩首三级"。这实际上就等同于纵敌。

清兵这次内侵前后攻克十余城，饱掠而去。兵部尚书张凤翼和总督梁廷栋自知罪责难逃，先后都服毒自杀。即使这样，崇祯帝仍下令刑部对他们进行议罪，张凤翼被罢职，梁廷栋被大辟。但由于二人已死，免于实行。

崇祯帝心里十分清楚，清兵这次饱掠而去，尝到了甜头，以后说不定什么时候又来了。他为此告谕兵部"练兵买马，制器修边，刻不容缓"，但却又不给兵部钱，怎么去执行呢？无奈，他下令向勋戚大臣借银，给他们开出借单，命兵部官"借武清侯李诚铭四十万金，发关治守备；借驸马都尉王丙、万炜、冉兴让各十万金，发大同、西宁；令工部借太监田诏金十万，治甲胄；借魏学颜金五万，治营铺。"崇祯皇帝只说借银，可用什么来偿还呢？崇祯帝给他们的说法是："候事平，帑裕偿之。"意思就是说，到了内忧外患都平定了，国家无事，府库银两充裕时再偿还他们。但人们心里谁都很清楚，这实际上是光借不还。因为这样，有的人拿出一点来搪塞一下，有的就干脆推辞说家中没有多余的银子不拿，崇祯帝对他们也无可奈何。因此，这种整饬边防的措施可以说并没有得到实行。果不出所料，两年后清兵再一次大举内犯。

崇祯十一年（1638年）三月间，清兵在宣府北进行小规模的骚扰，游牧在张家口北的蒙古插汉部大约有六千骑兵，他们遣使请赏。杨嗣昌主张答应和他们进行互市，以防止他们死心塌地倒向清兵。崇祯帝憎恨他们反复无常，所以既不恢复旧赏，也不同意互市。杨嗣昌鉴于李自成等起义军的势力越来越浩大，因此内心支持对清进行议和。所以他在经筵上向崇祯帝进讲《孟子》时，着重强调孟子的"善战者服上刑"这句话，意思就是说对好打仗的要给予最严厉的处罚。崇祯帝听了很生气，严厉地训谕他："此后勿复尔。"由于多次议款误事，几个大臣还因议款而遭到惩治，所以崇祯帝对议款一事特别敏感。议款不成功，防务又不坚固，自然也就难以抵挡清兵的再次内侵。

九月，皇太极命令多尔衮、邱托率领清军分两路向明朝发动进攻，一路由墙子岭进入，一路从青山口进入。当时恰逢监军太监邓希诏的生日，蓟辽总督吴阿衡和总兵吴国俊都前去祝寿。忽然听到清兵来犯的消息，惊慌失措，调度无方。结果吴阿衡战死在密云，吴国俊战败而逃。清兵于是长驱南下。

崇祯帝听到消息后又惊又怒，吃惊的是清兵进军如此迅速，愤怒的是诸臣如此无能，毫无抵抗之力。他还是像过去那样，马上下令京师戒严，调辽东前锋总兵祖大寿紧急入援勤师，命卢象升总督各路兵马抵御清兵。崇祯帝在平台召见了卢象升，询问御清方略。卢象升回答说："陛下命臣督师，臣知有战而已！"这话一下子刺到了崇祯帝的痛处。因为此时崇祯帝内心想和清兵议和，表面上虽不言议和，但私下曾有过表示。他听卢象升这话脸色一变，以为卢象升似有所指，因此半天才缓过来说："朝廷从来没讲过议和，这些话只是外廷说说而已。"崇祯帝

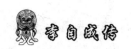

令卢象升和杨嗣昌共同商议御清策略。二人本来就有矛盾，卢象升主战，虽不符合杨嗣昌意愿，但他也不好阻挡，只是含糊其词地说："勿浪战。"

十月中旬，卢象升想分兵四路攻击敌营，与部下相约："刃必见血，人必带伤，马必喘汗，违者斩！"陈词激昂，泪如雨下。身任总督的太监高起潜出来阻止，要他慎重行事，不要轻举妄动。没过几天身为兵部尚书的杨嗣昌便来到军中，卢象升向他说了一通颇为激动的话：

> 公等坚意抚款，独不闻城下之盟，《春秋》耻之乎？象升邀尚方剑，倘唯唯从议，袁崇焕之祸立至。公宁不念衰衣引绋之身，复不能移孝作忠，奋身报国，将忠孝两失，何面目立人世！

因为此时卢象升母亲刚刚去世，而他此次出师就是夺情视事，故自称"衰衣引绋之身"。这段话使杨嗣昌感到十分羞惭，只能支支吾吾地搪塞道："嗣昌从未言抚。"卢象升于是马上出师袭击清营，但没有成功。高起潜又在卢沟桥失败，京师更加危在旦夕。崇祯帝匆忙下令众大臣分守四周城门，并急调遣山东巡抚颜继祖移师德州，以示牵制，同时调洪承畴、孙传庭东出潼关，急援京师。洪、孙当时只好不得不暂时停止对李自成等起义军的围剿，而急忙率大军十五万入援京师。

当时，洪承畴和孙传庭在陕西一带围剿李自成等农民军连续获胜，并且张献忠已经在谷城投降，罗汝才也连续为官军所败，投降了官军。李自成是坚决不投降，但却连连失利，后在潼关南原一役中几乎全军覆没，只有十几人随他一起逃入商洛山中。假若此时洪承畴和孙传庭继续对李自成紧追不舍，李自成将很难再重新振兴，说不定以后的历史也将会是另一种样子。真是天无绝人之路，这时恰巧赶上清兵内犯，洪承畴和孙传庭接到紧急命令，被调去抗御清兵。这使李自成得以趁机休养生息，招集散亡，重新发展壮大了自己的力量。

十一月，清兵分四路攻掠，对京师却围而不攻。一天，崇祯帝召文武大臣于平台，议发展战守。崇祯帝的最初意图还是老话题，即是议饷，而结果是战是和倒成了议论的中心。皇太极愿意议和的意向勾起了杨嗣昌等人的幻想，他和高起潜等都主张议和。杨嗣昌"力请于上，上许之"，遂"遣使入清营，竟得嫚书"，意思是说多尔衮对杨嗣昌只是胡乱应付一通，使其不得要领，故和议没有成功。此事泄露以后，外臣对此颇多微词。因此，当崇祯帝这天召对平台时，给事中范淑泰立即奏道："今清人临城，尚无定议，不知是要款要战！"崇祯帝打断他的话，问道："哪个要款？"范答道："外边议论纷纷。"他又举例说："凡涉边事，邸报一概不敢抄传，满城人皆以边事为讳。"原来，杨嗣昌为了使和议能够顺利进行，曾禁止传抄邸报。崇祯帝不知内情，只是说事关机密，自不许传抄。

卢象升兵力不足万人，又得不到朝廷的大力支持，还有杨嗣昌从中作梗，再加之又严重缺饷，所以没有能力阻止清兵入侵。当清兵攻破高阳时，在城内闲住的孙承宗不屈自杀。清兵连续攻破了许多州县，在河北、山东一带四出攻城略地，如入无人之境，竟然遇不到像样的抵抗。保定一役，卢象升战死，此后，清兵迅速又占领了昌平、宝坻、清河等许多州县。

2. 进犯辽东

崇祯十二年（1639年）正月，清军攻破济南，德王被俘，城内诸郡王都被杀，济南被焚毁抢劫一空。德王派心腹宦官王朝进从海路绕道广宁到京师，向崇祯帝报告情况。崇祯皇帝看到又一个藩王被俘，许多宗亲遇害，他心里十分悲伤。崇祯帝正准备派人抚恤，御史汪承诏奏言说："宜火其书，勿令外传，王朝进宜编置远方。"目的是不要张扬，让德王"优游塞外，以终天年"，这样才能"可杜其凌侮"。崇祯帝此时也无可奈何，只得如此而已，最后，致使德王被俘后再也没有回来。

清兵攻克济南后，仍然是四出攻掠，直至攻掠到徐州附近。副总兵祖宽率领三百骑兵驰援济南，结果全军战死。祖宽是祖大寿的养子，骁勇善战，屡立战功，最后战死在济南郊外。与此同时，各路援军又纷纷向济南集结，祖大寿也从青州赶来。清兵避实击虚，转而向北攻破德州，向天津方向转移。三月间，清兵从青山口出塞，返回辽东。

这次清兵入犯五个多月，纵横驰骋二千余里，攻下州县七十多座，其中河北、山东受害最重。崇祯帝虽然常常收到各路官军战报，但事实上清军并未遭受任何重大挫折。但就对明王朝的打击而言，这次入塞超过了以往任何一次，是最为严重的一次。崇祯帝照例惩处了一些所谓失事的官员，但依然对边防未采取任何行之有效的措施。

皇太极在称帝前后多次内侵，掠夺了大批财物，几乎每一次都是满载而归。可是，他并没有全力攻打京师，也不敢长期立足内地。这是为什么呢？因为明军依然控制着山海关以及关外的锦州等地，再加之各地援军源源不断地前来夹击和人民群众的反抗，所以他们在饱掠后即退出关外。山海关是北京的天然大屏障，而锦州又是山海关的门户。皇太极要想夺取北京，并进而夺取全国，就必须先攻下锦州和山海关，此外别无他途。于是，清军在松山、锦州一带连续对明守军发动大规模进攻。

崇祯十二年二月，崇祯帝任命洪承畴为兵部尚书兼副都御史，总督蓟辽防务。经多年对洪承畴的考察，崇祯帝感到他确有才干，堪当抵御清兵的重任。另一方面，在洪承畴和孙传庭等部的合力围剿下，李自成等农民军的力量这时也都暂时处于低潮。所以，崇祯帝便调用洪承畴集中力量对付清兵。

洪承畴到达辽东后，整饬关内外防务，严明军纪。据说有一个姓刘的千总虚冒请功，洪承畴立即下令将他斩首。有的将领临阵脱逃，洪承畴断然将其处死。同时他又善抚士卒，软硬兼施，于是将士都非常听从他的命令，由此，关内外的防务大为加强。

当清兵在崇祯十二年退回辽东时，皇太极想趁机攻克锦州。他亲自率领孔有德等降将前往锦州，并用二十七门红夷大炮四面围攻，连续攻打二十余日，始终没有攻下，不得不退兵。皇太极派人与明议和，明廷不答应，经过几次入塞也没有得到尺寸之地，锦州和山海关一线的防务又如此坚固，所以皇太极便不得不调整策略，不再急于入据中原，先确立关外的一统局面，然后再根据形势的发展徐图进取。于是，他就下定决心在宁远、锦州一带与明军周旋。

崇祯十三年(1640年)三月，皇太极督清兵再次围攻锦州。此时，清军拥有六十门红夷大炮，又招募了千余善于爬梯登城者，用马匹驮炮而来，气势颇盛。祖大寿在锦州镇守，部下全部是明军精锐。他奋力率军抵抗，使清军"大半见败，大将数人亦为致毙"，甚至使得沈阳也人心惶惶，"行街之人，多有惶惶不乐之色"。清兵损失十分严重，皇太极最后不得不垂头丧气地退回沈阳。

皇太极经过一番整顿，决心对锦州发动更猛烈的攻势，一定要拿下锦州城。由于当时清实行屯驻政策，锦州实际上处于清的包围之中，属于一座孤城。祖大寿请求增加兵马，以加强锦州军事防务。崇祯帝担心清兵再次由蓟镇等地内扰，不愿减少蓟镇守兵以增援锦州。事实上，此时清的策略已经发生变化，把主要攻击目标放在宁锦一线，而崇祯帝对此却浑然不知。四月间，皇太极命令郑亲王济尔哈朗、武英郡王阿济格、贝勒多铎等合力攻打锦州，带来大批八旗兵和许多门大炮，开始对锦州实施更加猛烈攻击。由于驻守锦州外城的蒙古兵倒戈降清，使清兵占领了锦州外城。祖大寿激励将士，一边顽强防守，一边向明廷紧急求救。崇祯帝匆忙命令洪承畴出山海关，援救锦州。洪承畴命吴三桂为前锋，出杏山，不料，被清兵在松山和杏山之间将其团团包围，总兵刘肇基率兵援救，吴三桂才得以突围而出。双方死伤大致差不多。副总兵程继儒临阵退却，被洪承畴立即斩杀军中。此时，双方便以松山、锦州一带为战场，展开了一场持久而规模巨大的会战。

崇祯十三年七月，洪承畴率十三万大军增援锦州。他采取步步为营的策略，以守为攻，不敢仓促冒进，扎营在锦州南约十八里的松山西北。济尔哈郎率领右翼八旗兵来攻击，结果被打得大败，有三旗营地被明军占领，人马死伤惨重。两军在随后一连串的交战中，清军连连受挫。遭到败绩的前线清兵接连向沈阳请求增援。清兵在前线的失败波及到后方，"沈中人，颇有忧色"。皇太极心急如焚，"急得忧愤呕血，遂悉索沈中人丁，西赴锦州。"洪承畴十分明白，清兵决不会就此善罢甘休，一定要作长远打算。于是，他便利用清兵暂退的有利时机，向前线急忙运输粮草等物资。明军的关外粮草等物资绝大多数都集中存放在宁远，明军便从宁远将粮草运往塔山、杏山，再转运至松山、锦州。洪承畴亲临前线，日夜承运粮草。祖大寿也从锦州派兵来中途迎接。到九月初，运至锦州的粮饷大致能支持到明年三月，松山的粮食可维持到明年二月。这样就解决了与清军长期作战的粮食问题，稳定了松锦之战第一个年头的局势。

九月上旬，洪承畴正打算兵分两路向锦州推进，此时多尔衮率领两万清兵来攻。双方在黄土岭展开一场大会战，互有胜负，各有损失。清兵屯驻在义州，救援及时，不容易在短时间内将其摧垮。洪承畴上书崇祯帝，请增调宣府、密云等处明军前来增援，以便来年与清兵决一死战。崇祯帝同意了洪承畴的提议，一边命令户部措饷，一边调遣援兵。

崇祯十四年（1641年）三月，清军大举进攻，在锦州城外四周设立八营，围绕营的四周都挖掘有深壕，壕边都建筑垛口，将锦州城团团围住。洪承畴督大军从宁远向锦州进发，稳扎稳打，步步为营，几次接战均有小胜。祖大寿在锦州日夜坚守，面对清兵的围攻，形势越来越危急，便派人到朝廷催促援兵。五月，崇祯帝召兵部尚书陈新甲于中极殿，询问救援锦州的计策。陈新甲请求派人前去与洪承畴面谈，于是就派其亲信张若麒到洪承畴营中督察。

张若麒到洪承畴军中后指手画脚，瞎指挥一通，"挟兵曹之势，收督臣之权，纵心指挥……而督臣始无可为矣"。于是，洪承畴就和张若麒产生了矛盾。洪主张稳扎稳打，步步为营，张"妄谓清兵一鼓可平，严促进剿"。这时崇祯帝也听信了张若麒的话，主张立即大举进击清兵。于是，崇祯帝便向洪承畴下达密诏，命令他迅速参战，洪承畴迫不得已，不得不立即率兵进击。

七月底，洪承畴将粮草囤于杏山和笔架山，自己率六万军队开始先行，余军随后前进。此时皇太极也获得情报，知道明军启营来攻，便亲督大军前来迎击，陈兵于松山和杏山之间。他集中优势兵力攻击洪承畴的援军，首先切断明军粮道，击败了护粮的明军，夺取明军囤于笔架山的粮草。这样明军不仅失掉粮草，而且又初战失利，军心开始动摇。洪承畴打算把驻守乳峰山的明军撤到松山。当明军撤退到半路时，大队清军突然袭击。明军接战不利，不得不边战边退，一直退到海边。清军奋力攻击，结果明军大败，许多人被淹死在大海里。明军"为清

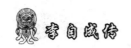

人所击，潮涨淹死，陆海积尸甚多"，只有一小部分人逃出，如吴三桂就逃奔到杏山。皇太极估计，明军刚刚失败，粮草又丢失了大部分，躲藏在杏山的明军一定会逃回宁远。因此，他便在松山和杏山之间的高桥设下埋伏，等待明军的到来。不出皇太极所料，往宁远撤退的明军果然钻进了清军的埋伏圈。明军虽仓促之间进行了一番抵抗，但终于大败，只有吴三桂、王朴等率少数亲信逃回宁远。清军在此役中歼灭明军五万多人，缴获战马七千余匹，甲胄近万件。清军的士气为之大振。

洪承畴这次大规模进击，不仅没有解了锦州之围，反而连自己也被围困在松山城中，身边仅有一万多残兵败将。洪承畴奋力组织了几次突围，但都没有成功，形势越来越严峻。他身陷困境，一边激励将士固守，一边向京师求救。崇祯帝听说洪承畴兵败被困于松山，十分震惊和忧虑，便召兵部尚书陈新甲等问应急之策。陈新甲到了此时也没有什么锦囊妙计，只是劝崇祯帝下令让洪承畴坚守。崇祯帝一边敕谕洪承畴悉心守城，一边命兵部遣兵援救。此时的明王朝已是残破不堪，危机四伏，内地李自成等农民军又重新活跃起来，关外的明军又连遭败绩，确实再没有可调之兵。十月，崇祯帝命叶廷桂为兵部右侍郎兼右金都御史，巡抚辽东宁锦前线。而在这种状况下，叶廷桂已不可能再有什么作为。

十一月，辽东下起了大雪，天气奇寒。清兵粮草也已经快没有了，皇太极产生了撤兵的念头，于是便派遣降人入关送信。兵部此时正为辽东战事发愁，得知清提出议和，很是高兴。崇祯帝此时也正无计可施，又为了面子，遂允许兵部与清秘密联系。但清并没有撤兵，孔有德力劝皇太极不能撤兵，否则就会前功尽弃。皇太极接受了孔有德的建议，依然加紧对松山和锦州的围攻。

由于洪承畴被围困在松山，所以崇祯帝任命杨绳武为代理总督。崇祯十五年一月，杨绳武死去，崇祯帝又任命范志完代理。范志完派副将焦埏率兵出关增援，结果刚一出关就被清兵全部消灭。吴三桂在宁远收集了许多散亡，但始终未能组织起一支援军。再加上兵部尚书陈新甲此时正在秘密与清议和，对增援松锦也不十分积极，因此明军半年间并没有对松、锦进行十分有效的救援。

此时的松、锦两城已到了山穷水尽的地步，粮草皆无，将士随时都有被饿死的可能。幸好洪承畴和祖大寿都是威望极高的将领，平时深受士兵的爱戴，他们想方设法激励部下，苦苦支撑着几乎没有任何指望的危局。崇祯十五年（1642年）二月十八日，松山的守城副将夏成德暗地里向清约降，并派出自己的儿子到清营做人质，约定日期献城投降。由此松山一举被清军占领，洪承畴也被俘。防守锦州的祖大寿看到松山已经陷落，也于三月八日出城投降。

面对这大批的降兵降将，皇太极表现出了极其残忍的一面。除了洪承畴和祖大乐及其家人外，包括巡抚丘民仰、总兵曹变蛟和王廷臣等三千多人全被杀死。在锦州，降人共七千余人，除祖大寿和妇女小孩约四千人外，其余三千余人也全部被杀死。凡曾协助明军守城的蒙古将士，也均被清兵诛杀。祖大乐之所以没有被杀死，也是看在他哥哥祖大寿的面子上。

皇太极俘获了洪承畴和祖大寿，心里尤其高兴，把他们都带回沈阳。洪承畴身为明廷的督师大臣，懂得儒家的忠义之说，所以最初还表现得十分坚强，决不下跪，死不投降。皇太极深知洪承畴是个富有谋略的难得之材，可堪大用，因此百般劝说。皇太极甚至"解脱御貂裘衣之"，说："先生得无寒乎？"洪承畴瞪着双目看着他，慨叹道："真命世之主也！"于是跪地叩头请降。皇太极大悦，当日赏赐无数，"置酒陈百戏"。洪承畴降清，成了清兵入关难得的向导。

但对于崇祯帝而言，松锦之战的惨败如同奄奄一息的老人又遭当头一棒。当时洪、祖二人所率领的将士都是明军精锐，本来具有相当优势，只是崇祯帝毫无主见，时而支持洪承畴的进兵策略，时而又听信他人流言，密诏火速进军，朝令夕改，一日多变，终于导致重大失败。这次失败使崇祯帝将老本几乎输光，"九塞之精锐，中国之粮刍，尽付一掷，竟莫能续御，而庙社以墟矣"。在这种状况下，朝中主张议和的人也越来越多，崇祯帝也希望通过议和来挽救这日已西斜的明王朝。

在两军对垒之际，战斗与议和都是手段，如果运用得恰到好处，都可以使自己立于不败之地。自努尔哈赤建立后金之日开始，与明廷有战，也不时有和。女真相对而言，是个少数民族，人口又少，长期臣属于明王朝，因此在双方议和的活动中，后金一直处于主动地位。而崇祯帝自视为天朝上国，议和乃是耻辱之举，故心里虽然想议和，但口头上也不说，总想把责任推给自己的臣下，致使朝野对议和之事都十分忌讳。

自崇祯十四年八月洪承畴战败于松山后，松山和锦州长时间处在清军的包围之中，明廷陷于危机，双方的议和活动遂又再起。陈新甲在这段时间内任兵部尚书，起初听信了张若麒的话，认为辽东一战可平。正因这样，他才力促崇祯帝用密诏督促洪承畴进击，结果大败。于是，他又转而支持议和的主张。

在广宁前屯卫任副使的石凤台得知清廷有议和的意向，在洪承畴刚败不久就派人前去清营，探听议和的可能性。清的守将回答说："此吾国素志也。"石凤台于是马上把此事报告给陈新甲，陈新甲将石凤台所说全都禀告了崇祯帝，用来作为"息兵"之策。这时言官也听到有关议和的事情，于是纷纷上疏弹劾。崇祯帝马上以石凤台"私遣辱国"，下令把他逮系狱中。辽东巡抚叶廷桂也由于支持石凤台，被崇祯帝指责为"漫任道臣，辱国妄举"，按照法律应当严惩，"姑息戴

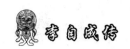

罪，图功自赎"。说实在话，此时的崇祯帝内心深处也是很愿意议和的，只是因为他以前曾多次重惩议和的大臣，在朝臣中弥漫着一种空气，议和就是卖国。再加之崇祯帝有一种虚骄心理，刚战败马上议和，好像太丢面子，因此对参与议和的这二人加以惩治和斥责。

这时不仅辽东的处境十分危急，中原地区也已经全部成了李自成农民军的天下。面对这种内外危局，陈新甲提出与清议和，以"专力平寇"，等到把中原的李自成等农民军平定以后，再与清一争高低。陈新甲把自己的主张暗地里告诉了新任三边总督傅宗龙，傅在离京去镇压李自成起义军以前，又告知了大学士谢升。谢升又私下与陈新甲密商，要他向崇祯帝进言，"谓两城受困，兵不足援，非用间不可"。有了内阁大学士的鼎力支持，陈新甲这才敢于向崇祯帝言议和事。除此之外，辽东在十一月间下了一场大雪，清兵前线粮饷遇到困难，皇太极也派人进关议和。于是，陈新甲便没有了顾忌，向崇祯帝提出议和的主张。这时崇祯帝仍露出一副不同意议和的样子，对陈新甲加以训斥，"切责良久"，然后又问内阁诸位大臣。这时周延儒入阁不久，心里也想议和，但不敢明确表示出来。崇祯帝征求询问内阁大臣的意见，目的是想在内阁大臣中找替罪羊，如果议和失败，就可将责任推在内阁大臣身上。周延儒老奸巨猾，他的话语模棱两可，其他阁臣也不容置疑，只有谢升说道："倘肯议和，和亦可恃。"崇祯帝沉默很久，事后对陈新甲说："可款则款，卿其便宜行事。"并嘱咐陈新甲严格保密，"外廷不知也"。

陈新甲给崇祯帝荐举兵部主事马绍愉，说马绍愉可承担议和重任。崇祯帝于是为马绍愉加衔职方郎中，赐予二品官服，命他前往清营议和。

皇太极对明廷遣使议和十分重视，请求用皇帝的亲笔书信作为信用。明廷所赐敕书的文中称：

> 谕兵部陈新甲，据卿部奏，辽沈有休兵息民之意。中朝未轻信者，亦因以前督抚各官未曾从实奏明。今卿部屡次代陈，力保其出于真心。我国家开诚怀远，亦不难听从，以仰体上天好生之仁⋯⋯

皇太极看过敕书后非常不高兴，因为这封敕书不是直接写给清廷的，而是写给兵部的。从语言上看，崇祯帝仍然摆出天朝上国的架势，像过去对待建州卫那样对待清廷。另外，敕书用纸颜色和规格也不符合规定，所以皇太极便指责这敕书是边将所伪造的，"必非明帝亲发"，对明廷的议和给予拒绝。他对明廷的使臣重申了同意议和的一贯主张："若和事果成，则何必争上下？但各据其国，互相赠遣，通商贸易，斯民俱得力田生理，则两国君臣百姓，共享太平之福矣！"皇太极在这里称"两国君臣百姓"，就是要清廷与明廷平起平坐，分庭抗礼。

去清廷送敕书的明朝使臣只好回去再换敕书，往返延误了好长时间。在这期间，清军接连攻克了松山等地，祖大寿投降，洪承畴被俘。这种战场上所带来的消息对明廷更为不利，清廷处在主动的进攻地位。崇祯帝为了显示明廷对议和的重视，特意派兵部司务朱济和马绍愉一块前往沈阳，使团近百人，他们于五月中旬才来到沈阳。皇太极对这次明廷议和十分重视，特命清朝大臣到离城三十里的地方迎接明廷的议和使团，住于馆驿，礼部设宴，招待得非常好。当时清政府已征服了朝鲜，朝鲜已由明的藩属变成了清的藩属，朝鲜王世子被清军抓住在沈阳当人质，他亲眼目睹了这次议和经过。清廷也不时将议和情况和内容通告于朝鲜王世子。当时明朝使臣还带着"四十余车"米，以作为"粮资之计"。这显然是担心清廷不给饭吃，不好好接待他们，结果清廷表现甚好，盛宴款待他们。这真使来议和的明朝使臣喜出望外。清廷内部对议和的意见也不统一，有些想让明割燕京以东，有些想割宁远以东，有的则以为明廷议和是假象，只不过是为了"缓攻克而待各边之征调"。投降清的汉族官僚张存仁和祖可法向皇太极提议，通过议和应趁机最大限度地勒索明朝，以割让黄河以北为上策，割让山海关以东为中策，割让宁远以东为下策；让明称臣纳贡为上策，令蒙古各部索其旧额为中策，只许关口互市为下策。皇太极对此建议则表现得比较冷静，认为要明称臣纳贡绝对不可能，只要议和成功，仍愿意让明廷为上国，清廷仍居从属国地位。皇太极还给朝鲜国王致信，征求意见。从信中可以了解到，皇太极以为现在征服的地盘已很大，已足够统治，无意再事征战，也无意入主中原，只要能保住既得的地盘和利益，其他的事可以后再说。由于他深知崇祯帝一直反对议和，所以对此次议和的敕谕是真是假还有待进一步了解。经过洪承畴辨认后，确实是真，这才认真对待。当时清兵正在乘胜进攻宁远，和吴三桂对抗。由于明廷议和使臣已到沈阳，皇太极马上命令清军停止进攻宁远。

皇太极回复崇祯帝，同意议和，其条件除双方重新通好并互有馈赠外，双方要以宁远、塔山为界，在适中的地区开通互市，相互遣返逃人。信中还特别讲到："至我两国尊卑之分，又何必计较哉！"看来如果只要明廷持积极态度，皇太极还能够作出一些让步。而从这些条件看来，在当时的情况下也并非苛刻，而基本上是以双方军事占领区而分。

六月三日明朝使臣启程返京。在临行前清廷设宴饯行明使。"车乘风戒，刍粮悉备"，皇太极还赏给马绍愉等白银二百两，并把两车人参、貂皮进献给崇祯帝。皇太极对马绍愉说："秋初企听好音。若逾期不至，我当问盟城下耳！"这明显带有威胁的口味，是不是要议和，要崇祯帝马上作决定，否则双方就要再次兵戎相见。

马绍愉一行来到宁远后，即迅速命人将议和情况秘密回报于兵部尚书陈新甲。议和的事情一直在秘密进行，崇祯帝多次提醒陈新甲，要"密图之"。但朝廷外的官员有的还是听到了一些风声，尤其是有些言官，纷纷上疏弹劾，认为是内阁大臣谢升的指使。为此，崇祯帝便罢免了谢升的官职，以堵众人之口。谢升的免职和离去使陈新甲的议和活动失去了阁臣的大力支持。陈新甲看过马绍愉的密报后，将之放于案上，"其家僮误以为塘报也，付之传抄。于是言路哗然"。以前外廷官员攻击议和的事还没来的及证实和调查，这样一来有了确凿的证据，所以纷纷上疏弹劾。首先给事中方士亮上疏，其他上疏争论的人也大有人在。倘若崇祯帝在这关键时刻能毅然主持正事，公开告诉群臣，议和之事自己知道，这场风波还可能平息。但崇祯帝总想将此事推到别人身上，他一再追问内阁首辅周延儒，是否应该议和，周延儒也不敢负担责任，所以"终不对，上慨然起"。周延儒老谋深算，深知崇祯帝拿不定主意，喜怒无常，所以他始终保持沉默。崇祯帝只好将责任全部推到陈新甲身上，于是下旨指责陈新甲，命令他重新上奏。陈新甲不仅不承担罪责，"反自诩其功"。这使得崇祯帝更加生气，立即下令将陈逮捕下狱，交由刑部来定罪，以失陷城寨罪定为斩刑。周延儒上疏求免："国法，敌兵不薄城，不杀大司马。"崇祯帝却说："陈新甲职任中枢，一筹莫展，致令流寇披猖，戮辱我七亲藩，不更甚薄城乎！"崇祯帝知道在这里不以议和罪杀陈新甲，是难以服天下人之心；用陷城罪杀他，他又没把城池丢掉给清兵，只能用最近李自成农民军攻陷多城为罪名，强压在陈新甲身上。这显然是乱加的一个罪名，醉翁之意不在酒，其用意是要拿他当替罪羊。真是欲加之罪，何患无辞！崇祯十五年八月，陈新甲被杀，议和事也随之流产。这件事充分表明，崇祯帝存在着严重的性格上的缺陷。这也正是明朝崇祯帝在位，许多大臣不敢尽心为国的原因。从当时总的情况分析，明王朝不是没有人才，只是崇祯帝不爱惜人才，用人多疑且总是出尔反尔，遇事推脱责任，所以大臣们个个自保，不敢大胆做事。对于一个最高统治者来说，这是一个致命的弱点。

这次与清廷议和失败对明王朝的影响很大。如果议和成功，明王朝便可得到喘息机会，一方面整饬边防，一方面又可以避免两线作战，可以集中精力对付李自成农民军。倘如如此，李自成农民军也不可能如此快就进驻北京，清兵的入关事件也不会发生，可能会改写明末以后的历史。崇祯帝也希望议和，议和条款对明廷非常有利，只是由于某些细节，就不惜毁约和诛杀大臣，视国家人民的命运于不顾，这不能不说是令人痛心的一幕悲剧。

陈新甲被杀后，崇祯帝命冯元飙接任兵部尚书。冯元飙深知形势危急，内忧外患交讧，他本人治军无术，又不敢公开推辞，便假装生病。所以上朝假装头晕目眩，倒在廷上，叫人抬回家中。了解底细的人"皆嗤其为细人伎俩，辱朝廷而羞当世"。冯元飙为了保全自己性命，耍些小阴谋而受世人嘲笑，这也反映了当时明朝大臣的一种普遍心态。

清兵从崇祯十二年三月出塞后，近四年没有入塞内掠。这主要是因为洪承畴和祖大寿等在松锦一带与清相互对峙，清兵一度专注于这事，无心内犯。现在洪承畴、祖大寿都战败投降清军，议和又以失败告终，皇太极"秋初企听好音"的愿望未得以实现，而山海关又一时半会难以攻下，清军遂决定再次大举入塞内掠。崇祯十五年十月中旬，皇太极命贝勒阿巴泰为奉命大将军，率大军征讨明朝。皇太极还嘱咐清军人塞后要严明军纪，然后大军浩浩荡荡地杀向明廷边塞。

六、明廷危亡

李自成农民军这段时间在中原地区得到空前的大发展。李自成于朱仙镇大败左良玉，三次攻打开封，孙传庭在郏县被李自成击溃。李自成从河南入湖北，在襄阳建立政权，大振声威。内地失城丢地的战报连续不断地送至崇祯帝，而清兵又开始大举内犯，使明廷陷于两面受敌的不利局面。

崇祯眼看着战事连受重挫，心急如焚，便对各要地防务重新进行部署。他命范志完为督师，总督蓟、辽，昌通等处军务，同时还节制登州、天津等地。如果辽事紧急则马上移师关外，关内紧急就飞驰入援。关内外且设二总督，关内总督为张福臻，范志完经常驻师关外，加督师街，在张福臻之上。另外，崇祯帝又在昌平、保定增设二总督，"于是千里之内有四督臣"。除督臣外，崇祯帝又在宁远、永平、顺天、密云、天津、保定设六巡抚，又在宁远、昌平等地设八总兵，"星罗棋布，无地不防，而事权反不一"。不久，有的言官弹劾张福臻昏庸不能接受此重任，崇祯帝于是罢免张福臻，命范志完移驻山海关，关内关外防务由他全面负责。此责任重大，范志完接连上疏请求辞任，崇祯帝不答应。范志完请求辞任官职回家住，反倒被崇祯帝责备一顿。他又极言决不能兼督关内防务，一个多月之后，崇祯帝才命赵光抃分管关内防务。就在明的防备措施还没就绪的时候，清兵已从墙子岭大举入塞了。范志完也早已预料到明兵难以抵抗，很想辞职，但他没有冯元飙那种计谋，终因这次清兵内犯没了性命。

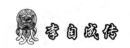

　　崇祯十五年（1642年）十一月，清兵由墙子岭入塞，连续进犯迁安、三河等地，然后兵分两路，一路到通州，一路到天津。清兵又赶紧攻克重镇蓟州，然后又分兵攻掠真定、河间、香河等地。于是，北京周围又一次陷入烽火连天的战事中。崇祯帝听到战报十分惊恐，也为和议没成而导致清兵再犯而苦恼。他照例急忙宣布北京戒严，命勋臣分别驻守九门。

　　闰十一月，清兵从河北攻入山东，首先攻占了临清，又大举进攻东昌。总兵官刘泽清与清兵在东昌展开了一场激烈战斗，最后清兵撤去，向西进攻冠县。清兵接着又南下，攻掠泗水、邹县一带。

　　十二月，清兵进入河南东部，攻克了滑县等地，这里已十分接近李自成的地盘。当时李自成于河南南部一带转战。不知什么原因，却从没见清兵和李自成农民军有任何接触和联系。清兵接着又返回鲁西，攻下曹州、济宁等地，接着开始准备攻打重镇兖州。因兖州是鲁王藩封的地方，所以有重兵驻守。经过一番激战，兖州终于被清兵攻陷，知府邓藩锡、副总兵丁文明等守城官员都死在战场。令崇祯帝十分伤心的是，鲁王朱寿镛被俘后自杀。从明太祖朱元璋分封藩王以来，很少发现藩王被起义军或外敌俘杀，只是到了崇祯年间，各地才发生藩王接二连三地被俘或被杀。这不能不让崇祯帝深感内疚。这次对鲁王的被俘和自杀之所以特别伤心，是因为他好像从鲁王的遭遇中隐约发现，自己的末日已为时不远。

　　接着清兵马上向山东东部攻掠，像寿光、莱阳等地都相继被清兵攻陷。到此为止，河北、山东和河南东部都让清兵蹂躏了一遍。

　　当清兵入塞后，总督范志完急忙率师入援。范志完不是十分勇敢有策略的人，虽说入援，但他胆怯不敢奋战，担心打败仗，所以大都是跟在清兵的屁股后边转。兵部官弹劾范志完疏忽防守，致使清兵再次入塞。一些言官弹劾他懦弱无能，请崇祯帝对他严加定罪。崇祯帝这次接受了逮治袁崇焕的教训，所以没对范志完马上治罪，"帝以敌兵未退，责令戴罪立功"。但范志完实在胆怯没有谋略，对清兵终"不敢一战"，给清兵四处攻掠创造机会。

　　崇祯十六年春天，清兵从山东进逼到北京附近。崇祯帝一筹莫展，眼望着清兵四处攻掠。内阁首辅周延儒也惶惶不可终日，内阁大学生吴牲刚奉命去镇压李自成农民军，周延儒也只好自己请率师出征，前去抗击清兵。崇祯帝非常高兴，马上"降手敕，赐章服"，并赐给大量金帛，以供周延儒奖赏将士之用。周延儒出京后，驻守通州，"唯与幕下客饮酒娱乐，而日腾章奏捷"，因而从崇祯帝那里求得不少赏赐。

　　清兵在四月底北撤，五月初出塞。崇祯帝虽严加命令"各督抚扼剿勿逸"，但各将领还是都拥兵观望，有的则在清兵撤退时故意装着追上一番，然后"饰功报捷"。清兵带上掠夺所得满载而归，而又从容出塞。明军在抵御清兵方面表现平庸无能，但在劫掠方面要强于清兵。明官兵军纪败坏，趁火打劫，祸害百姓，这也是明军屡战屡败的一个重要原因。

清兵这次内犯长达七个月，先后共攻陷三府、十八州、六十七县，共八十八城，俘获人口约有四十万，另外，还掳掠牲畜三十余万，同时还劫掠了大量财物。清兵此次内犯较前几次造成的破坏都要大，攻城略地之多也超过了以前任何一次入犯。这次内犯的用意很明显，目的是想把明王朝拖垮，而并不是为了占领京师。这充分说明了，皇太极并没想在短期内灭亡明朝。正像皇太极说的那样："城中痴儿，取之若反掌耳。但其疆圉尚强，非旦夕可溃者。得之易，守之难，不若简兵练旅，以待天命可也。"后来康熙皇帝也曾言及此事："太祖、太宗初无取天下之心，尝兵至京城，诸大臣咸云当取。太宗皇帝曰：'今取之甚易，但念中国之主，不忍取也。'……"以上康熙皇帝的话中不免有些粉饰太平的内容，确实不如皇太极的话更切合实际，也就是说当时灭亡明王朝的条件还不成熟，"得之易，守之难"，所以还要等待机会。这个机会在李自成进北京时不到一年后就来到了。

清兵这次内犯完，崇祯帝还是照常对那些所谓失事的官员严加惩处。总督范志完辞官没有得到允许，这次却落了个被斩首的下场，刚上任的掌关内兵事的总督赵光抃也被处死。另外，还有巡抚马成名、潘永图和总兵薛敏忠等都被处斩。周延儒自己请求带兵出征，没有多长时间，清兵就撤退了，他连续上疏报捷，所以开始还受到崇祯帝的奖赏，不久便受到别人的弹劾，指责他蒙蔽朝廷，崇祯帝于是将周延儒职务罢免，然后又将他赐死。到此，崇祯帝的末日也就快到了。

在农民军和清军的两面夹击下，明王朝已到了奄奄一息的境地。李自成在襄阳建立政权后胜利的消息越来越多，继而在西安建国，对此清廷时刻注视着。清廷中有许多汉人降臣降将，除了像洪承畴、祖大寿这样有名的将领外，像毛文龙的部下孔有德、耿仲明等，后来在山东发动反明叛乱中，失败后投降了清廷。这些人很了解内地情况，当他们发现李自成推翻明王朝的愿望要实现时，感到这是一个极佳的机会，应分享将要到来的胜利果实。于是，他们直接让清廷皇帝出面，给李自成致书，试探李自成的态度，及了解他的动向，为下一步全盘入关做准备。清廷致李自成书信的原文如下：

　　大清国皇帝致书于西据明地之诸帅：朕与公等山河远隔，但闻战胜攻取之名，不能悉知称号，故书中不及，幸毋以此而介意也。兹者致书，

欲与诸公协谋同力，并取中原。倘混一区宇，富贵共之矣。不知尊意何
耳？惟速驰书使，倾怀以告，是诚至愿也。顺治元年正月二十六日。

这封书信由迟云龙等人送往榆林交大顺政权。迟云龙等人于三月三日才到榆林。
大顺政权驻守榆林的守将王良智看到信的封面上是致"诸帅"书，于是便将信拆
阅。他拆阅后才发现，这是一封致李自成的书信，关系重大。但书信已被拆开，
不便再呈送李自成，于是将原信退还给迟云龙等人，答应将书信中的内容转告给
李自成。王良智既然没有把书信转送李自成，估计他也不可能把信的内容转给李
自成，免得因处理事情失误而获罪。以后也没有发现李自成对这封书信有何反
应，可能他根本就不知道这件事。但此事提醒人们，清廷时时刻刻都在准备入
关，以将明王朝取而代之为清王朝。李自成对这个问题看得并不透彻，这也给大
顺政权埋下了一个重大隐患。但在推翻明王朝的过程中，这两大势力的确有意或
无意地起着互相配合的作用。

经李自成等农民军十几年起事，明王朝各种内在的矛盾越来越激化，已处在
坐以待毙的状态。面对天下这种日益崩溃的局势，崇祯帝左支右绌，越来越表现
得力不从心。他接二连三地更换内阁首辅，希望能找到一个合适的官员来挽救朝
廷危亡，结果却使政局变得愈来愈坏。他自作英明，为政察察，对文武大臣动辄
诛戮，结果却是赏罚不公，人人自危。他感到外廷臣僚不可信任，就变本加厉地
重用宦官，其结果是局面更加不可收拾。当李自成农民军逼临京师时，这些宦官
都成了投降的带头人。崇祯帝不时发出无可奈何的哀叹："君非亡国之君，处处
皆亡国之象！"

从崇祯十年内阁温体仁去位，到崇祯十四年周延儒再次入内阁，四年时间换
了五个首辅，一个首辅任职不足一年。首辅掌管着中枢大权，这样频繁更换，当
然谈不上久任责成，所以这些首辅都表现得庸碌无为。张至发是继任温体仁作为
首辅，不久罢职，以后陆续由孔贞运、刘宇亮、薛国观、范复粹相继为首辅。在
这四年中，李自成农民军力量日益壮大，占领的地盘越来越多，管辖的范围越来
越大，再加上清兵不断内犯，明廷战和举棋不定，而朝野却党争不息，借机发
难，朝政日益败坏。

当初，崇祯帝即位做了皇帝后，首先铲除了宦官魏忠贤，然后又撤回各地监
军、镇守等内臣。这些举措给天下臣民带来了诸多希望，天下百姓苦苦企盼国家
得到大治，以为崇祯帝终于改变了前朝那种重用内臣的局面，政治由此会变得清
明起来，国家中兴大有希望。可是，人们今天又看到，随着李自成等农民军逐渐
强大和天下愈来愈崩溃，崇祯帝随之又变本加厉地开始重用内臣。他抬高东厂权

势，威制和打杀天下臣民；派遣宦官出任监军、镇守，统领天下兵马，使得武臣憋满怨气；他甚至还派遣宦官统辖户、工二部，监理天下财政。由于遭到臣下的一再反对，崇祯帝重用内臣的状况有过几次变化，但总的趋势是，宦官的各种权势越来越大，干预的范围愈来愈广。其结果，使得天下崩溃的局面更加破败不堪，李自成农民军的力量更加强大，明王朝更加迅速地走向灭亡。

崇祯帝在位十七年，说辛苦也确实是辛苦。他原本想有所作为，再现明王朝的中兴大业，但实践证明，他并非是一个中兴之君。

崇祯帝和其他众多最高统治者一样，具有双重人格。一方面，他刚愎自用，自作英明。他吊死煤山的前两天，也就是崇祯十七年三月十七日，他还在御案上写道："文臣个个可杀！密示内侍，随即抹去。"实际上还是把亡国的责任都推委给臣下，自己依然是毫无过错。另一方面，他又时常下罪己诏，把天下的一切祸乱和灾异都说成"皆朕之罪也"，并能减膳撤乐，自称修省。他这样做的确迷惑了不少臣下，连李自成竟也说"君非甚暗"，不骂崇祯帝而大骂他手下的大小臣僚。他汲汲邀誉，最终断送了大明的江山。

李自成在西安建国后，立刻分兵两路，给奄奄一息的明王朝以最后一击。其后，李自成开始向北京进军。

第十二章　进军北京

一、王朝末日

自去年夏季以来，除了李自成部对明王朝进行了连续不断的毁灭性打击之外，还有张献忠和辽东的清军都对明王朝形成很大的威胁。这两支力量牵制了明廷大量兵力，客观上有利于李自成的胜利进军。

崇祯十六年（1643年）五月，张献忠占领了湖广重镇武昌，活捉了楚王朱华奎。楚王"宫中金银各百万，辇载数百车不尽"，就连张献忠看到这些金银都十分吃惊。他用这些金银用作自己的军饷，随后，下令把楚王朱华奎扔进江中给活活淹死。张献忠得到李自成在襄阳称新顺王的消息后，自己也就称为"大西王"，改武昌为天授府，作为大西政权的都城。同时，他还建立了自己的一整套行政机构，其名称都是沿用明朝旧制，没有像李自成那样进行改动。张献忠也如同李自成那样正式开科取士，还任命了一批府、州、县的地方官员。这样，大西政权就成为和李自成的襄阳政权并立的农民军政权。

当时张献忠的力量不如李自成的力量强大。张献忠看到，李自成前后将罗汝才、贺一龙和小袁营诸部都已处置掉，他担心下一个可能就是自己了。尤其是武昌距襄阳又非常近，各自委派自己的官员治理，犬牙交错，发生矛盾和冲突是当然的事。为了避免两支农民军发生火并，张献忠就决定以躲为妙，离开武昌，到别处另开辟自己的一片新天地。于是，张献忠在七月亲率大军向湖南的岳州方向进军，自己只留下极少的兵力驻守武昌。

八月上旬，张献忠率领二十万众兵，以雷霆万钧之势攻占岳州，接着督师南下，向长沙进逼。张献忠的农民军沿途攻城略地，八月下旬把长沙包围。湖广巡抚王聚奎见势不妙，仓皇逃跑，又率领自己的部下逃向江夏。从荆州逃到长沙的明宗室惠王，和在长沙分封的吉王都是不懂兵法兵事、平庸无能、碌碌无为的人，这些人日夜担心，害怕张献忠赶来。他们见张献忠果真赶来了，便在官军的保护下慌忙逃往衡州，投奔在衡州的桂王去了。长沙总兵尹先民和副将何一德带领部下投降了张献忠。长沙推官蔡道宪却顽强防守抵御农民军。农民军在城下劝他投降，他即命弓箭手向前来劝降的人击射。农民军猛烈进攻三天，终于将长沙攻陷，最后蔡道宪被俘。张献忠劝他投降，他却破口大骂。蔡道宪的几个随从不离身边，一个叫林国俊的对张献忠说："如吾主可降，亦去矣，不至今日。"张献忠对他说："尔不降，亦不得生。"林国俊又说："如我辈愿生，亦去矣，不至今日。"张献忠于是下令将蔡道宪和他的几个随从一起杀掉。其中有四个随从愤然说："愿葬我主骸而后就死！"张献忠看他们对自己的主子如此孝忠又很讲义气，便答应了他们的要求。于是这四人把蔡道宪安葬后自杀而死。

张献忠接着追到衡州。封在这里的桂王朱常瀛知道自己的力量不能与农民军抗衡，便将王府宫殿点了一把火，很多宫女也一同被烧死，他本人则和逃跑过来的吉王、惠王一起逃往永州。这里的巡按御史刘熙祚亲自率领水兵奋力抵御，兵败后不降被杀。这时，湖广全部地区已基本被农民军所占领。

张献忠在衡州兵分三路，一路进攻永州，一路进攻广西的全州，一路进攻江西的袁州、吉安等地。张献忠自己则返回到长沙，在长沙营建宫殿，进行科举考试。十一月底，张献忠亲自率领大军攻占了常德。

崇祯十六年冬天，张献忠的力量在江西得到迅猛发展。袁州、吉安、抚州、临江、分宜等府县都被农民军攻陷。到了第二年春天，张献忠的数十万大军逆江西上，进入四川，攻占了万县，击败女将秦良玉。

这样张献忠的势力慢慢地扩大到多个省市州县，与北边李自成的农民军遥相呼应，不断给官军以沉重打击，有力地配合了李自成在北边的发展。除此之外，驻守在辽东的清军也牵制了明廷的很多兵力，使驻守关内的明军不敢脱身。

崇祯皇帝把对付清军的希望暂时寄托在洪承畴身上。他发现，洪承畴在与李自成农民军作战时表现得很出色，于是便命他为蓟辽总督。结果，没想到洪承畴在松山失利，被俘获后投降了清军。他的悍将曹变蛟、王廷臣等在与李自成周旋时都表现得十分英勇、顽强，卓有战功，这时也被清军俘杀。驻守锦州的将领祖大寿也被迫投降了清军。崇祯十六年秋天，清军又攻克了关外的重镇宁远。这样明军只好退守山海关，对清军只有消极对付，完全没有了主动进击的力量。

在兵部尚书陈新甲的提议下，崇祯皇帝本打算与清议和，并密派职方郎中马绍愉与清秘密谈判。但由于内部人员保密不严，朝中大臣都知道了此事，认为议和是"屈身取辱之事"。崇祯皇帝对此恼羞成怒，便把责任全都推到陈新甲身上，将他冒罪下狱处死，还有一些其他的官员也跟着丢了官。于是，与清议和之事彻底流产。

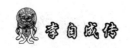

在西边和南边，已很难看到一片安静的疆土。李自成和张献忠的农民军攻城略地；在东北，有清军在那里虎视眈眈，随时出塞内犯。面对这种全国山河一片破碎的危机局面，崇祯皇帝已是身心交瘁，只有接连下罪己诏而已。

正像崇祯帝所哀叹的那样，这时的明王朝真是"处处皆亡国之象"。在崇祯十六、十七年间，有关异乎寻常的灾异记录史书有许多记载。如，一个雷雨天气，雷电竟击中了太庙，"庙中神主或横或侧，诸铜器俱为雷所击，融而为灰"。太庙就是皇族祖庙，竟然遭雷击，大家都感到这是一种不祥之兆。

就连宫中玩的掉城戏似乎也犯了某种忌讳。掉城游戏一般由宫女们来玩，其规则是在地上画出井字形的九个方格，中间一格为上城，上下左右四格为中城，对角四格为下城。宫女们依次用银键往井字形的城中抛，银键落的位置是宫女受赏罚的一个标志。落在上城者得上赏，落中城者得中赏，落下城者受罚。这本来是宫中的一个很平常的游戏，但因"掉城"二字不吉，使崇祯帝联想到李自成到处攻城略地，辽东的很多城也被清兵占领，二者好像有某种联系。于是崇祯皇帝将此游戏严令禁止。宫中的掉城游戏虽然停止了，但是宫外的城池却丢掉得更快更多了。

崇祯皇帝每天听到的不是这里打了败仗丢掉城池，就是那里闹灾异。这些不好的消息使他不时地发出感叹："朕非亡国之君，处处皆亡国之象。"普通的老百姓也预感到，明王朝气数将尽，到了改朝换代的时候了。由于这种心理作用，人们不论遇到什么事，都不往好处想，总是往坏处猜。

崇祯十六年十二月万寿节，是崇祯帝过的最后一个生日。他尽管有许多不顺心的事，但还是强打精神，到昭仁殿排宴庆寿。崇祯帝不知出于什么心理，点名要一个姓陈的歌伎"作西施舞"，舞后赐给陈歌女银五两。这又被人说成是不吉之兆。这种事情在平时算不上什么事，但在那"处处皆亡国之象"之时，人们又有些大惊小怪。因为历史上的吴王夫差就是因西施舞而亡国的，使人联想到，崇祯帝也将有夫差的厄运。为这事后人还写了一首诗：

舞按西施结束成，当筵为寿玉尊擎。
莫言长袖娇无力，曾拂苏台一夜倾。

因为吴国在苏州建都，所以这里的"苏台"就是指吴国，比喻明朝。

崇祯十六年冬至那天，崇祯帝到太庙准备祭祀列祖列宗。来到太庙，忽然间，"烈风起于殿角，燎火尽灭，不成礼而罢"。崇祯帝为此十分懊恼，自己暗地想可能是一种凶兆。回宫后，崇祯帝顿足叹息道："朕不自意将为亡国之主！"

在那种天下大乱、灾异频出的情况下，崇祯帝的心理似乎变得不正常起来。他除了不时发出叹息外，还无缘无故地对臣下们发怒，尤其对臣下奏言民间弊端一点也听不进去，对历代沿用的一些法令和做法不时变更。他大概希望通过这种更改来改变一个朝代的命运，但实践证明反而越变越糟。

从孙传庭死在潼关之战后，崇祯皇帝已感觉到自己的末日已近，整日闷闷不乐，愁眉不展。望望国家，已是天下汹汹，山河破碎；看看身边大臣，个个是庸碌之辈，找不到一个合适承担督师重任的人。崇祯帝经过反复考虑，来回掂量，还是觉得李建泰较为适合。

李建泰为山西曲沃人，曾任国子监祭酒，是个文臣。崇祯十六年十一月，他以吏部右侍郎入内阁，兼东阁大学士。崇祯皇帝希望李建泰毛遂自荐，担当督师重任，他在朝廷上叹息道："朕非亡国之君，事事皆亡国之象。祖宗栉风沐雨之天下，一朝失之，何面目见于地下！朕愿督师，亲决一战，身死沙场无所恨，但死不瞑目耳！"说罢失声痛哭，泪如雨下。大臣们看崇祯皇帝要亲自督师，他们都纷纷表示愿担此任。大学士陈演、蒋德璟虽有表示，崇祯皇帝都没有答应。李建泰得知李自成农民军已向山西进军，担心自己富有的家产将被农民军劫掠，有意率军前往保护。李建泰便诚心诚意地说："臣家曲沃，愿出私财饷军，不烦官帑，请提师以西。"崇祯皇帝见李建泰自告奋勇，十分高兴，马上答应："卿若行，朕仿古推毂礼。"又加封李建泰为兵部尚书，然后赐给他尚方剑，为他行事方便之用。

正月二十六日举行遣将礼，崇祯皇帝亲自登上正阳门楼，对李建泰倍加赏赐，并赐宴李建泰。崇祯皇帝亲自为他斟酒三杯，而且用的是金卮，酒后随机把金卮赐给了李建泰。崇祯皇帝还赐给李建泰一篇手敕。其中写道，自从自己即位的十七年以来，"未能修德尊贤，化行海宇，以致兵灾连岁，民罹干戈"，致使李自成等农民军蔓延数省，骚扰地方，扰乱了社会秩序。"朝廷不得已用兵剿除，本为安民。今卿代朕亲征，鼓锐忠勇，表扬节义，奖励贤能，选拔豪杰"，骄横的将领，贪酷的官员，以及"妖言惑众之人，违误军粮之辈"，对于这些人，李建泰都可以"以尚方从事"，也就是说可以用尚方宝剑就地正法。崇祯帝还明确答应，对于军中"一切调度赏罚，俱不中制"，全部由李建泰"临时而决，好谋而成"，该剿的剿，该抚的抚。崇祯帝同时还特别在敕书中对李建泰的品德和才能赞许了一番："以卿忠猷壮略，

品望凤隆，办此裕如，特此简任。"话又说回来，至于李建泰抵御李自成是否能成功，连崇祯皇帝自己也没有信心。这只是在万不得已之时试一下而已。但崇祯帝毕竟还是个新皇帝，所以他还能镇静下来，对消灭李自成还是表现得十分有信心："愿卿早荡妖氛，旋师奏捷……各官从优叙录，朕乃亲迎宴赏，共享太平！"由此看来，崇祯帝对李建泰的期望还是很高的，授予李建泰的权力之大，李建泰出师前的礼仪之隆重，的确非同寻常，但在当时，可以说这只是场闹剧而已，很快就如同肥皂泡一样破灭了。李建泰辞谢出京，崇祯皇帝目送许久。场面十分隆重，也颇为悲壮，但人们心里都很惴惴不安。因为李建泰虽有威重的头衔，有尚方剑，但"兵食并绌，所携止五百人"。以这区区五百官军去和百万农民军抗衡，岂不是拿鸡蛋碰石头？

李建泰刚出京就感到势头不对，又听说他的原籍曲沃已被农民军攻破，其家产已全被农民军占有，他顿时感到心灰意冷。他故意稽缓时间，每天约行三十里，其随行的士卒也有一些陆续逃亡。到定兴时，他想入城食住，竟被当地驻守兵士拒之城外，闭城不纳。李建泰非常恼火，于是，一气之下率领部队将城攻破，"笞其长吏"。攻破定兴之战可能是李建泰督师以后打的第一次胜仗，可惜对方也是自己人，来了个互相残杀。他到邯郸时，得知李自成农民军主力也乘胜攻来，这位被崇祯帝视为最合适的督师竟掉头而逃。他途经广宗县时，那里的知县李弘率领众兵上城防守，严加拒绝李建泰入城。李建泰又督师将广宗攻破，乡绅王佐竟然当面痛斥责备他："阁部受命南征逆闯，赐尚方剑、斗牛服，推毂目送，圣眷至渥。今贼从西南来，正宜迎敌一战，灭此朝食，上报国恩。奈何望风披靡，避贼北遁，陷城焚劫耶？"李建泰恼羞成怒，又气又急，立即命令将王佐杀死。

李建泰督师不足千人，他率领着这些饥饿难忍的士卒，一路北逃，一路上劫掠自饱，躲藏在保定。后来投降了李自成，清兵入关后又投降了清兵，最后被清廷处死。这次明廷大张旗鼓的督师，就如同儿戏一般地告终了。这也告诉人们，面对李自成农民军的强大攻势，崇祯皇帝已没有任何指望了。

二、决议迁都

面对李自成农民军慢慢向京师逼近，崇祯皇帝也产生了将京师迁往南京的想法，以躲避李自成的农民军，这显然是一种让别人瞧不起的无能的表现。崇祯皇帝还想要脸面，他想在大臣们的力请下顺水推舟，将京师南迁到南京。但一些主事大臣非常有心计，都怕承担责任，不敢坚持这种南迁主张，左中允李明睿看出了崇祯皇帝的心事，专门上疏请求京师南迁。为了保住皇帝的面子，堵住反对南迁的大臣之口，李明睿就建议崇祯皇帝以"亲征"为名，先到山东，继到中都凤阳，最后到南京固守，然后再徐图"中兴"。李明睿还利用明成祖五次亲征漠北为例，极力奉劝崇祯皇帝早作定夺。这很合乎崇祯皇帝的心意，所以他多次秘密召见李明睿，把他当作心腹。以前，李明睿曾奉劝崇祯皇帝西迁西安，以就近练习兵马，激励士气，率西北将士彻底剿灭李自成。现得知李自成已在长安建国，他不得不再劝崇祯皇帝南迁："今逼近畿旬，诚危急存亡之秋，可不长虑？却顾唯有南迁，可缓目前之急。"崇祯皇帝连忙用手往天上指去说："不知天意如何？"李明睿说："天命靡常啊，为政以德就会得之，不得就会失去。天命微乎其微，人能够战胜天，差之毫厘，谬之千里。事已至此，千万不可因循守旧，否则则会有后患无穷之忧。望内断圣心，外度时势，不可一刻迟延！"崇祯皇帝环视四周，发现无人，便十分动情地对李明睿说："朕有此志久矣，怎奈无人赞勷，故迟至今。汝意与朕合，朕志决矣。诸臣不从，奈何？尔且密之。"

崇祯皇帝想利用内阁首辅陈演请求南迁，以达到自己南迁的目的，但陈演平庸无为，胆小怕事，老奸巨猾，坚决不谈南迁事，使崇祯帝南迁梦无法实现。二月底，崇祯皇帝还为南迁事作了一些打算。他命科臣左懋第到南京，沿江考察舟师士马情况。他又命天津巡抚冯元飏暗自准备漕船三百艘，在直沽口等待命令。但崇祯皇帝又下不了决心，"恐遗恨于万世，将候举朝固请而后许"。在朝廷大臣当中，还有左都御史李邦华和少詹事项煜也同意南迁，但只是主张先让太子到南京监国，崇祯皇帝仍留京师。二月间，在外督师的李建泰也赶紧上疏，说李自成已逼向京师，形势越来越危急，请立即南迁，并表示同意保护皇太子南迁。尽管南迁的事一直是在秘密中进行，但还是漏了马脚，导致了朝廷内外纷纷扬扬的议论，人们反对南迁的呼声十分高涨。此时，李邦华上奏疏，请求崇祯皇帝下令命太子赴南京监国。李邦华的建议与崇祯皇帝的意愿大相径庭，这是为什么呢？因为这样一来，一方面不仅仅说明了自己怯懦，而另一方面自己也逃不了罪责。于是他"帝赫斯怒"，于平台召集群臣，表现出一副极端生气的样子，训斥道："祖宗千苦百战，定鼎于此。如果贼至而去，朕将来再怎么去督责乡绅士民去守卫国家呢？怎么对得起死去的先烈们呢？我可以离去，宗庙社稷呢？十二陵寝呢？京师百万生灵呢？……国君死社稷，是符合道义的。朕志决矣！"有的大臣说："太子监国，古来尝有，亦是万世之计。"崇祯皇帝道："朕经营天下十几年，尚不能济，哥儿们孩子家，做得甚事？"事实上，崇祯皇帝不相信他的儿子，害怕他演

出唐肃宗灵武登基的旧戏来。关于南迁的事就这样被拖了下来。

崇祯皇帝也确确实实想南迁，但这事却一直没能成行，这除了他狐疑不决、寻思不定外，还与形势的迅速变化有关。李明睿首次给崇祯皇帝提议南迁之事是在崇祯十七年（1644年）正月初三日，倘若当时立即南迁，可能还来得及。但崇祯皇帝迟疑不决，优柔寡断，很快进入了二月份。这时，李自成农民军已渡过黄河，进入山西，然后他又兵分两路，一路由李自成亲自挂帅，由北路直逼北京。另一路由刘芳亮统领，向东进发，二月中间就已到达河南和山东交界处，很快进入运河线上的济宁。若崇祯皇帝这时南迁，不论从陆路还是从运河水路，随时都可能遭到刘芳亮一军的拦截。这是让崇祯皇帝忧虑的问题。李明睿又一次督促崇祯帝南迁时，他问道："万一劲骑疾追，其谁御之？"就是针对南迁之事来说的。《鹿樵纪闻》中记载这样两句诗："君王也道江南好，只是因循计不成。"崇祯皇帝"因循"错过了时机。当李自成的一支农民军已完全控制了南迁的路线后，崇祯皇帝南迁一事当然也就"计不成"了。

当李自成逼近北京时，天津巡抚冯元飏带海船二百艘，千余名兵士，"身抵通（州）郊，候驾旦夕南幸"。崇祯皇帝已说出去大话，而且这时南迁如同逃跑躲避，也未必安全无误，所以对这事没有理睬。三月七日，冯元飏派其子冯恺章悄悄来到京师，想劝崇祯皇帝马上南迁。当他赶到京师时，京师已经一片荒慌，冯恺章根本就没有见到崇祯皇帝。至此，南迁一事同议和之事一样也就不了了之了。

李自成定都长安以后，即立即加紧部署进军北京的有关事宜。他首先派李过进入山西，并一块追击在黄河渡口的防守官军，切断太原官军的增援路线，为李自成大军东渡黄河作准备。在离开长安前，李自成先对后方的防守事宜作了重要部署。他命令权将军田见秀妻子高夫人及六政府的一些官员都留在西安，田见秀做防守工作，负责经营后方的是高夫人和六政府的官员。论成绩，田见秀远不及刘宗敏，但在李自成委任的官员中，田见秀却排在刘宗敏之前，这是一件值得人们深思的事。李自成可能主要考虑到，田见秀做事较稳重，有智谋，为人宽宏大量，也厚道，而刘宗敏则做事、为人较为粗暴。李自成这次让田见秀留守大后方，这是对他的重用表现，也反映了李自成对田见秀的极大信任。李自成率领刘宗敏、牛金星等文臣武将东征。

李自成率领主力部队顺利渡过黄河，移师山西，正月二十三日就占领了山西重镇平阳，驻守将领陈尚智投降。平阳陷落以后，河津、稷山、荣河等地相继被攻破，山西的其他地方"多望风送款"。由于山西巡抚蔡懋德从平阳败退，使得山西的民心更加飘摇不定，因此他遭到巡按御史的弹劾，被解任听勘。接任山西巡抚的是郭景昌，但他明白此时的形势，所以，郭沿途逗留缓缓不前就任。蔡懋德却以守土有责，而率领将士决心死守太原。

二月五日，李自成率大军到达太原城下。蔡懋德命令牛勇等出城作战，结果全军覆没。第二天，李自成亲自率兵攻城，防守东门的是从阳和调来的三千官军，刚一交战就投降了李自成。二月七日，守卫南大门的张雄缒城投降了李自成，并嘱咐他的同党在他下去后将角楼处的火药库烧掉。这天晚上恰巧刮起了大风，火药熊熊燃烧起来，风助火势，烈焰腾空，守城的士兵于是都急忙逃跑，农民军遂乘机攻入城内。蔡懋德见大势已去，无法挽救了，便"北面再拜"，将遗书交给朋友送到京师，对手下说："吾学道有年，已勘了此生。今日，吾致命时也。"于是就想拔剑自刎，但被部下把剑夺去。他的部将这时都表示愿意随他参加巷战，蔡懋德立即上马，和时盛等一起击杀农民军数十人。但是，农民军越集越多，他知道已无法冲出敌人的包围，就对时盛等人说："我当死封疆，诸君自去。"时盛等人簇拥着他到了三立祠，蔡懋德自缢而死，时盛也用弓弦自缢在他旁边。山西布政使赵建极被俘后，也不肯投降，李自成立即下令把他杀死。赵建极在走下台阶行刑时连呼万岁，李自成一时误会，命将他拖回。赵建极却瞋目喝道："我呼大明皇帝，宁呼贼耶？"李自成又羞又气，亲自用箭把他射杀。李自成对蔡懋德不肯投降也很生气，亲自去验他的尸体，见他确实已经自缢而死，但还是又用刀把他的头割下来。明廷官员共有四十六人死于太原之役，城破后都被陈尸城上。晋王朱求桂投降了李自成。

李自成在率领大军挺进的同时，派出一些先遣人员拿着令牌到各地传谕，宣传自己的主张，宣传明廷无道，已是天怒人怨，自己率领的是"仁义之师，不淫妇女，不杀无辜，不掠资财，所过秋毫无犯"。李自成尤其申明，农民军兵临城下时，不许抵抗，要开门迎降。农民军放第一炮后，城中掌印官要出城迎降；放第二声炮后，城中乡绅要投顺；放第三声炮后，城中市民百姓要跪迎农民军入城。如若不然抵抗的话，农民军破城后将大举屠杀，"寸草不留"。李自成的这种政策对瓦解明廷守军和农民军的顺利进军起了很大作用。

在这种形势之下，诸多府、州、县皆不战而降。有些地方官自知不敌，抵抗亦无益，又不愿投降，就只好带着官印偷偷弃城跑掉；有的则准备好清册账簿等文书，交给大顺政权，妥善交割后离去；有的地方官则被老百姓捆绑，交给大顺政权。总体而言，当时的地方官吏已是人无固志，看到大顺政权来招降就纷纷投降。少数不投降的则以武力相加。"不当差，不纳粮，吃着不尽有闯王"的歌谣唱遍当时各地，人们都预感到大明王朝就要完了，改朝换代的时刻就要到来了。

李自成在太原分兵两路，对北京采取南北两面夹击的战略战术。南路从太原向东出固关，取道真定、定州、保定，由南边进攻北京；北路是主力部队，由李自成亲自率领，经过大同、宣府等地，由北边对北京实施包抄，如此则形成包围之势。大同、宣府、居庸关等地都设有明军的重兵防守，李自成沿途攻略这些军事重镇，也是为了从根本上消灭明廷赖以生存的主力，以孤立北京，为占领北京打下基础。在进军途中，许多军事重镇都闻风而下，但在代州农民军却遇到十分顽强的抵抗。

李自成率领主力部队由太原向北挺进，没费丝毫力气就攻占了忻州，接着包围了代州。驻守代州的是山西总兵官周遇吉，他激励手下将士，要顽强固守。在此前，李自成命令投降过来的副将熊通前去谕降。周遇吉把熊通痛斥一顿，随后立即命令把他杀死，以表示自己固守的决心。周遇吉一边激励部下，据城固守，一边设计奇兵出城迎战农民军，并且连连得手，农民军伤亡十分严重。周遇吉固守数日，外无援兵，内无粮草，最后，他不得不退守代州西边的宁武关。

李自成率兵追到宁武关，他让他的部下在关下大呼，命令守关的明军投降，否则，"五天不降者屠其城"。周遇吉命令部下开炮轰击，农民军一连被击杀一万多人。守城官军的火药已全部用尽，农民军的攻势却不减，越来越猛。周遇吉便在城内设下埋伏，派一小股弱卒引诱农民军入城，突然放下闸来，把进入城内的小股农民军孤立在城里，因而歼亡，杀农民军数千人。李自成恼羞成怒，下令用大炮猛烈轰去，城墙倒塌，官军马上又把被轰塌的城墙修复好。这样反反复复数次，农民军一直未能占到便宜，反而损失了四员骁将。李自成看到守城官军拼命防守，自己损失十分惨重，非常害怕，准备后撤。他身边的将领给他出主意说道："我众百倍于彼，但用十攻一，番进，无不胜矣。"李自成认为有理，于是把队伍分成许多小的队伍，前队的全部战死后，后队紧紧跟上，连续进攻不间断，志在必得。结果，官军由于众寡悬殊，城终于陷落。周遇吉仍然是亲自督众巷战，马被战死后，徒步格杀。他杀农民军数十人，最后被农民军俘获。他大骂不止，被农民军悬挂在竿上，用乱箭射死。后来，农民军又把他的尸体剁为碎肉，以发泄心头之恨。他的夫人刘氏也十分矫健，率领妇女登城防守，杀死许多农民军。最后她见大势已去，便在家里点着火，"合家尽死"。从周遇吉的事中我们可以看到，以儒学为主导的中国传统思想的确造就了一批"忠义之士"。明王朝并不是没有人才，而是有人才得不到重用，即使用了也是用而不当，使他们无法施展自己的才能。

李自成虽然最后攻克了宁武，但损失惨重。这是他在进军北京的过程中损失最为惨重的一次战役。他对手下将领说："宁武虽破，吾将士死伤多。自此达京师，历大同、阳和、宣府、居庸，皆有重兵。倘尽如宁武，吾部下宁有孑遗哉！

不如还秦休息，图后举。"在李自成打算往陕西撤退的时候，镇守大同的明军总兵官姜瓖派来降使，因此使李自成得以神速进军。

三月一日，李自成率大军赶至大同城下。总兵官姜瓖开城迎降，代王朱传齐和大同巡抚卫景瑗却坚决要固守，他们并不知道姜瓖已经暗中向李自成投降。姜瓖掌兵事，他既然开城迎降，代王和卫景瑗便没有多少兵力可用，只是徒劳，所以很快被农民军俘获。李自成知道卫景瑗是个好官，亲自劝他投降，但他却据地而坐，"大呼皇帝而哭"。他大骂姜瓖："反贼，你和我盟誓抵抗，现在却当了叛贼，神灵在阴间能饶过你吗?"原来，他曾邀姜瓖歃血固守，誓不投降，姜瓖尽管不情愿，但又不好暴露，不得不装模作样地和他一起歃血誓守。姜瓖羞惭满面。李自成又把卫景瑗的母亲找来劝降，卫景瑗也不答应。李自成不忍心杀死他，最后卫景瑗却吊死在僧寺。李自成把他的老母亲和妻子儿女安置在一座空房子中，并下令不许部下冒犯。对代王却不是如此，李自成深知代王平时虐待手下，并且生活奢侈腐化，毫无气节，所以就下令将代王及其一门宗室全部杀掉。

李自成由大同指挥大军向阳和进发。宣大总督王继谟驻守阳和，他极力激励部下，准备坚守，无奈此时已是人心不定，有人讥笑他不识时务。比如，王继谟曾带领满城官吏到关帝庙歃血盟誓，他自己慷慨激昂，声泪俱下，可是其他的人却都无动于衷，这使他大为伤心。这也使他更清楚地意识到，到了此时人心的确已是不可收拾，自己已经成了孤家寡人，他匆忙把这种情况上疏禀告崇祯皇帝，结果崇祯皇帝却大为生气，命他戴罪治事，马上去大同解围。这使王继谟哭笑不得，束手无策。当此紧急关头，崇祯皇帝好像已经失去理智，对民心向背并不十分清楚。

李自成大军刚抵达阳和，驻守阳和的兵备道于重华就开门迎降。王继谟率领少数官军带着一万两银子，逃往京师路上却被另一支官军把银两全部劫去，充当了投降李自成的见面礼。

三月六日，李自成大军抵达宣府。宣府总兵官王承胤早已暗中投降了李自成，而巡抚朱之冯却坚决要固守。他在城楼上置朱元璋的神位，和诸将"歃血誓死守"。但人心涣散，连监军太监杜勋也劝他投降。朱之冯指着杜勋的鼻子骂道："勋! 你是皇帝最倚信的人，所以特地派你来监军，将封疆托付给你。你来到以后就与敌暗中相通，你还有什么脸面见皇帝呢?"但杜勋却不以为然，不回答，"笑而去"。当农民军拥兵城下时，杜勋"蟒袍鸣驺，郊迎三十里之外"。朱之冯登城长叹，下令士兵发炮，"默无应者"，指挥已经失灵。他自己不得不亲自前去点燃大炮，却被手下从后边拉住了手，劝他不要再放炮了。朱之冯长叹息道："不意人心至此!"仰天大哭起来。此时，在另一边，总兵王承胤却开门迎降，并

向城中士民宣传说，农民军"不杀人，且免徭赋"，因此"举城哗然皆喜，结彩焚香以迎"。手下想保护朱之冯出逃，被他断然拒绝，"乃南向叩头，草遗表，劝帝收人心，厉士节，自缢而死"。朱之冯临死时才明白，明王朝已彻底失去了民心，不可救药。

李自成主力随即到达居庸关。驻守在这里的总兵唐通和监视太监杜之秩也一起投降。于是，李自成的农民军长驱直入，很快到达北京城下。

当李自成大军在年初渡过黄河后，于山西南部分兵两路，一路由李自成亲自率领主力，经太原、大同、宣府等地直捣北京。另一路由刘芳亮率领，从山西出太行，经河南北部直入河北，从南边对北京形成包围之势。由此可以看出，李自成是要彻底推翻明王朝，因为这种部署的意图很明显，即不仅想要占领京师，而且要截断崇祯帝南逃的退路，彻底把他们消灭在北京。

崇祯十七年正月下旬，刘芳亮率十多万农民军顺黄河北岸向东挺进，经阳城越过太行山，到达河南北部，连战连捷，很快抵达怀庆。怀庆知府蔡凤早已提前仓皇逃跑。巡按御史苏京和副总兵陈德驻守在这里，二人平时就不合。陈德是明军著名将领陈永福之子，自知无力抵御农民军，于是把苏京和知县丁泰运逮捕，向李自成投降。丁泰运较有骨气，坚决不投降，被农民军杀掉。苏京为人刻苛，常常以杀人来取乐，还有许多人无故被他关进监狱。刘芳亮命令陈德为镇将，因看不起苏京的为人而对他百般羞辱。农民军命苏京穿上妇人的衣冠，脸上涂满粉，头上插着花，骑着驴游街，使城中士民大为开心。农民军还让苏京穿上青衣，像奴仆一样服侍左右，苏京依然"奉命唯谨，了无愧色"。直到大顺军离开怀庆后，苏京才乘机逃走。刘芳亮在离开怀庆前，建立了一系列的地方组织，委任了驻守在这里的防御使、府尹和所属的六个县的县令，随后便向东北方向的卫辉挺进。驻守卫辉的是总兵卜从善，他知道农民军势不可挡，而官军则毫无斗志，因此在农民军还未到达卫辉时，就保护潞王仓皇而逃。刘芳亮对当地进行安抚后，又进入山西长治一带。长治在古代被称为上党，是个历代兵家必争的军事重地，明宗室沈王分封于此。当刘芳亮抵达时，这里驻守的官军早已逃跑，无人组织兵力抵抗。大顺军不费一兵一卒就占领了长治及其附近的许多州县。活捉了沈王，藩王府中的金银财宝等全部被农民军掠走。刘芳亮安顿好这里的一切后，立即率师返回河南，直逼彰德。

彰德也是军事重镇之一，赵王封藩于此。面对农民军的强大攻势，明朝官员一听到农民军来了，都早已弃城而去。驻守的参将王荣是个有气节的将领，他看到这种状况也无可奈何，只好保护着赵王逃走。最后他还是被追赶而至的大顺军俘获。刘芳亮听说王荣是个有气节、有勇略之人，就劝他投降，他坚持不肯。此时陈永福已投降大顺军，刘芳亮就命令陈永福劝说，但王荣依然坚持不降，"大骂不屈"。结果，大顺军就把王荣父子一起杀掉，但下令允许他的家人收敛其尸体。

到此，河南和河北交界处的许多州县望风归降。驻守重镇广平的总兵官张汝行派使者到大顺军驻地，向刘芳亮迎降。在刘芳亮率大军到达广平时，张汝行率众官员"郊迎三十里"，以示诚意。张汝行还向刘芳亮表示，愿做大顺军前锋，并积极向刘芳亮提供攻取保定、通州等地的策略。刘芳亮十分高兴，把广平事务安顿好后，就率兵向保定挺进。

此时，刘芳亮率领的这支队伍声势浩大，军威雄壮，"络绎三百里"，"马嘶人喊，海沸山摧"，旌旗蔽日，一路势如破竹，攻无不克，战无不胜，所到之处明军争相献城投降。但是，刘芳亮在保定城，却遭到了顽强抵抗。这时，被崇祯帝寄予厚望的大学士李建泰也在保定城中。他自知不敌起义军，就打算向农民军投降。但是，保定同知邵宗元和知府何复等人却坚决反对，决不投降，并组织起一支二千多人的乡兵，日夜守城，严密防守。刘芳亮把劝降的文书射到城内，谓京师已被攻破，保定已是孤城无援，只有投降才能保证官民的生命安全。李建泰得到文书后，召集城中官员一起商议战守事宜。李建泰故作镇定地说："诸君是否知道京师已被攻陷？"有的官员说已听到。李建泰就拿出来刘芳亮的劝降文书，让他们观看。邵宗元看到文书后勃然大怒，"吾辈受国厚恩，宜以死报"，怎么能像猪狗那样苟且偷生呢！李建泰认为只有投降才能保全一城百姓，因此对众人劝谕一番，并要邵宗元交出大印来："吾欲得君印，印文书，为保定数万户请命，不则必被屠，奈何？"邵宗元不仅不交出帅印，反而当面指责李建泰，说他自己只不过是一位"位不过郡丞，碌碌无足比数，然犹不忍背主以苟活"，但是李建泰身为大学士，"受任将相，纵不自爱惜，独不记出师时，正阳门皇帝亲祖道，以武侯、晋公相期耶！顾乃一旦丧心若此乎！"李建泰非常尴尬，"瞠目无以对"。他的部下拔刀要杀邵宗元。邵宗元马上把官印掷在李建泰面前，讲道："任所为！"然后抽出剑来要自杀，手下匆忙把他抱住，把他手中的剑夺去。旁边一个御史把印拾起，又交还给邵宗元，然后大家相继离去。只有李建泰一个人留在官署中，仰天长叹道："我为保定士民计耳，此一举无噍类矣！"晚上，李建泰命令自己的一个亲信缒下城去，和刘芳亮商议投降事宜。刘芳亮看到劝降没有成效，便下令猛攻。尽管邵宗元、何复等人顽强抵抗，但毕竟力量悬殊，寡不敌众，尤其是军心不稳定，再加上不少将领与大顺军暗中相通。最后，三月二十四日被大顺军攻破，结果邵宗元、何复等人被处死，李建泰等人投降了大顺军。

除了刘芳亮这支南路军主力外，还有两支大顺军，其中一路是由刘汝魁率领

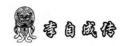

的，在刘芳亮占领彰德等地后，他奉命向东进击，很快攻占了长垣，到达河南和山东的交界处。二月下旬，刘汝魁攻克了滑县、开州等地，许多州县都不战而降。农民军随即就在这些地区设置机构，建立起自己的地方政权。三月初，刘汝魁率师进入河北的南部。

另一路是由任继荣率领的。在刘芳亮率主力进军保定时，他奉命东山固关，进击真定。当时，真定也是个军事重镇，是明朝巡抚衙门所在地，巡抚徐标当时驻守在这里。大顺军在各地攻城略地，胜利进军的消息接二连三地传来，人心惶惶不安，许多明军将领不想白白地为明王朝送死，就暗中和大顺军沟通，准备投降。比如，参将李茂春奉巡抚徐标的命令，率领部分士兵赴固关抵御大顺军，但李茂春却派自己的亲信到大同和大顺军联系，表示投降之意。更有甚者，李茂春还把大顺军劝降的檄牌送到真定。徐标颇有气节，大怒，立即把檄牌打碎，杀掉大顺军的来使，以表示和大顺军势不两立的决心。但令徐标极为伤心的是，他的部下并没有被他的这一行为所感动，最后是一起发动兵变，把徐标杀死，并共同推举谢加福为副总兵，使用大顺政权的永昌年号，还通令附近各州县迎降。三月初，任继荣率领大顺军不费一兵一卒地就占领了真定。大顺军在这些州县也随之建立起地方政权，设官置守，然后自己则率领主力继续北上保定，同刘芳亮会师。

崇祯帝的运气好像特别坏，在李自成农民军神速地向京师逼近时，他又连续下罪己诏和亲征诏，言辞十分动人。这好像成了他治理国家的一个策略，也似乎成了他政治生涯的一部分。

崇祯十七年二月十三日，太原被李自成攻破的消息传到北京，崇祯皇帝感到大事不妙，遂下诏"罪己"，号召"草泽豪杰之士"，赶快行动起来保卫明廷，言辞颇为感人，但基本上都已经起不到任何作用了。

三月六日，也就是李自成占领宣府的那一天，崇祯皇帝再一次下罪己诏。这篇罪己诏不仅言辞更加感人，而且的确涉及到一些实际内容。比如向百姓加征钱粮，向商者负买，都全部废弃，对李自成和他的部下也有了区别对待的政策，可以说比以前有了大的进步。可惜的是，为时已晚。李自成率领大军已逼近京师，皇帝的号令已出不了京城，再好的政策也起不了任何作用。假使在几年前下达这样的诏书，也许还能起点作用，但到了此时，它充其量也只能令部分士民感慨一番而已，或许连这点效应也难以起到。

三月十八日，李自成的大军已兵临城下，崇祯皇帝下诏亲征。诏书内容是：

朕以渺躬，上承祖宗之丕业，下临亿兆于万方，十有七年于兹。政不加修，祸乱日至。抑贤人在下位欤？抑不肖者未远欤？至干天怒，积怒民心，赤子化为盗贼。陵寝震惊，亲王屠戮，国家之耻，莫大于此。朕今亲率六师以往，国家重务，悉委太子。告尔臣民，有能奋发忠勇，或助粮草器械，骡马舟车，悉诣军前听用，以歼丑逆。分茅胙土之赏，决不食言。

此时李自成已开始下令攻城，北京已危在旦夕，下达这样的亲征诏书又有什么意义呢？事实上，崇祯帝是想打着亲征的旗号外逃。只是，京师已被团团包围，外逃的计划落空了。

此时，京师正在流行一场大瘟疫，实际上就是一场鼠疫。当李自成农民军进入京城后，这种瘟疫在农民军中也有所传播，严重影响到农民军的士气与力量。当李自成在山海关吃了败仗后，即马上从京城撤离，也主要是为了躲避瘟疫。李自成虽在山海关战败，但在京城驻守的农民军数量还可以。按照正常情况，决不至于毫不抵抗就加以放弃。史书上对这个原因虽无记述，但以理度之，这场瘟疫应是李自成毫不吝惜地放弃了北京的原因。

第十三章　北京称帝

一、皇室凄凉

李自成率主力最先到达京师。正当他率兵步步逼向京师的时候，这一消息传到了京师，崇祯皇帝匆忙召见王公大臣，商议对付农民军的良策，但是群臣默默无声，半晌也没想出办法，崇祯丧心致极，几乎快要流泪，此时，不知传来何种消息，崇祯连忙拆阅，看罢不禁大惊失色，推案走进去了。各位大臣一直在殿内等候圣旨，直到中午，才由内监传出命令，要诸位大臣退去。只是等到黄封来到后，众人才知道昌平已经失守了。昌平地处天堑，是一夫当关，万夫莫入的险要位置，怎奈太监高起潜等，竟毫不戒备，起义军一到，只管各人逃命，如此，昌平轻而易举地为农民军所得。当天晚上李自成率领农民军直逼卢沟桥，进犯平则门，紧接着围攻彰仪门。崇祯皇帝急忙下诏，任吴三桂为平西伯，立即率所部勤王。下令京师三大营，发兵屯齐化门外，以抵抗农民军，襄城伯李国桢统率三营，昼夜巡逻。同时命太监王承恩为京师辽蓟兵马总督。此时京城外农民起义军在晚上举着火把，火光冲天，杀声震天。京师内守城的残兵只有五六万人，又多半是老弱病卒，又乏粮饷，崇祯帝万般无奈，只得下令发内帑铜钱，分给守城兵士，但每名不过才一百钱，兵士怨声不绝于耳，守城也益发懈怠了。襄城伯李国桢，向皇帝提出建议，准备让公侯捐粮米，崇祯皇帝答应了，命他办理。

哪知李国桢忙碌了一夜，最后，各亲王大臣捐米还不到五百石，随即分给了士兵，但是，一时找不到锅。李国桢不得已，亲自前往城中店铺，买了些吃的。这样坚持了两天，农民军攻城愈来愈猛。李自成下令用大炮轰城，守城的士兵被炮火炸死的不计其数。守城士兵大半不愿意坚守，都躲在炮楼里安全的地方。李国桢单枪匹马进内城，直入乾清门，守门太监和侍卫上前阻拦，李国桢大声道："都是什么时候了，还作威作福！"说罢放声大哭，内监这才放李国桢进宫，见到崇祯皇帝，便叩头大哭着："士兵都已变心了，睡卧在城下，这个人起身，那个人又睡下了，如此看来，怕大事已休了。"崇祯听后流泪不止，于是传旨，驱内宫太监侍卫等，登城守卫，大约二千余人，命太监曹化淳督领。又搜刮宫内后妃的金钗钿珠，约有二十万金，分赏给城内兵士。正在分配，忽然听到消息，城外三大营已被打败，十分之六都投降了农民军，其余的都逃散了。李国桢和崇祯都被惊呆了，君臣怔了一会，相对大哭起来，国桢满眼含泪走出宫来，督兵守城。城外三大营的军械尽被李自成劫去，其中有大炮十二尊可纳火药百斤。起义军得了大炮，对准京城轰击，炮声隆隆，百姓惊惶嚎哭。崇祯在宫内听到炮声不绝，如坐针毡，一会儿哭，一会儿大笑，内侍太监，更不知所措。礼部尚书魏藻德，奉前大学士李建泰上疏入奏，劝崇祯皇帝御驾南迁。崇祯皇帝大怒，把奏疏掷在地上道："李建泰已经投降了农民军，还有颜面来朕处饶舌吗？"魏藻德不敢答话，俯伏叩头而退。又有大学士范景文、御史李邦华、少詹事项煜等，也上疏请皇上南迁，并说愿奉太子，先赴江西督师。崇祯皇帝大怒道："你们平时经营门户，为子孙万代计，今日国家有事，就要弃此南去吗？朕城破则死社稷，南迁何为？"众臣听罢，谁也不敢再说什么，只好各自退去。

此时山海关总兵吴三桂，接到勤王的诏书，怕李自成兵力强大，不敢进兵，但又不能不奉诏，当天下达命令，率兵十五万人，向京师进发。每天行军才三十里，这是吴三桂有意迟迟缓进。吴三桂的打算是拖延时间，待到各路援兵聚齐后，兵力雄厚，再和李自成交战，那就不怕他了。谁知才行军到丰润，京城失守的消息传来，吴三桂见大势已去，干脆屯兵观望。

再说京城被农民军围困，力攻平则、德化、西直三门，太常卿吴麟征，亲自架万人敌大炮，起义军也架炮轰城，把西直门射塌了一丈多，吴麟征亲自率领内官，修理城墙，一边飞马进大内，向崇祯皇帝报告情况，兵士由于缺饷，势将逃散。刚到乾清门，宦官不准外吏进入。吴麟征便硬闯了进去，到了午门前，恰好遇上礼部尚书魏藻德，对吴麟征说道："兵部已筹有巨饷，你可不必慌忙了。"说着拉了吴麟征出来。这内监统领曹化淳，暗地里勾结农民军，准备献出京城。

李自成包围京师，使得城内人心惶惶，朝不保夕，崇祯皇帝也终日坐立不安。周皇后和懿安皇后及六宫嫔妃，无不以泪洗面，惶惶不可终日。此时报告消息的内监，进出大内，络绎不绝。太监统领曹化淳，见京营兵马溃散，知道大势已去，便和内监王之心，秘密商议献城投降。守城的内官，都受了曹化淳的煽动，在城上向外打炮，在打炮之前，士兵先把炮弹内的弹药挖去，只把硝磺装在里面，对着天空燃放。曹化淳还恐伤了起义军，他先指挥着农民军躲开，然后发炮，这样勉强支持了几天。李自成命手下在彰仪门外，把一大红毡子铺在地上，他盘膝坐在毡上，手握着藤鞭，招谕城上的太监道："你们赶快献城投降，我们进城后不会难为你们。如果执迷不悟，一旦攻陷，就要杀你们鸡犬不留！"城上的内监，听了李自成的话，一个个面面相觑，不敢作声。这天晚上，就有十几名小太监，偷偷地缒出京城，投奔到李自成营中去了。第二天清晨，已经投降了起义军的太监杜勋缒进城中，直入内庭，劝崇祯帝下诏逊位。崇祯皇帝大怒，斥退杜勋。杜勋出宫后，到处散布流言蜚语，城内人心更加浮动。兵部尚书张缙彦，听到这个消息，想入宫奏闻，守宫太监不允许进入，张缙彦气愤地出了乾清门，竟自去钟楼上自缢了。

当时是崇祯十七年三月十六日，李自成命起义军攻打平则、西直、德化、彰仪等门，炮声隆隆，彻夜不绝。崇祯皇帝在宫内听得一清二楚，不由得叹口气，回顾周皇后道："起义军兵多势众，城内守备非常空虚，这小小的京城，只怕朝不保夕了。"说罢，潸然泪下，周皇后、袁贵妃在一旁，更哭得泪如雨下，站在一旁的宫女也一齐痛哭起来，就连那些内侍太监也不住地掩泪。崇祯皇帝忽然收住泪向宫女内侍们说道："你们事朕多年，今日大难临头，朕不忍心你们同归于尽。快各人去收拾东西，赶紧逃命吧！"内侍和太监们，大都是曹化淳和王则尧的同党，一听到崇祯皇帝的话，便争先恐后，各人去收拾些金银细软，出宫逃命去了。只有宫女们却不肯离去，其中有一个叫魏宫娥，一个叫费宫人，两个跪在崇祯皇帝面前齐声说道："奴婢蒙陛下和娘娘的厚恩，情愿患难相随，虽死无怨。"崇祯帝惨然说道："你们女流，竟还有如此忠义之心，可那班王公大臣，从前坐享厚禄，但到了闯贼攻城，不但毫无策略，甚至丢下朕而竟自逃去了，这都是朕的不对，亲近佞人远离贤能，豢养这些奴才，如今悔也莫及了。"崇祯皇帝说到这里，放声大哭道："不料想朕竟做了亡国之君，惭愧啊！有何面目去泉下见列祖列宗！"说罢顿足捶胸，嚎恸欲绝。周皇后也伏在案上，凄凄切切地和袁贵妃相对痛哭。此时满室中只有涕泣声音，好不凄惨。

大家痛哭了好大一会，周皇后含泪说道："事到如今，陛下不如潜出京师，南下调兵，大举剿贼，或者使社稷转危为安。"崇祯帝不等周皇后说完，即收住眼泪愤怒地说道："朕恨自己昏瞶，致使弄到如此地步，还能到哪里去？哪里还有为国家出力之人？总而言之，朕是死有余辜，今日惟有以身殉国了。"正说着，忽见永王、定王两人携着手，笑嘻嘻地走了进来。这时永王九岁，定王七岁。两儿子见到父皇母后，都哭得双眼红肿，也哇的一声哭了起来。崇祯皇帝瞧着这两个皇子，心里一阵难受，又扑簌簌地流下泪来，便伸手把弟兄两个拥在膝前，垂泪说道："好儿子，贼兵围城，危在旦夕，为父就要和你们长别了，可怜你们为什么要生在帝王家里，小小年纪，也遭这杀身之祸？"崇祯皇帝说着，声音哽咽，已语不成声了。周皇后失声哭道："趁此刻贼兵未至，陛下放他两个一条生路，叫他兄弟两人，暂住姜父家里，他年天可怜儿，得成人长大，有出头之日，也好替国家父母报仇。"提到仇字，周皇后早哭得缓不过气来，两眼一翻，昏倒在盘龙椅子上。嫔妃们慌忙上前叫唤，半晌，周皇后才慢慢醒转过来，然后拖住定王，搂在怀里，脸对脸紧贴着，抽抽噎噎地哭个不停。崇祯皇帝一边拭着眼泪，一边站起身来说道："此时哭也无益，待朕把这两个孽障，亲自送往国丈府中，托他好生看待，也给朱氏留一脉香火，想国丈当不至负朕重托吧。"说罢，一手一个，拉了永王、定王，正想要出宫，忽然看到内监王承恩，慌慌张张地跑进来道："大事不好了！贼兵攻破外城，已列队进了西直门，此刻李将军正激励将士守卫内城，陛下快请出宫避难吧！"崇祯皇帝听罢，面容顿时惨白，说道："大事休矣！"回过头对王承恩道："卿速领朕往国丈府去。"王承恩在前面引导，君臣两个，携了永王、定王出宫，周皇后还立在门口，凄然地嘱咐定王："儿啊，你此去有出头之日，莫忘了国仇大恨，你苦命的母亲，在九泉之下盼着你啊！"崇祯皇帝不忍心再听，见定王哭了出来，急忙握紧他的小手，道："国亡家破，如今还是哭的时候吗？"定王吓得不敢出声，永王毕竟年纪大些，只暗暗哭泣。

　　父子三人和王承恩出了永宁门，耳边还隐隐听得到周皇后的惨呼声，崇祯皇帝暗暗流泪，却把头低垂着，向前疾走，一边走一边落泪，到国丈府门前时，崇祯皇帝的蓝袍前襟，已被泪沾得湿透了许多。王承恩道："陛下少等，等奴才去报知国丈接驾！"说罢疾步走去。崇祯皇帝呆立在国丈府第前的华表旁，左手携了永王，右手执着定王，等了好一会不见王承恩回来，崇祯皇帝便按捺不住，携了两个儿子，慢慢来到国丈府第的大门前，只见兽环低垂，双扉紧闭，静悄悄的连一个人影都没有。崇祯皇帝就在大门缝向里一瞧，只见里面张灯结彩，二门前的轿车停得满满的，丝竹管弦之声，隐隐约约地从内堂传出来。崇祯皇帝十分诧异："国已将亡，周奎怎么还在家里作乐，难道王承恩走错了府邸吗？"崇祯皇帝正在疑惑，只见王承恩气呼呼地走来，喘着气说道："实在太可恶！周奎这老家伙竟在家做八十大庆，朝中百官都在那里贺寿，奴婢进去时，被二门上的仆人挡住不让进，奴婢说是奉圣旨来的，才肯放过奴婢，到了中门，又有个家人出来阻止，奴婢说有圣旨，那家奴竟问道：'今天是国丈寿诞，不论什么要紧的事儿，一概不准入内！'奴婢再三地央求他，他竟骂了起来。奴婢实在无奈，只得在中门那儿高声大叫国丈接旨，谁知周奎那老家伙，在里边明明听到了，却故意装作没听见，反让家奴出来，将奴婢乱棍打出。"崇祯皇帝听说，不由得大怒道："有这等事，周奎也欺朕太甚了！"说罢命王承恩前面带路，崇祯皇帝和两个皇子随后紧跟。到了大门前，大门早已被家人上了闩。王承恩此时气愤之极，一顿拳打脚踢，将国丈府的大门，打得轰轰直响，打了好一会工夫，只听得里面传来谩骂的声音，忽地大门开了，跳出一个黑脸短衣的仆人来，倒把崇祯皇帝吓了一跳。那仆人理也不理，破口大骂："有你娘的鸟事，这样打门？"王承恩喝道："圣驾在此，奴才竟敢撒野？快叫周奎出来接驾？"那仆人瞪了两眼，大声道："圣驾是什么鸟？我奉了国丈的命令，不许有人捣乱，你再纠缠不走，我可要叫人出来，把你送到兵马司里去了！"王承恩气得咆哮如雷："周奎这老贼目无君上，待我进去和他理论！"说罢向大门内走去。那仆人将王承恩的领子一把揪住，往门外一推，王承恩站立不稳，摔倒在大门的台阶上。王承恩霍地站起来又要奔上去，被崇祯皇帝拖住道："回去吧！不要与这些小人计较了！"王承恩气愤地说道："奴婢拼着这条性命不要了！"话没说完，只听"嘭"的一声，那仆人合上门闩进去了。崇祯皇帝叹了口气说道："承恩呀，你不要这样生气了，这都是朕的过错啊，还有什么话可言！事到如今，朕也不必再去求他了，快回去吧！"说罢君臣二人，领着两个皇子，垂头丧气地回宫了。此时听得炮声震天，喊声和哭声一片。崇祯帝仰天垂泪道："朕何负于臣，他们却负朕至此！"一边叹气，一边匆匆地走着。

经过庆云巷时，猛听得前面马声嘶鸣，尘土飞扬，崇祯皇帝大惊道："贼兵已进城了吗？"王承恩也慌了手脚，忙道："陛下和殿下暂时躲避一下，待奴婢前去探听探听。"话音未落，只见三十骑马疾驰而来，要想躲避已来不及了。只见马上的人，一个个打扮得十分华丽，正中一匹高头骏马，马上坐着一位官员，不是别人，正是皇亲田宏遇。田宏遇见了王承恩，拱手微笑，一眼瞥见了崇祯皇帝站在一旁，慌忙滚鞍下马，向崇祯皇帝行礼。崇祯皇帝阻拦道："路上很不便，田卿行个常礼吧！"田宏遇领命，行过了礼，便问陛下携同殿下，要到哪里去。崇祯皇帝听到，先叹了口气，将自己托孤的意思，大约讲了一遍，又讲到周奎十分无礼，欺朕太甚，田宏遇听了，也觉周奎太可恶，便正色说道："陛下既有这个意思，那就把两位殿下交给为臣吧！"崇祯皇帝大喜，回头唤过永王、定王，吩咐道："你两个随了外公回去，一定要小心听受教导，万事顺从，孝顺外公就与朕一般，千万不要使性子，要知道你是已离开父母的人了，不比在宫里的时候。你弟兄一定要勤奋向上，切莫贪玩，朕死也瞑目。"崇祯皇帝一边嘱咐，一边用袍袖连连拭着眼泪，两个皇子也都痛哭起来。崇祯皇帝咬了咬牙，厉声说道："来不及了，你弟兄就此去吧！"说完回身对着田宏遇鞠了三个躬，然后说道："朱氏宗祧，责任都拜托卿家了！"田宏遇慌了，来不及还礼，只好噗地跪倒在地上，泪流满面地说道："陛下托于为臣，臣受陛下深恩，怎敢不尽心护持殿下，以报圣恩呢。"崇祯皇帝道："如此朕就放心了！"原来，田宏遇这时锦衣驽马，仆从如云，也是往周奎那里去贺寿，此时遇到崇祯皇帝，把永定二皇子托付于他，便打消了去周奎那儿贺寿的念头，立即命令家人让出两匹马来，扶定王和永王上马，自己也辞别了崇祯皇帝，跃上快马，家人蜂拥着向田府去了。

崇祯皇帝站在那儿，含着眼泪，目送二皇子疾驰而去，直到瞧不见了影儿，才凄然回头，与王承恩两人在路上徘徊观望。王承恩禀道："时候不早了，陛下请回宫吧！"崇祯皇帝凄然说道："朕的心事如今已了，还回宫去做什么？"王承恩大惊道："陛下乃万乘之尊，怎可以流连野外？"崇祯皇帝流着泪说道："贼已攻破外城，到处烧杀抢掠，可怜朕的百姓无辜受此灾难，朕心实在不忍，朕想在这里，等贼兵杀到，与百姓同归于尽吧！"王承恩哪里肯答应，苦苦哀求崇祯皇帝回宫，崇祯皇帝忽然问道："这一带什么地方最高？朕要登高临下，看一看城外的黎民百姓，被闯贼蹂躏得怎样了？"王承恩见有机可乘，忙回答道："陛下如想眺望外城，须驾还南宫，那里有座万岁山——煤山——仁宗皇帝时，建有寿皇亭在山顶，登上亭子可以望见京师全城。"崇祯皇帝听说，便同王承恩走回宫来，这时日色已经西沉，乌鸦喳喳地哀鸣着，夹杂着凄楚的哭声，顺风吹来，更加凄惨。

二、命归煤山

月色昏蒙，寒风凄冷，京城外的火光，惨红如血。一阵阵的嗷啼声和啼哭声，夹杂着炮火声和喊杀声，昼夜不绝。崇祯皇帝扶着王承恩，踉踉跄跄地转回南宫，到了万岁山上，倚在寿皇亭的石栏边，遥望城外烽火连天，哭喊呼嚎声，兵器声马蹄声，隐隐可辨。火光四处不绝，照得满天通红，看到农民军正在那里大肆烧杀抢掠，繁华的京都，瞬时变成了一片焦土。这时天空月光，被浓云遮掩起来，越觉得大地黝黑，举目都是一种凄惨的景象。崇祯皇帝凄然泪下道："黎民百姓有何罪，惨遭如此荼毒？"说罢回头对王承恩

道："朕心已经碎了，不忍心再看下去了，卿还是扶朕下山回去吧！"于是君臣二人狼狈地下了山，匆匆进入乾清门，来到了乾清宫中，崇祯皇帝便提起朱笔来，草草书写手谕：着成国公朱纯臣，提督内外军务，诸臣夹辅东宫。书写完毕，掷下笔长叹一声。此时王承恩已出宫探听消息去了，崇祯皇帝回顾四周，只有一个小内监侍立在他的旁边，当即命令小内侍把朱书拿到内阁。当小内监捧着上谕来到内阁时，内阁里一个阁臣都不在，小内监只得把谕旨放在案子上，回身自己也逃命去了。

十七日那天，廷臣已不再上朝，只有范景文等几个大臣，还勉强进宫侍驾。君臣相见，都默默不语，只是相对流涕而已。半晌，崇祯皇帝挥手令范景文等退出，自己负手踱到皇极殿上，俯伏在太祖高皇帝的圣位下，放声大哭起来，直哭得泪湿龙衣，声嘶力竭，也没有一个内侍宫人来相劝，崇祯皇帝孤零零的一个人，愈想愈觉得伤感，索性倚在殿柱上，仰天长嚎起来。崇祯皇帝独自嗷哭着，由清晨一直哭到日色西斜，最后实在哭不动了，才擦擦泪起身，来到承仪殿，呆呆地坐在那里发呆。坐了一会，不禁困倦起来，便斜倚在绣龙椅上，迷迷糊糊地睡着了。忽见一个峨冠博带的人走了进来，提着一支巨笔，在殿墙上写了个大大的"有"字，然后掷笔走了。崇祯帝正要说话，蓦然寒风刺骨，一觉醒来，才知是梦。崇祯皇帝定了定神，离开承仪殿，来到后宫。此时周皇后和袁贵妃等，也都彻夜未眠，看到崇祯皇帝进宫，急忙出来迎接。崇祯皇帝瞧见皇后贵妃，个个都蓬首垢面，面容憔悴，不由得叹了口气，然后把梦境说了一遍，大家胡乱猜测着，魏宫人在旁说道："'有'字上半大非大，下半明不明，是大明残破的意思。"崇祯皇帝听了，变色不语。正在这时，猛听得门外脚步声杂沓，两个内监气喘嘘嘘地跑进来禀道："太监曹化淳，已经开城降贼，陛下宜速急出宫躲避。"说罢匆匆忙忙地走了。崇祯皇帝正在疑惑不定，见襄城伯李国桢，汗流满面地抢进宫来，叩头大哭道："逆阉献城，贼已经攻陷了内城，陛下请暂且避一避，臣等与贼巷战去了！"说完飞奔出去。崇祯皇帝也慌忙出宫，到奉天殿上，想召集群臣，共商善后事宜，环顾四周，内侍宫监多已逃得无影无踪了。崇祯皇帝没有办法，不得不自己走下殿来，执起钟杵，把景阳钟撞了一会，又握着鼓槌，将鼓咚咚地打得震天响。然后走上宝座，专等众臣入朝。谁知等了半晌，结果一个廷臣也没有来。

崇祯皇帝长叹一声，不得不走下宝座，回到后宫，恰好王承恩气极败坏地进来，大叫："贼已经进入内城，此刻正在内城烧杀抢掠。陛下快请移驾避贼！"崇祯皇帝怆然说道："事已至此，朕还避他干什么？你去午门外看着，见贼兵进宫，便来报告朕。"王承恩含泪叩了个头，匆匆地出去了。崇祯皇帝于是在宫内，召集后妃嫔人等，聚集在一起，崇祯皇帝命宫女拿过一壶酒来，自斟自饮，连喝了五六杯，此时太子慈烺站在他的旁边，崇祯皇帝回头说道："你还站在这里做什么？快逃命去吧！"太子见状，对崇祯皇帝和周皇后，跪下磕了三个头，凄凄惨惨地哭着走出宫门。崇祯皇帝流着泪，把脸儿扭向一边，装作没有看见。眼里的泪珠落下滴在酒杯中，崇祯皇帝端起酒杯，一饮而尽。

这时周皇后和袁贵妃，还有公主昭嫄，围坐在崇祯皇帝的旁边痛哭，宫女嫔人，也围在周围哭泣着。崇祯皇帝垂泪叹道："大势已去！"又对周皇后道："卿可自己想办法，朕已经顾不上你了。"周皇后起身说道："臣妾侍奉陛下，已经十八年了，从不曾听过臣妾一句话，才有今日！"说完笑着走进内堂。不大一会，宫女出来报告说娘娘自尽了，崇祯皇帝不觉泪如雨下，半晌回过头来对袁贵妃说："你为什么还不自尽？"袁贵妃含着泪站起来道："妾请死在陛下面前！"说完即解下丝带，系在庭柱上，上吊自杀。谁知丝带断了，袁贵妃掉在地上，不大会竟慢慢地苏醒过来。崇祯皇帝连忙从墙壁上拔下一口剑来，向袁贵妃连砍几下，才死了过去。随后又将其他的嫔妃，砍倒了四五人。崇祯皇帝正要回身出宫，昭嫄公主一把拖住崇祯皇帝，两眼落泪，哭个不停。昭嫄公主今年十五岁，长得十分漂亮，袅袅婷婷。这哭声使得崇祯皇帝不禁起了一种怜惜之心，但又不忍留着受贼人蹂躏，便哄昭嫄公主道："你看外面贼人来了！"公主忙回头看时，崇祯皇帝乘公主不备，用袍袖把自己的脸掩起，随手一剑砍去，正砍在公主的肩上，鲜血直冒出来，公主惨叫一声，倒在血泊里。崇祯皇帝想再砍第二剑，无奈两手颤个不停，再也提不起剑来。眼睁睁地看着公主，鲜血咕嘟嘟地冒个不停，令人目不忍睹。崇祯皇帝掷剑叹道："你为什么生在帝王家？"说着硬着心肠，掩面出宫而去。

这时王承恩来报告外面的情况，崇祯皇帝叫他在前面带路，手提一杆三眼枪，君臣两人出了中南门，恰巧遇着一群逃难的内侍，崇祯皇帝便也夹杂在内侍当中，直向东华门走去。此时东华门还没有被攻破，守城的内监，见一群宫监拥来，以为宫中发生了内变，便喝令放箭，把一群内监射得四处乱窜。崇祯皇帝被众人一冲，一时站立不稳，跌倒在地上。慌忙爬起来，脚上的鞋子已经掉了一只，头上的皇冠也不知掉到什么地方了。再回头时又看不到王承恩了，崇祯皇帝没有办法，只得赤着一只脚，一步高一步低地往齐化门走来。成国公朱纯臣的府第就在齐化门内，崇祯皇帝便走到成国公的府中，但看门的把他喝住道："国公爷吩咐，现在是乱世时候，不经国公爷的命令或令箭，一概不许放人进入。"崇祯皇帝听了，长叹一声，呆立了好一会，才回身离开了国公府，随着一群难民，望安定门走去。到了城门前，只见门上锁着一把很大的石锁，不提防守门的士兵赶来，拿着一杆长枪，望人群中乱刺，众人赶紧回身逃去，崇祯皇帝也只好向回走，因走得太慌忙了，把头上束发的簪子都抖落了，网结脱开，弄得头发都散了。崇祯皇帝将待折回北去，恰好碰上起义军进城，难民四处狂奔，难民的后面，是守城的败兵。败兵被起义军追急了，如同丧家犬，东奔西窜，潮涌一般冲过来。崇祯给众民兵一拥，连跌了两个跟头，待爬起身来，衣服已经扯破了，脸上满是泥土，手指也被擦破，鲜血淋漓。崇祯皇帝到了此时，已走得脚酸腿软，头昏目眩，自己便抱定了必死的念头，一盘膝坐在大街的石级上，一边喘息，一边还不住地用袍袖拭着泪。

正在这时，难民中忽然跑过一个人来，噗地跪在地上，抱住崇祯皇帝的双膝，放声痛哭起来。崇祯皇帝定睛一看，原来是王承恩，不觉叹口气道："朕和你倒还能见上一面。"王承恩收住眼泪说道："贼兵前锋已离这儿不远了，李将军率领着卫兵在那里死战，陛下请回宫去，免得落贼人手里。"崇祯皇帝觉得也有理，于是由王承恩搀扶着，一步一挨地回到南宫。王承恩想扶崇祯皇帝进宫时，崇祯皇帝叹道："朕不愿回宫了，不如到万岁山上去休息一会吧！"王承恩没法，只得搀着崇祯皇帝，来到万岁山上，在寿皇亭面前的一块大石头上坐下来。君臣二人默对了半晌，崇祯皇帝蓦然想起了慈庆宫的懿安皇后来，急忙向王承恩说道："朕出宫时太仓猝了，没来得及通知张皇后，你可领朕谕旨，说贼人已经进城，必然会蹂躏宫眷，令张娘娘赶紧自裁了吧！"王承恩领了命令，匆忙下山去了。

张皇后是熹宗皇帝的中宫，熹宗去世，张皇后退居慈庆宫，崇祯皇帝继统，便封她为懿安张皇后。张皇后的为人，性情温顺，而且很识大体，严于礼节。在熹宗的时候，客魏当权，六宫嫔妃，无不受客魏的谗害，只有张皇后一人，没有被他们陷害。因为张皇后举止严正，不轻言笑，熹宗很是敬畏，客魏也惧怕张皇后，不敢恶意中伤。有时客魏正和宫人们嬉笑浪骂，即使熹宗皇帝也不怎么回避，只是当听说张皇后驾到，立刻收敛起来，连大气也不敢喘，装出十二分的规矩来。张皇后对上虽持礼严肃，对待下人却极宽宏大量，不论谁犯了些小小的过错，并不过于追究，所以宫内的宫侍内监，没一个不恭敬佩服她的。崇祯皇帝对于张皇后，实属叔嫂，但在礼节方面如同对待母后。每到了初一、十五，崇祯皇帝一定亲临慈庆宫，向张皇后请安，张皇后担心有叔嫂的嫌疑，便令宫人垂了个珠帘，崇祯皇帝在外问安，张皇后却隔帘回拜，只是接受半礼而已。张皇后身体偶尔不适，崇祯皇帝一定要派人去问候，一天里有好几次。张皇后病愈后，便上疏谢恩。明宫历代后妃，谢恩是用奏疏的，只有张皇后一人不用。由于张皇后退居慈庆宫，常年不肯轻易走出宫门，所以谢恩代替了奏疏。当时王承恩领了上谕，经慈庆宫宣谕，由慈庆宫的宫女传谕进去，不大会儿，宫女泪流满面地出来说道："张娘娘已领旨自尽了。"王承恩听罢，回身出宫，前往万岁山来复旨。

崇祯皇帝在万岁山的寿皇亭上，听得远处喊杀连天，金鼓声不绝于耳，夹杂着一片男哭女啼的声音，忍不住遥望了一会，默默念想城破国亡，君殉社稷，自己绝无生存的道理，不如趁现在无人，寻个地方自尽了吧！打定主意，举目环顾四周，看到寿皇亭的旁边，有一株梅树，权枝长得并不太高，于是就解下身上的丝带，爬上亭边的石柱上，把丝带系在树上，正想引颈自缢，忽然转念道："朕既以身殉国，不可默无一言。"想到这里便把胸前衣襟反过来，咬破小手指，在衣襟上写道：

> 朕德薄匪躬，上干天怒。登极十有七年，逆贼直遇京师。虽朕之不明所致，亦诸臣之误朕也。朕死无面目见列祖列宗于地下，自去冠冕，以发覆面，任贼分裂朕尸可也，切勿伤百姓一人！

崇祯皇帝写罢，看着那株梅树，流着眼泪叹息道："这树是朕亲自栽植的，不料想今日竟做了朕绝命的伴侣了。"说罢又情不自禁地凄凄凉凉地哭了起来。这时喊杀声越来越近了，崇祯皇帝便含泪爬上石扶栏，把头颈套进了丝带，双脚一蹬，身体就高高地悬在树枝上了。

王承恩出了慈庆宫，匆匆忙忙地上山来复旨，来到了亭子上，不见了崇祯皇帝，慌忙走出亭子四处张望，但毫无踪影，正在担心之际，蓦然抬起头来，见崇祯皇帝已悬在亭旁的树枝上，不由得大叫一声，昏倒在地上，半晌才苏醒过来，急忙爬上石栏，想要去解救，手刚触到崇祯皇帝的身上就已觉得冷得和冰一般，舌头也已吐出唇外三四寸，鼻孔和眼中都流出血来，知道已经断气很久了。王承恩越想越是凄惨，捧着崇祯皇帝的双足，捶胸顿足地痛哭了一会，又自恨道："这都是我走得太慢了，以致皇上来不及救援。"想罢又哭，哭着又转念道："一个堂堂的皇帝，竟落得个这样的结局，何况我们太监呢？"王承恩想到这里，觉得天下万事皆空。于是收住泪，向崇祯皇帝拜了几拜，又深深地磕了几个头，含着眼泪说道："陛下请略等一等，奴

婢王承恩也来了。"说罢解下一根汗巾来，想爬上石栏去系时，又想自己是个太监，怎么能和皇上并肩对缢？便重又跳下石栏，把汗巾系在崇祯皇帝的脚上，又在上面打了一个死结，将头伸进去，身体向下一蹲，就吊死在崇祯皇帝的脚下。

三、闯王入宫

却说宫中自从皇后贵妃自缢，皇上出南宫而去后，内监们走了个精光，剩下的只是一些纤纤弱质的宫女。她们都是十三四岁进宫，从不曾出宫门一步，到了这种时候，叫她们往哪里去？这时魏宫娥和费宫人，两人在宫门前大声喊道："外城内城都已被攻破，贼人如果进得宫来，我们女流之辈一定会遭到贼人的污辱，有志气的姐妹们，快各自打算吧！"说完，魏宫娥就快步上了金水桥，纵身跃入御河自尽了，费宫人也跳入后苑的井中。这样一班宫女，个个泪珠盈腮，纷纷地自尽了，有投河的，有悬梁自缢的，有解带勒死在榻上的，有触庭柱而死的，还有用剪刀将自己刺死的，自尽的宫人共有三百七十九人，真是可怜极了。这一天是三月十八日，到了中午，内城全部被攻陷，农民军蜂拥而进，城内霎时到处鬼哭狼嚎，男哭女啼。

过了一会，天上飘飘地下起雪来。这时李自成由齐化门进城，左有内监杜勋，右有降将汪之信，军师宋献策，伪丞相牛金星，大将白旺，护驾贼将王宾，明降将刘承裕、杨永裕，总兵白广恩、陈永福，前呼后拥地随着李自成进城。先锋小张侯，一马当先，最后是副元帅李严，在后面督队。明襄城伯李国桢，率兵巷战，恰巧碰上前锋小张侯，二人交战，没战多久，李国桢大喝一声，一刀把小张侯劈于马下气绝而死。李自成大惊，忙令农民军四面包围起来。在这小巷中，那么多的人马，拥挤得身体几乎也不能转动。即使李国桢有三头六臂，到了此时，也英雄无用武之地，又加上寡不敌众，李国桢丢了大刀，拔出宝剑来一连砍死数十人，宝剑也变成了缺口。李国桢丢掉了剑，又用手格杀了几个人，想要夺刀自刎，起义军一拥而上，把李紧紧绑住。李国桢此时已精疲力尽，口里仍还不停地大骂逆贼，起义军抽刀想剁死他，李自成忙喝住道："此人忠勇绝伦，我特别喜欢他，暂时把他囚禁起来了，慢慢劝他投降，不要难为他。"说罢，便策马进宫。

李自成进得宫后，只见兵丁们拥着一个姿色甚佳的女子进来，一询问，才知是吴三桂的爱姬陈圆圆。李自成听了，不禁吃了一惊。心想吴三桂是当代豪杰，现在又拥有重兵，我们抓住了他的爱妾，他一定带兵前来报仇，那可怎么是好？想到这里，急忙召牛金星和宋献策来商议对策，二人来到后，李自成把情况和他们说了，要把陈圆圆送给吴三桂。宋献策说道："吴三桂虽是英雄，但十分好色，现在把他爱姬暂时留着，正好牵制吴三桂，而且他父亲吴襄也已被擒，现在可以逼他给吴三桂写信，劝他投降，到时再送回他的爱姬也不迟。"李自成听后，连声说有理，下令把俘虏带上来。一会儿杨承裕押着吴襄、李国桢等进帐，李自成故意拔出刀来要杀吴襄，吴襄看到李自成要杀他，吓得大惊失色，两手抖个不停。牛金星在旁边，劝住李自成，牛金星来到吴襄眼前，悄悄地告诉吴襄，如果你写信让吴三桂投降就不杀你，吴襄满口应承。当场写了一封家书，由李自成派了唐通，星夜送往吴三桂的军前。

却说李自成派人把吴襄领到馆驿中休息，又命宋献策来劝李国桢投降。李国桢慨然说道："要我投降不难，必须答应我两件事：一、皇帝皇后的遗体，要依照礼仪成殓安葬；二、太监杜勋和曹化淳两人，应斩首沥血以祭皇帝。"宋献策回报李自成，李自成笑道："第一件是人臣应尽之礼，当然可以答应；第二件，李国桢是个忠勇的良将，咱杀了杜勋等两个卖国求荣的内侍，而得到一位忠义之臣，有什么不值？这也可以答应，你去告诉李将军吧！"宋献策回来把李自成许诺的话，大约说了一遍。李国桢欣然同意了。

李国桢辞别李自成他们，往东华门去殓崇祯皇帝、周皇后及懿安皇后。原来李自成进了北京城，下令搜寻崇祯皇帝，到了第三天，才发现崇祯皇帝的尸体在万岁山上，李自成下令让人把崇祯皇帝和周皇后的尸体，抬到东华门外，然后搭了芦席棚子，遮在上面。同时李国桢准备好朱漆的棺木，将帝后装殓好。又殓了懿安皇后，然后和熹宗合陵。崇祯皇帝皇后的棺木，安葬在思陵，李国桢又哭祭了一番。这时李自成派了将校，把曹化淳、杜勋两人押来，李国桢咬牙切齿地骂道："你这两个卖国的逆贼，今天落到我的手里，是饶不了你们！"两个人低头不语，李国桢拔出尖刀来，对准曹化淳当胸一刀，挖出心肝，对杜勋也是一样，然后把他们的心肝放在盘内，在帝后的灵前致祭。等到祭祀完毕，李国桢叩头大哭道："臣已尽力，自愧无力保国，使社稷沦亡，这样的庸臣，还活着做什么？"说完举起那把剜心的尖刀，向着自己的颈上一刺，鲜血四溅，翻身倒地。站立在旁边的农民军士兵，急忙来抢救，但已经来不及了。于是赶紧回去报告，李自成大惊道："可惜了一个忠臣。"当即命令准备棺木，厚殓了李国桢，同时又命令宋献策选择吉日

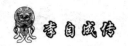

准备登极。

这时忽然听到外面人声嘈杂，李自成叫人去问问怎么回事，原来是抓获了一个明朝官员，他自称是国丈周奎，要来面见李自成。士兵们不理他，周奎还大摆架子，高声大哭起来，士兵大怒，把周奎的两手反绑起来，专门拔他的胡须。周奎骂一句，士兵们便拔一下他的胡须，越骂得响越拔得起劲，周奎不住地骂，士兵们也不停地拔，拔得周奎满嘴是血，痛得怪叫起来，嘴上的胡须，也拔得差不多了。周奎平时最爱他的胡须，常常自谓为美髯公，今日被士兵拔得颔下变了牛山濯濯，心里又气又恨，双手又被绑着不能动弹，便索性往地下一躺，大哭大叫地闹个不停。

李自成听到报告，命令把周奎带进帐中。杨承裕和周奎本是冤家对头，杨承裕的投降，有一半是遭到周奎的陷害。所以一听到周奎被抓住了，真是冤家路窄，报仇的时机到了。李自成攻陷京城时，杨承裕首先赶到国丈家中去捕周奎，但人早已逃跑了，不料想，让他们给抓住了。当时别人不知道他是国丈，是周奎自己承认的，这大概也是他恶贯满盈了。士兵拥着周奎进来，杨承裕在旁边一看，却不认得，说这个不是周奎，等到仔细一瞧，才看出来是周奎。因为周奎的胡须被士兵们拔去，所以杨承裕见了，竟认不出来。于是对李自成说道："周奎身为国丈，平日里卖官鬻爵，家里十分富有，这次把他抓住，让他赞助些军饷也好。"李自成听完，对周奎说道："你听见了吗？人家说你家里很有钱，叫你补助军饷，你自己肯拿出多少？"周奎磕了个头回答道："闯王不要听信小人的谗言，如今国家穷得连俸禄都很难发了，做官的哪里还会有钱？"李自成大怒道："我知道朝臣中数你最富，你还想狡赖吗？"立即命令手下："把他给我吊起来！"士兵们马上把周奎吊在木桩上，李自成亲自执着藤鞭，在周奎的背上尽力抽了一下说道："看你说不说实话！"打得周奎像杀猪般叫喊着，忙哀求道："请闯王饶了下官，我捐饷五万，算是赎罪吧。"李自成暗笑道："只打了一鞭，便有五万，打上十鞭，不是有五十万吗？可见他十分狡猾，他并不是真没钱。"想着又打了一鞭，打得周奎泪流满面，他是外戚国丈，享惯了荣华富贵，哪里受得了军营里的藤鞭？于是又连连说愿意再加助饷五万。李自成仍然不停，直到周奎增到现银三百万，说实在没有了，李自成这才住手，可周奎的身上也已被打得皮开肉绽，话也不能讲了。李自成怕他死了，没处去要钱，便命令士兵押着周奎，到了他别墅的后园，一缸缸的金银被挖出来，足有三四百万，其他珠玉宝石更是不计其数。周奎眼睁睁地瞧着家私全部被他们挖去，不觉得眼前一黑，大叫一声栽倒在地上，士兵们忙去扶他，只见周奎两眼向上，牙齿紧咬，已经死了。

李自成得到周奎的许多金银，知道明朝的大官吏都有钱，于是向杨承裕询问明朝朝臣还有谁有钱，杨承裕又说出内官王之心、宁远伯贾敦谨、尚书吕岱等人。李自成抓获王之心，命他助饷五百万。王之心十分狡猾，说自己是个宦官，皇帝国库尚这么穷，宦官侍候皇帝是下人，哪里有什么积蓄。李自成见他嘴硬，下令用刑。王之心被打得鲜血直流，仍是咬紧牙关不说。李自成笑道："这人太狡猾了，非得用特殊的刑具不可。"说罢命令手下拿过来两只弯曲的铜管，上面还有一只炉子，士兵把炉子烧着了，把两只铜管，通在王之心的鼻孔里，一端放在炉子里面。那铜管渐渐地被烧红了，一缕热气，直通向鼻内。王之心实在忍不住，大声叫唤着，士兵们不理睬他。过了一会，铜管上下被烧得通红，塞在鼻内的一端哧哧地响起来，痛得王之心倒在地上乱滚，兵士们将他一把抓住，身体一点也不能动弹，硬生生跪在地上受刑。这个刑法，是李自成亲自监工制造的，名叫红烟囱。王之心被烫得实在忍受不了，不得不招了，献出金子二百万两，银子五百多万两，还有大量珠玉等物。此外曹敦谨、吕岱等，也用这个办法，又各自献出金银三四百万两。李自成大喜，重赏了杨承裕。

四、令促称帝

这时李自成登极的日子快要到了，京中一些无聊的文人，竟然上书劝进，书中写道"比尧舜而多武功，迈汤武而无渐德"。李自成得了劝进书，更加兴高采烈。到了登极那天，李自成带了手下杨承裕、白旺、牛金星、宋献策等，耀武扬威地进了承天门，直到奉天殿上，把钟敲响，那些原明朝的文武百官，宰相如魏藻德、尚书刘名扬，武臣如都督吴襄、五城兵监王焕、将军仇宁，皇族如成国公朱纯臣，外戚如周凤兰、张国纪等，都冠服上朝。李自成看到百官聚齐，便大摇大摆地升了御座，百官正想俯地参拜，忽然看到自成两眼一白，大叫一声跌下御座来。文武百官以及随从侍卫，慌忙上前扶起李自成，李自成半晌才醒过来，连连咋舌摇头喊道："厉害、厉害！"宋献策、牛金星忙问怎么回事，李自成指着殿中说道："我刚坐上御座，只见一个身长丈余、穿着白衣的人，用铁锤狠命地打来，这是一把什么交椅，只怕不是我坐的！"于是就干脆坐在殿旁，草草地接受了百官的朝贺。李自成将百官的姓名让宋献策记录下来，然后指名命令某人献银

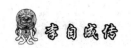

若干，如谁缺斤短两，便把他逮住，命侍卫挖去他的一只眼睛。又命令成国公朱纯臣助饷十万，朱纯臣不得不搜刮家中现金，仍不满十万，李自成狞笑道："你缺少饷银，我也叫你缺一样！"下令侍卫敲掉朱纯臣的五枚牙齿，朱纯臣满口流血，李自成反而哈哈大笑起来。当时朝臣没有一个不献出金银的，稍有缺斤短两，便要受到惩罚。

那时崇祯皇帝殉国的消息，传到了吴三桂那里。吴三桂虽率领大军，但害怕李自成兵力强大，不敢向前，只是按兵不动。正在观望之际，忽然听到李自成派遣使者来到，吴三桂吃了一惊，随即命令手下传使者进来。使者行完礼，呈上吴襄的书信，吴三桂拆开，只见上面写道：

> 父字，三儿收目。汝以君恩特简，得专阃任，非真累战功历年岁也。不过强敌在前，非有异恩激动，不足诱致，此管子所以行素赏之计。而汉高一见韩彭，即予重任，盖类此也。今汝徒饬军容，徘徊观望，使李兵长驱直入，既无批亢捣虚之谋，复乏形格势禁之力。事机已去，天命难回。吾君已逝，而父须臾。呜呼！识时势者亦可以知变计矣。昔徐元直弃汉归魏，不为不忠；子胥违楚适吴，不为不孝。然以二者揆之，为子胥难，为元直易。我为尔计，不若反手衔璧，负钻舆棺，及今早降，不失通侯之赏，而犹全孝子之名。万一徒恃愤骄，全无节制，主客之势既殊，众寡之形不敌，顿甲坚城，一朝歼尽，使尔父无辜，并受戮辱，身名俱丧，臣子均失，不亦大可痛哉！语云：知子者莫若父，吾不能为赵奢，而尔殆有疑于括也。故为尔计，至属至属。

吴三桂看完书信，沉吟不语。唐通竭力称说李闯王如何仰慕吴三桂，吴襄如何盼望吴三桂回到京城，滔滔不绝地说个没完。吴三桂道："我吴某是个血性汉子，富贵功名，我并不放在心上。倒是老父在京城，我如果不投降，就害了老父亲的性命，说不定落个不孝子的恶名，也只好暂时委屈了。但愿老父亲无恙，以后我就退出这烦恼世事。选择一块清静的地方，陪着老父亲，骑驴湖上，啸傲烟霞，快活过下半世足矣。"说完，随即击鼓升堂，集聚众将，把降顺的意思向手下讲了一遍。

第二天，李闯王派来的守关将领率领士兵赶到。吴三桂把相关的公务交待清楚，然后率领精锐七千人，随唐通昼夜赶往京城，朝见李自成。这天，到达渠州，碰见了家人吴良。吴三桂把他叫进大帐，问道："现在家里都好吗？"吴良见问，两眼流泪，哭诉道："家中财产，都被查抄去了。"吴三桂笑向众将道："你们瞧他，这么放不下事，这一点子小事，也值得这么悲伤，我一到就会都还给的。"又问："太老爷、太夫人都还好么？"

吴良道："不知如何告诉老爷，太老爷、太夫人、夫人他们都被捉去关在牢里呢。"吴三桂笑道："那也不妨，我如果一到，马上就会释放出来的。"吴良回答道："但愿如老爷所言，能够放出来最好。"吴三桂道："你一路上辛苦了，到后营歇息去罢。"吴良叩谢，正要起身，吴三桂忽然又想起了一件事，喊住吴良问道："陈姑娘怎么样了？"吴良道："唉，对了，我还忘了告诉您，陈姑娘倒很安全，现在宫里头，新皇帝把她宠得不得了。"吴三桂不听则已，一听直气得暴跳如雷，顿足道："大丈夫不能保护一个女子，还有什么脸活在世上做人！"喝令左右："把来使唐通给我杀了。"参将冯有威劝谏道："如果杀了来使，那样起义军就有所防备。不如先率精锐部队，拿下关城，我们有了根据地，再行图谋进取。"吴三桂道："你说得很对，就照你的办法去办。我已乱了方寸，凭是一肚子神机妙算，这会子也想不出一点儿办法。"于是传下暗号，大小三军一齐出动，杀到山海关。一鼓作气攻破关城，守将负伤逃跑。吴三桂与众将歃血结盟。一面派副将杨坤、游击郭云龙前往清国求救；一面复书绝父，写道：

> 不孝儿三桂禀复父亲大人膝下：儿以父荫，熟闻义训，得待罪戎行，日夜励志，冀得一当以酬圣眷属。边警方急，宁远臣镇，为国门户，沦陷几尽。儿方力图恢复，以为李贼猖獗，不久即当扑灭，恐往返道路，坐失事机。不意我国无人，望风而靡。吾父督理御营，势非小弱，巍巍百雉，何至一二日内，便已失坠？使儿卷甲赴阙。事已后期，可悲可恨。侧闻圣上宴驾，臣民僇辱，不胜眦裂。犹意我父，素负忠义，大势虽去，犹当奋椎一击，誓不俱生。否则刎劲阙下，以殉国难，使儿缟素号恸，仗甲复仇，不济则以死继之，岂非忠孝媲美乎！何乃隐忍偷生，甘心非义，既无孝宽御寇之才，复愧平原骂贼之勇。夫元直荐，茸为母罪人，王陵、赵苞二公，并着英烈。我父嚄唶宿将，矫矫王臣，反愧巾帼女子。父既不能为忠臣，儿安能为孝子乎？儿与父诀，请自今日。父不早图，贼虽置父鼎俎之旁以诱，三桂不顾也。
>
> 大明崇祯十七年三月日，不孝儿三桂百拜。

那封复书，让唐通送回北京去。

李自成呆在北京的时间不长。他从三月十九日进入北京，四月三十日退出，控制北京才四十二天。如果除去讨伐吴三桂的时间，他在北京其实只呆了二十多

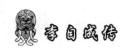

天。在这期间诸事纷繁，头绪太多。官制和礼仪方面的事情主要由牛金星等人制定。据史料记载，当时制定的《永昌仪注》还曾刊刻行世，由此可见大顺政权的官制和各种仪式已相当完备。

却说吴三桂马上带兵返回山海关，向唐通突然发起进攻。因唐通立足未稳，所以很快让吴三桂击败，山海关重新回到吴三桂的手中。同时，吴三桂在给父亲吴襄信中说："父既不能为忠臣，儿亦安能为孝子乎！儿与父诀，请自今日。父不早图，贼虽置父鼎俎之旁，以诱三桂，不顾也。"这实际上也是与李自成决一死战的公开声明。

李自成得知山海关失守后，已经为事情的突变而吃惊，也为招降之事功亏一篑而感到后悔，他只好亲自出马去对付吴三桂。

崇祯十七年四月十三日，李自成亲自率领自己的大军向山海关方向进发，北京由丞相牛金星和李过留守。李自成在用大军对吴三桂发起进攻的同时，他绝没有放弃招降吴三桂的想法。为此，他除了让吴三桂的父亲吴襄随同以外，还带上太子朱慈烺及太子的两个弟弟，另外还有在西安和太原俘获的秦王和晋王。李自成的用意很明显：让吴襄随行，消除吴三桂对自己的误会，用他们的父子情面使吴三桂回心转意；带上太子和明宗室的几个藩王，表明这些人在自己手中仍受到诸多优待，可以尽量消除吴三桂为死去的主人复仇的想法。这样，吴三桂你不是孝子吗？为救你的父亲也应该投降；吴三桂你不是一个忠臣吗？太子仍健在。李自成觉得再加上自己几十万大军的威慑，吴三桂招降仍可以成功。但是，无论李自成怎样用心良苦，作了怎样充分的准备，这次招降吴三桂计划还是失败了。

当时，吴三桂部下大约有五万兵马，关外有虎视眈眈的满清政权，关内是刚建的大顺政权，吴三桂处在两大势力的夹击之中。他没有能力两面作战，也不可能两面作战，既然已经与李自成彻底决裂，那么自己势必要倾向满清一边。吴三桂派副将杨坤和游击郭云龙向清帝请求救援，给清朝皇帝请求书中说："流贼逆天犯阙，僭称尊号，罪恶已极，天下共愤。三桂受国厚恩，欲兴师问罪，奈力弗敌。爰泣血求助，乞王速整旅入关，与三桂合兵，直抵都城，扫除虐焰，昭示大义。此千载一时也。"因顺治帝年幼，这时由睿亲王多尔衮任摄政王。多尔衮接到吴三桂的请求书后立即答应进兵援助于他，并说，吴三桂若"诚率众来归，当裂土封王"。

实际上，多尔衮听说李自成占领北京后，即马上计划整兵进关。清兵大学士范文程提议多尔衮马上"进取中原"，这是最佳时机，正如"秦失其鹿，楚汉逐之"一样。于是，顺治帝赐多尔衮大将军印，随后多尔衮带领洪承畴等人"往定中原"。多尔衮认为"成败之判，在此一举"，所以动用全部兵力向山海关挺进，

"男丁七十以下，十岁以上，无不从军"。多尔衮在进军的途中又收到吴三桂求助的书信，这真是天赐良机，让多尔衮格外高兴，于是急忙下达命令，迅速向山海关进击。吴三桂接到多尔衮的回书，心里也有了充足的力量，决定与李自成大军大战一场。

为了把自己的举措说成是正义的行为，吴三桂发布了一篇关于讨伐李自成的檄文。他首先列举了一些李自成的罪状，将李自成痛骂一顿："闯贼李自成，以妖魔小丑，纠集草寇，长驱犯阙，荡秽神京，弑我帝后，禁我太子，刑我缙绅，污我子女，掠我财物，戮我士庶。豺豹突于宗社，犬豕踞我朝廷。赤县丘墟，黔黎涂炭。妖氛吐焰，日月无光。"接着檄文又号召全国各地各行各业的人们，都来响应吴三桂的号召，齐心协力消灭李自成，"同舟即一家，破巢无完卵。"檄文结尾的语言颇为激昂："凡为臣子，谁无忠义之心？汉德可思，周命未改。忠诚所感，顺能克逆。义旗所向，一以当千！请观今日之域中，仍是朱家之天下！"从檄文全篇看，吴三桂把自己装扮成了想恢复明朝统治的领袖，把李自成看成乱臣贼民，无恶不作，十恶不赦。我们可以想像，这篇檄文或许对明朝的旧官员还有点号召力，而对深受明朝官府剥削和压迫的广大老百姓则不会产生任何作用。吴三桂主要还是要依靠清兵来对付李自成。

李自成的大军在四月十七日抵达永平，二十一日到达山海关，于是立即投入了战斗。以前清兵数次内犯，都没经过山海关，而是绕道南下。山海关号称"天下第一关"，地势险要，军事设施齐全。山海关周围分别有四个小城包围：东罗城、西罗城、南翼城、北翼城。李自成自以为人多势众，对山海关实施三面围攻，留南翼城没围攻。这是由于南翼城紧靠大海，城墙在著名的老龙头处并且一直延伸到海中，敌人无法从南翼城逃跑。

李自成的大军首先和吴三桂的军队在西罗城展开激战。两军从早晨战至中午，吴三桂的力量明显处于劣势，西罗城差乎被李自成军攻占，只是吴三桂的一支炮兵赶到，突然向李自成军发起猛烈炮击，稳住了阵脚。到二十二日早晨，驻守北翼城的吴军抵挡不住李军的猛攻，已向李自成军投降。吴三桂军千方百计防守，险象丛生，露出全线崩溃的迹象。在此危急时刻，清军突然赶到立即援战，从而使战局为之一变。

正当李、吴两军激战之时，多尔衮带领清军已驻扎在欢喜岭，"以觇动静"。多尔衮派人到吴三桂营中察看，吴三桂则催促多尔衮火速进军。多尔衮对吴三桂不十分相信，吴三桂派人连续三次来请，多尔衮才对吴三桂消除了疑虑，但清兵仍没有立即行动。多尔衮的心思也很清楚，他要等李、吴两军精疲力尽时坐收渔人之利。他时时刻刻都观注着战况的发展。吴三桂"遣使者相望于道，凡往返八

次，而全军始至，共十四万骑"。多尔衮发现火候已到，如再不进军，吴军就可能全线崩溃，因而他便投入全部力量进入战斗。

吴军以三根白布条为标记，三根白布条对吴三桂军是有说法的。"三"，意即三桂的军士；用白色，为缟素之意，即为崇祯皇帝致哀。二十二日，正当李、吴二军在一片乱石激战时，多尔衮的数万铁骑突然杀出，势不可挡。清军首先将唐通军击溃，接着以"风发潮涌"之势，走到哪里，无不披靡。李自成未料想到清兵的突然参战。这时李自成正在高岗上观战，太子朱慈烺也在身边。有人告诉李自成："此非吴兵，必东兵也，宜急避之。"清兵突破李自成军的防线后，吴三桂军的士气大增，也发起反击。刘宗敏虽然带领的部下是三军之首，奋勇追击，顽强督战，这时也没法挽回颓败之势。他本人也被流矢击中，受了重伤。李自成眼看败局已定，于是急命撤军。

山海关之战是明末三大军事力量同时参与的一次大会战，也是决定大顺政权能否继续存在的一次决定性战斗，在某种意义上它也改变了中国历史的命运：大清政权代替了大顺政权。

李自成在攻占北京时几乎是兵不血刃，各地传檄而定，这使李自成产生了骄傲和轻敌思想。他这次东征只带五六万兵马。"声言十万"，只是为了故意大张声势，威胁对方。加上唐通的八千士兵和白广恩的两万人马，投入山海关之役的李自成军也不足十万。而吴三桂部下有五万兵马，清兵十四万，合在一起近二十万众，基本上是李自成兵马的两倍。由此可以看出，当时双方的兵力悬殊太大，李自成失败也在意料之中。

在这一关键性战役中，李自成在战略要术上也发生了一连串的失误。比如吴襄被拷掠和陈圆圆被夺占且不待言，首先对清兵就缺乏足够的重视。实际情况是，即便吴三桂不投靠清兵，清兵也一定要参与这场逐鹿中原的争夺，并在吴三桂降清以前就付诸行动了。因此，当清兵突然参战时，李自成军立即陷于一片慌乱。

另外，李自成对这场山海关战役的重要性认识不足。当时，争夺山海关已成为三大政治军事集团矛盾的交点，局势随时都可能发生变化。除了一些偶然的因素起作用外，更关键的是各方实力的较量，但李自成对此不重视敷衍了事。他只派唐通率他的原部约八千人前去山海关接防，后派白广恩率二万人前往增援，但白广恩驻守永平，还没到山海关。即使白广恩的人马到了山海关，与唐通的人马相加起来，力量仍然是很单薄的。李自成派往关上的左懋泰和张若麒，都是李自成攻占北京后的明廷降臣。这不能不让人感到，李自成对山海关的形势重视不够，太掉以轻心。正因为这样，当吴三桂的政治态度突然转变时，镇守在山海关的李自成官兵完全失去应变能力，致使李自成只得亲自东征。当清兵突然参战时，李自成也惊慌失措，一败而不可收拾。

李自成率兵撤退到永平时，将吴襄杀死在范家庄。范家庄离永平县城约二十里。李自成回到北京后，将吴三桂一家三十多口全部杀死在"王府二条胡同"。奇怪的是，陈圆圆却没有被杀。原来，她是一个十分有心计的女人，她向李自成表示，自己死了也无所谓，"妾为大王计，宜留妾缓敌，当说彼不追，以报王之恩遇也"。陈圆圆竟然侥幸地活了下来，后来又投入了吴三桂的怀抱。

李自成在四月二十六日回到北京。这个时候对李自成来说，是一个十分关键的时刻，尤其是继续在北京固守还是撤离，他必须当机立断。李自成经过十多年的艰苦奋斗，南征北战，终于占领了北京，的确来之不易，如果现在主动放弃，实在于心不忍。李自成经过冷静思考分析，还是决定放弃。这种决定应该说是明智的，因为李自成军在山海关之战中损失惨重，士气低落，而清军则大有锐不可挡之势，李自成军一时组织不起来进行强有力的抵抗。

再加上北京刚占领不久，大顺政权在这里缺少稳固的根基。尤其是由于策略和管理上的失误，在京师军队的军纪很快松散下来，有些官员也滋生了享乐腐化思想，致使京师谣言四起，人心不稳定，甚至还发生小的骚动。这就更加促使李自成下决心放弃北京，以等待时机再次大举进攻。

李自成军自进入北京到出师征伐吴三桂，在北京待了近一个半月。时间虽不算长，但军队的军纪却立刻由好变坏。史书上对这种变化记载很多，例如《明季北略》就记道："贼初入城，不甚杀戮。数日后，大肆杀戮。""贼初入城时，先假张杀戮之禁。如有淫掠民间者，立行凌迟……四五日后，恣行杀掠。"尤其是在北京追赃助饷之事，追赃面越来越大，越来越广，甚至牵连到一些中等收入家庭。大将刘宗敏为了追赃助饷，新制一种夹棍，"木俱有棱，铁钉相连"。一些官员没有交纳粮饷或慢交都被遭到夹刑，一天即被夹死。"宗敏之门立二柱，磔人无虚日。"这也是促使北京民情骚动的原因之一。连李自成后来也感到这事做得太过分。有一次他在刘宗敏处发现，同时受夹刑的有三百多人，"哀号半绝"，于是李自成马上命令刘宗敏将他们放开。

李自成刚入京时，他将明朝皇帝遗留的许多宫女分赐给他的文臣武将，大概也算是对将士们的一种酬劳，但大部分下级军官没能得到这种待遇。随着军纪的渐渐松弛，下级军官利用管制大街小巷的机会，奸淫妇女的事情常常发生，且越来越多。大顺"兵士充塞巷陌，以搜马搜铜为名，沿门淫掠"。有的小军官一个人霸占三四个妇女，有些年轻貌美的妇女被几个士兵轮奸。有些妇女不堪凌辱，自杀身亡。例如："安福胡同，一夜妇女死者三百七十余人。降官妻妾俱不能免，

悉怨悔。"这一切都严重败坏了李自成军的名声，给敌对势力的宣传带来了机会。

李自成入京后，对有功将领进行大量赏赐，但得不到和很少得到这种赏赐的下级士兵还是占大多数的。于是，这些士兵就利用控制京师大街小巷的方便条件，趁军纪松散之机，对京师居民大肆掠夺和勒索，以饱私囊。因此，当李自成撤离北京时，许多士兵身上都藏有金银珠宝等贵宝之物。史载，李自成军"士卒从北都归，腰皆有黄金珠宝。饮村人酒，掷金与之，或手给珠一握，无所吝。"这些换酒喝的黄金和珠宝显然是在北京城中勒索来的。这也是李自成军在北京军纪涣散的一个佐证。

当李自成率兵讨伐吴三桂时，牛金星在北京留守。他是文官之首，大脑应该清醒吧，其实却不是这样。他一边筹备李自成登极大典，一边招揽门生，开科取士，坐着轿子"往来拜客，遍请同乡"，整日昏昏然，陶醉在一片胜利的喜悦之中，表露出一副太平宰相的样子。在这种情形下，即使有那么一两个像李岩那样头脑较为清醒的文官，也扭转不了那种破散的局面。

当李自成在山海关战役中失败的消息传到北京后，人心更加惶恐不安，各种谣言更是真假难辨，有的甚至说李自成立即向西安逃跑。为了稳定人心，安定局势，大顺政权还到处张贴告示辟谣，但却越辟越多。一些投降过来的明朝旧官也各寻生路，很多人采用各种方法离京出逃。大顺官兵虽然加强力量严加巡查，但也无济于事。于是下令搜查京城市民家中私藏的兵器，弓箭、刀枪、火器都在搜查之列，致使一些市民连家中的切菜刀也扔到了大街上。这样一来，京师民心更加诚惶诚恐。这种局面是促使李自成下决心放弃北京的重要原因。

李自成在撤离北京前曾和牛金星商议是固守北京还是放弃北京之事。李自成认为十个北京不及一个关中险固，应当撤退到关中坚守。牛金星建议，北京的皇宫壮丽，不能轻易留给他人，应一把火把它烧尽，就像楚霸王烧阿房宫那样。即使后人议论起来，"亦不失楚霸王之英豪"。于是，开始在宫中堆积竹木、桐油、硝黄等易燃物，以备放火之用。这一举措，也加剧了京师市民的恐慌。

四月二十九日，大顺政权在武英殿正式举行登极大典仪式。李自成就任皇帝位，追尊他的前七代都为帝、后，立他的妻子高氏为皇后，由牛金星代行郊天礼。李自成头戴皇冠，身穿龙衣，"列仗受朝"。刘宗敏由于参战受了伤，让人搀扶着上了武英殿，只有他一个人"平立不拜"，并当着众人的面对李自成说："尔故我，等夷也。"但是，其他官员都向这位大顺皇帝叩拜，刘宗敏没有办法，"再拜而退"。

次日就要大规模撤离了，登极典礼只有草草收场。李自成之所以仓促即位，主要目的是向全国声明，明王朝被推翻之后，他就是全国的皇帝。无论他撤往何处，全国百姓都要听从这位新皇帝的命令。只有这样，李自成才能明正言顺地到处发令，提高他的声誉和号召力。

即位典礼一结束，李自成马上命令各军政衙署整装待发，同时还吩咐城中市民及早出城避难。四月三十日黎明，李自成率领他的大部队由齐化门西走。同在这天夜间，李自成军纵火焚烧多个宫殿，对一些坚固的很难烧毁的宫殿则发炮轰击，九门城楼也被烧毁。一时烈焰腾空，整个城中一片混乱，不仅有些市民被无辜烧死，甚至有些大顺军的士兵也因没能及时逃离现场而丧命。不知花费了多少劳动人民血汗修建的这些壮丽建筑，顿时化为灰烬。

李自成大军先向南行，到保定，准备从保定入山西，继而退往关中。

五月二日，多尔衮率清军进驻北京。原来，京城的人听说吴三桂从李自成手中夺回了太子朱慈烺，回京后就要扶太子即位，所以一些明朝遗老和宦官准备好了明朝的卤簿法驾，等待朱慈烺即位。但是，占领北京的却是辫发的清兵，顿时令明朝遗老和宦官们惊愕不已，他们已没有任何抵抗的力量，不得不拥立新主。清廷马上发出告示安民，凡投诚官员一律原职委任，废除明末各种加征，并下令为崇祯皇帝服丧三日，以收买人心。以上政策除了使吏民薙发令人难为情以外，其余各项政策颇得民心，因而京师的社会秩序很快稳定下来。清军与吴三桂紧接着就马上向李自成发起追击了。

第十四章 大顺哀歌

一、处处被动

李自成在山海关一役战败和放弃京师的消息传出后，原来归降的明朝将领又纷纷反叛。特别是那些经传檄而定的州县，仍然由原来的官兵驻守，大顺政权有的就根本没派去大顺的兵士，有的只派有很少数量的军队，有的甚至只是派去一个守令。形势一旦发生变化，这些地方则不再为大顺政权所拥有。比如，涿州原本已归顺了李自成，这里距离京师又比较近，在这里，大顺政权的影响应该说是比较大。但是，当李自成率领大军在五月一日撤至涿州时，原明朝的军官却杀了大顺政权委派的官员，据城固守，不让大顺军进城。李自成顿时大怒，率众猛攻，结果他本人也中箭受了伤。由于担心后边的追兵，李自成只好放弃攻城，急忙向南撤退。

大顺军在五月三日退至保定，饥疲交加，在这里总算安安稳稳地吃了一顿饱饭，稍事休息便又随即向真定撤退。负责殿后的大顺军为了延缓清兵追击的速度，就把掠夺来的一些绸缎缠在树上，同时，还把从京师掠来的精美器皿等丢在道路上，故意让清兵争相去抢。李自成在五月初五日到达真定，由于军情紧迫，士兵连城都没进，而是在城外露宿就餐，然后便马上起身西行，经井陉去太原。负责殿后的大顺军在庆都和真定等地与清军交锋几次，由于士气不振，连遭败绩，谷可成战死沙场，左光先也受了伤。到了此时，李自成进京时的那种八面威风的气势已看不到了，如今简直成了惊弓之鸟，马不停蹄地向山西和陕西连连撤退，得不到喘息的机会。

李自成在五月中旬撤退到太原。此时，清军暂时停止了追击农民军，由于他们几乎瞬间占领了京师和大片区域，需要对此加以巩固，所以暂时放弃了对农民军的追击。这使李自成得到一个短暂的十分难得的喘息机会，在太原住了十多天，稍事进行了休整。他留权将军陈永福率一万人马在太原固守，自己则南下平阳，随即回到西安。

在这短短的两三个月的时间里，全国的形势发生了急剧变化。清军迅速占领了京师及其周围大片区域，俨然成了中国的又一统治者，并且申明，自己的天下是"乃得之于闯贼，非取之于明朝"，竟然还表示要为崇祯皇帝报仇，打出"吊民伐罪"的旗号。这一招十分奏效，明朝旧官员和许多士大夫好像在心理上得到了极大安慰和满足，因而迅速转变自己的态度，纷纷投靠到清廷麾下，使清廷很快在京师站稳了脚根。

南京是明王朝的"陪都"，设有一整套相应的官僚机构。在十几年的风云变幻中，南京始终没有被农民军占领。五月初，福王朱由崧在南京监国，十多天后正式称帝，年号"弘光"。南京福王政权此时还掌握着中国的半壁江山，如果福王有头脑，措施得力，策略得当，复兴的希望可以说是很大的。但是，这个小朝廷实在太腐朽，把明廷复兴的最后一丝希望也葬送了。福王政权当然也把李自成看成是不共戴天的仇敌，并曾一度遣使赴北京，想和清军联合起来共同讨伐李自成。只是清廷根本不承认弘光政权的合法地位，对这种请求没有理睬。尤其让福王政权始料不及的是，清兵马上就要南下，消灭这个割据的政权，实现清廷的一统江山。

此时李自成的性情也发生了很大变化，变得暴戾多疑起来，好像对谁也不再信任。从以前的表现而言，李自成不算是一个刚愎自用的人，生活作风也一直十分俭朴，而且对一些降将也能推诚委以重任。只是，从北京撤出后，随着军事上连遭败绩，起初归降的一些官员又背叛而去，这使他的疑心越来越重。以前他很少处死自己的部将，这时也变得好杀起来，其中最引人注目的是他枉杀李岩。

在李自成占领北京后，大多数人都沉浸在胜利的喜悦之中，只有极少数人能够保持清醒的头脑，李岩就是这其中之一。他常常微服出行，访问民间疾苦，曾多次劝诫李自成严明军纪，约束将士，宽恤民力，以收揽民心。他还曾建议，各路兵马应当退守城外驻扎，随时听候调遣，在城内维持治安的军士也不应借住民房，还提出了其他一些有见地的建议。他的建议有的被李自成采纳了，有的只是批示"知道了"三个字，并没有认真贯彻执行。牛金星是文臣之首，地位在李岩之上，但他只懂舞文弄墨，不具有像历史上的萧何、张良、刘基等人那样的谋略，而且心胸狭小，对李岩一直怀有嫉妒之心。当李自成节节败退之时，李岩的建议越发显现出高明之处，他的一贯正直作风使他在农民军中享有很高的威望。牛金星曾多次趁机向李自成进谗言，说李岩"雄武有大略，非能久下人者……十八子之谶，得非岩乎？"由于李岩和李自成同姓，老百姓便多称乎李岩为"李公子"，有的人甚至知道李岩而不知道李自成，有的则把两个人混为一谈。牛金星的谗言说中了李自成的痛处，使他疑心大增，好像李岩要取代他，成为那个"主神器"的"十八子"。于是，李自成就下令处死了李岩和他的弟弟李牟。

军师宋献策向来与李岩志趣相投，对牛金星早就耿耿于怀，因此他就在刘宗敏面前"以辞激之"。刘宗敏虽然是一介武夫，但和李自成平时以兄弟相称，武功卓著，而牛金星居然和自己平起平坐，遇有重大典礼之时，牛金星甚至还排在自己的前边，这一切都使他十分气恼，因而曾经说要除掉牛金星。将相不和，众心分离，牛金星见大势不妙，自己性命难保，危在旦夕，后来就自己乘机逃跑了。他的儿子牛佺在清初当了个地方官，他在儿子的庇护下得以善终。

随着李自成主力的撤出，河北、山东一带很快丢弃，河南各地也随之效仿，纷纷反叛。李自成一边固守关中，一边极力争夺对河南、山西一带的控制权。李自成发现，发动反叛的基本上都是官绅。因此，他下令把山西、河南的缙绅押解到西安，调虎离山，使这些较有影响的地方势力远离自己的老巢，铲除了他们的地方势力。这一措施可谓有得有失，从积极的方面来看，它确实在一定程度上打击了异己势力。但是，因操作过程中手段严酷，杀人太多，而使得人心惶惶，不少人或明或暗地顽固反抗，使得大顺政权在各地的统治更加不稳固。

二、固守关中

七月上旬，李自成为了改变这一被动不利的局面，曾组织大顺军分兵进行反击。李自成赶到平阳，对兵力重新进行了部署。他把陈永福提升为权将军，驻守太原。降将唐通在山海关失利后一路西撤，李自成命令他协助李过防守府谷、保德一线。降将马科坐镇川北和汉中一带，李自成命令刘宗敏为主帅，出击两河，一路出固关进攻顺德，一路攻打宣府、大同。刘宗敏亲率一军由彰德、磁州直逼大名府。权将军田见秀则驻扎平阳，以接应各路兵马。李自成还命令河南北部的一些地方县令到平阳听命，以筹备军用粮草。命牛万才率大顺军一万人东出潼关，以配合刘宗敏进行全面反击。牛万才这路兵马战绩较好，很快经洛阳攻克密县，转而火速东进，前锋传牌直抵山东的东昌一带。这时，黄河以南的许多州县闻见又打出了大顺政权的旗帜，表示归顺。

出河北一路的大顺军经武安抵达临洺关，离顺德仅只有七十里。清廷为此大为震动，认为大名是京师门户，假使被攻破，河北诸州县马上就会望风披靡，所向无敌，直接威胁京师安全。出固关的一路大顺军进抵平定州，出晋北的一路曾一度抵达大同。大顺军的这次反戈一击一时奏效，颇有声势，只是很快就遭到清兵强有力的反击。多尔衮匆忙命令固山额真叶臣率领大军入晋，使大顺军在山西又连连受挫。大顺军的这次反攻虽然在局部也取得了一些胜利，但就全局而言很快就陷于被动。十月一日，顺治皇帝福临在北京正式称帝。十日中旬，清廷任命英亲王阿济格为"靖远大将军"，率领吴三桂、尚可喜等向西挺进，要一举把李自成的大顺政权彻底消灭。同时，清廷又任命豫亲王多铎为"定国大将军"，想一举消灭在南京的福王政权。到了此时，清廷在河北、山东等地的统治已渐趋稳定，河南处于几路势力争夺状态中。张献忠据守四川一带，不但不和李自成一起共同抵抗清军，反而和李自成的大顺军发生了一场大摩擦。张献忠在八月于成都自称大西王，改元"大顺"，开科取士，十一月正式称帝，改成都为"西京"。从此时的全局而言，李自成已处于十分不利的境地。

李自成的策略是固守关中，尽可能地夺取河南和山西。为此，他一边增兵潼关，一边派大顺军二万多人前往攻打怀庆。这里是山西和河南的中间地带，为南北交通要道，李自成认为占领怀庆对将来的发展十分有利。大顺军起初的攻势很强，清兵提督金玉和战死，清卫辉总兵祖可法迅速赶到怀庆防守。怀庆的争夺战也引起了清廷极大的关注，豫亲王多铎放弃了直攻南京的计划，而增援怀庆。这样一来，两支清军都把目标集中到了李自成身上，而南京的福王政权却按兵不动，坐山观虎斗，自动放弃了发展的大好时机，还自以为得计，洋洋自得，实际上为自己的灭亡种下了祸根。对李自成而言，怀庆战役是一个重要的转折点。他原以为能控制住这一战略要地，为以后的战略大反攻建立基础，但最后还是以自己的失败而告终。这不仅使他的这一战略计划遭到破灭，而且还把清军主力都吸引到了自己这边，从而减轻了南京小朝廷的压力，使自己处于更加被动的地位。

李自成在经过山西向陕西撤退时，对山西的防务作了详细部置，他把山西作为陕西的屏障，希望能固守山西。山西最重要的城市是大同和太原，驻守大同的是降将姜瓖，驻守太原的是曾经射瞎李自成一只眼的陈永福。此外，还有山西节度使韩文铨和山西巡按李若星，由他们共同防守山西。

此时，吴惟华被清廷任命为山西招抚使。吴惟华立功心切，利用一切关系与归降的明朝旧官员联络，劝他们反戈一击，归顺清廷，做一个"识时务"的"俊杰"，不要去做大顺政权的殉葬品。吴惟华在山西的招抚活动十分有成效，使许多投降大顺政权的人转过头来又投降了清廷。其中，最主要的就是大同守将姜瓖。由于姜瓖背叛大顺政权而降清，使清军不费一兵一卒就占领了大同这一军事重镇，大同周边一些地区也随之相继复叛。吴惟华因此特别高兴，接着他又招抚了大同南边的重镇代州，随之代州附近的一些州县也都归降了清廷。到此，太

原以北的诸州县已基本上被清廷所占据，省城太原所面临的压力则愈来愈大。

陈永福防守太原还是十分尽心的。在李自成和明廷降将的关系中，陈永福可算十分典型。他射瞎了李自成的一只眼，但李自成没有计较，反而能对他委以重任，将他提升为制将军，其级别仅在权将军田见秀和刘宗敏之下。对于一个降将来说，这种礼遇是极为可观的，也正因为这样，陈永福对李自成也体现了忠诚。这一事实，也成了一个好榜样，原来镇压过李自成的许多明军著名将领也投降了李自成。这成为李自成当初能够顺利进军京师的一个极为重要的原因。李自成这时命陈永福驻守太原，显然也体现了对他的极大信任。

为了巩固太原的防务，陈永福采取了一系列措施。他处死了在太原的明宗室一千多人，并依照李自成的命令，把大批明朝旧官绅押往陕西，以防止他们捣乱。与此同时，陈永福实行坚壁清野，拆除了太原城外的大量房子，以防清军在攻城时作为工事。九月中旬，固山额真叶臣率领清军由固关兵临太原城下，双方随即展开了一场激烈的攻防战。由于陈永福防守严密，清军一时无机可乘，并在攻城时伤亡十分惨重。于是，清军就调来"西洋神炮"，集中火力对城西北角进行炮击，把城墙轰陷数十丈，大批清军从缺口蜂拥进城。大顺军抵挡不住，陈永福就下令向南撤退。当陈永福从东门突围后，又遭到清军的埋伏，大顺军伤亡非常惨重。在突围南撤的过程中，陈永福和节度使韩文铨都战死沙场，巡抚李若星投降了清军。

在晋东南驻守的大顺军将领是平南伯刘忠，驻守长治。他也和陈永福一样，在城周围实行坚壁清野。八月间，清将孟乔芳从泽州北上，攻打长治，刘忠竟不战弃城而逃。因此，晋东南的一些州县便很快都被清军占领。这种情况对防守太原造成很大的不利，使太原成为一座孤城。当清军大举进攻太原时，驻守长治的清兵也北上增援。这时，刘忠认为长治的清军力量不强，便又率兵来攻，但一直不能占领长治。清兵攻克太原后，大举南下，刘忠于是又仓促撤退，从泽州进入河南。十一月里，清军攻克了平阳。到此为止，山西全境几乎全部被清军占领。李自成固守山西的计划至此也完全落空。事实上，李自成在平阳部署后，留下田见秀驻守平阳，他自己则回到西安，想重点加强陕西的防务。当清兵占领山西和河南等地后，就开始向陕西发起进攻。

对李自成而言，关中地区是他的根本。也正因为这样，他在平阳部署完毕后，把反攻的大权交给田见秀和刘宗敏，自己则离开前线，回到关中。以前李自成却不是如此，每遇有重大战役他都是亲临前线指挥，而这次离开前线回到关中显然有他的想法，如果万一北边失守，固守关中，以后还可以徐图发展。

当大顺军在北方与清兵周旋之际，张献忠在西南地区得到迅速的发展。由于李自成攻克了北京，南边的明军大都毫无斗志，这为张献忠的迅速发展壮大提供了有利时机。五月里，张献忠率领四十万大军溯江而上，六月攻占了西南重镇重庆，俘获了明宗室瑞王朱常浩，把他和被俘的四川巡抚陈士奇、知府王行俭等全部杀死。张献忠四面出击，许多州县望风归降。八月上旬，张献忠攻克省府成都，封藩于此的蜀王和新任巡抚都自杀而死。

张献忠此时十分清楚，李自成遭到清兵的重压，此时的处境十分艰难。可是他并不支援李自成，而是自己向川北发展，在川北与驻守在这里的大顺军将领马科短兵相接，将马科击败。马科不得不退回到汉中。由于这次摩擦，大顺军和大西军两支队伍在川陕交界地区的冲突时有发生，这使得李自成的境地更加被动。如果张献忠不入川，李自成还能够从关中向四川撤退。如今就已行不通了，因为四川已被张献忠所占据，一山不容二虎，张献忠此时对他持敌视态度，所以李自成的这条路就被堵死了。李自成以后的军事行动都与此有重大关系，这也迫使李自成不得不要尽最大的可能来保卫关中。

十月里，张献忠在成都建立了自己的大西政权，把成都改为西京，定国号"大西"，设年号"大顺"，他自称西王，部下称他为老万岁。大西政权设官建制，铸造"大顺通宝"钱，举行开科取士，大体和李自成在西安建制时那样。张献忠性情较为凶狠残暴，管理手下甚严，他的一个高级官员因收受诸生十钱银子即被处死，因此他部下获得金银财物皆都交府库，不敢私藏。他所发布诏敕文告都是使用白话，严禁手下使用旧官场那种繁文缛礼。在其辖区内，凡朱姓宗室全部都要处以极刑，官吏豪绅家产全部没收，富商大贾都要捐资助饷。在这种情势下，南明弘光政权一边积极和清议和，一边全力进攻张献忠。因此，清兵入关后，在中国政治舞台上就活跃着四支主要力量，矛盾盘错交织，十分复杂。到了下半年，南明政权主要策略是对付张献忠，清廷则主要对付李自成。特别是在怀庆战役后，原来准备进攻南明的清军也被抽调过来，集中优势兵力对付大顺政权。

此时，李自成的性情也发生了变化。他看到，原来投降自己的大片区域又都相继落入清廷之手，原来归附自己的众多官吏此时纷纷背叛自己，转而又投降了清廷，所以对部下变得不信任起来，开始多疑暴躁好杀。他原来对宋企郊特别信任，因而任命他为吏政府尚书。有人向李自成告密，说宋企郊用人不公，其亲朋好友和乡人多得美差。李自成听罢大怒，在撤往陕西的路上把宋企郊"锁其颈"加以治罪，如同囚徒一样押往西安。直到到达西安后才把他释放，仍掌吏政府。对如此重要的官员如此对待简直如同儿戏，这使他的手下都惴惴不安。李自成一次问新任兵政府尚书张第元："尔家在河北无恙否？"张第元在仓猝之时忘了避讳，回答道："人皆以其为贼官，相屠害。"李自成听罢大怒，认为这是在骂自

己，立即下令将张第元杀死，一个兵政府尚书就因为一句话丢了脑袋。刑政府尚书张始然恐怕办事不合李自成的心意，故极力迎合李自成。一次偶而有所疏陋，李自成看了他的章奏显得十分生气。张始然非常害怕，夫妇二人竟一起在家上吊自缢身死。巩育是礼政府尚书，李自成命他"更定威仪服式"，由于不符合李自成的心意，"杖之几毙"。一个礼政府尚书竟差一点被活活当廷打死，这种情况在历史上是不多见的。户政府侍郎李天笃因事被论遭谪，李自成事后想起来，认为处罚太轻，随后，又再次下达处罚令，命"缢杀之，妻子财物皆赏军"。一些低级官员则更是常因小过而被处以极刑，用刑似乎越重越合李自成的心意，"民有盗人一鸡者论死，惴惴莫敢犯法"，这种事情在李自成进入北京以前极少看到。他似乎是想用高压来控制部下，以防止部下背叛。实际上这种做法却恰恰背道而驰，不少部下因担心自己遭不测而想方设法地逃跑。其中，牛金星的逃跑就是如此。

唐通的反叛极大地刺激了李自成。唐通在居庸关投降李自成以后，很得李自成信任，曾受重命赴山海关接替吴三桂的防务。李自成在山海关失利后，唐通随之西撤，驻守河曲、保德沿河一带，协助李过防守。在清兵步步进逼的情况下，唐通又投降了清廷，突然向李过发起猛烈进攻。他甚至还率领军队到李自成的故里米脂一带，大肆屠戮农民军的家属，同时还发掘了李自成的祖墓。后来虽然被李过打跑，但保德一带却丢失，由此严重扰乱了农民军的防务，造成极大危害。这一事件使李自成对一些降将更不放心。

李自成于八月里回到西安，并在西安建成了"祖祢庙"，以奉祀父祖。八月二十一日是李自成的生日，李自成在这一天依照旧有传统，身穿山龙衮衣，到庙里举行隆重的祭祀。这一事件表明，李自成在西安要长期据守，他要固守关中，把这里建成大顺政权的根据地。但是，他的这一计划不久就彻底成为泡影。

三、连遭失利

1. 潼关之战

十月中旬，英亲王阿济格率领大批清兵向陕西进击，准备从陕北南下，一举消灭西安的大顺政权。吴三桂、尚可喜是前锋，经宣府、大同等地进入陕北，沿途又收编了大量降兵，总兵力达到八万人。因为十月中旬发生了怀庆战役，豫亲王多铎率领的清军原打算进攻南明，此时改变了计划，转而增援怀庆，随即也向陕西杀奔而至。降将孔有德、耿仲明是其前锋，直逼潼关。这样，西安的大顺政权就处于清兵的南北两路夹击之中，形势非常不利。

李自成得知清兵大举进攻陕北，因而决定集中力量加强陕北的防务。十二月里，李自成亲自率领大军赴陕北增援。此时，驻守陕北的是李过、高一功部。李自成抵达洛川后又得到消息，说多铎率领的清兵正直逼潼关。李自成大为震惊，于是在洛川驻足不前，以等候事态的进一步发展，好决定下一步的策略。李自成在洛川滞留了十日，情况已经十分明朗，潼关的局势最为紧急。因此，李自成就改变了增援陕北的计划，而火速向潼关进军。从当时事态的全局而言，这个决定是正确的。因为潼关是陕西的大门，只要潼关不丢，局面就能够改观。能否守住潼关，在当时的确关系到大顺政权的生死存亡。只是来回奔波，耽误了许多时日，因而造成极大的被动。

这次战役的大致经过，《清实录》记载得比较详细。这年的十二月二十二日，清兵在距潼关二十里处安营扎寨，以等候红夷大炮的到来。二十九日，潼关战役正式开始。刘宗敏率农民军出战，结果失利，退回关内。此时家家户户都在热热闹闹过春节，两大敌对势力却在这里正进行着一场生死大决战。刘宗敏撤回关内后，稍事休整，次年的正月初四日，由刘芳亮再次率大顺军出击。依照李自成的计划，要尽快把清军击退，然后增援陕北，因此李自成到潼关后也主动发起进攻。但是，刘芳亮这次出战也如同刘宗敏一样，遭受了很大损失，退回关内。李自成看到刘芳亮也失败，遂"亲率马步军拒战"，志在必得。但清军早有防备，多铎"随调镶黄、正蓝、正白三旗兵，协力并进"。李自成的步兵首先被打败，骑兵随后也不得不退回关内。初五、初六这两天，李自成依然连续督军出战，但依然是都失败了。初九日，清军的红衣大炮运到，开始对潼关口进行猛烈轰击。在当时，这种红衣大炮威力特别大。李自成督众"凿重壕，立坚壁"，进行顽强抵抗。从初九日开始一连三天激战，双方损失都很惨重。到正月十二日，清军攻破了潼关，李自成率主力仓皇退回西安。马世尧率领七千大顺军伪降清军，想寻机东山再起，但他写给李自成的书信却被清兵截获，马世尧及其七千军士全部被清军杀死。

正当潼关战役激烈进行之时，北路清军在阿济格的率领下也在长驱南下。这时，李过和高一功依然顽强地固守榆林和延安。清兵发挥他们的特点，只留下少许降兵继续围攻，自己亲自统兵南下，火速向西安进击。这给李自成造成很大的威胁，一度使李自成进退失据。潼关本来易守难攻，李自成却连续不断地出关迎击，使大顺军遭到很大损失。在潼关失守后，李自成已意识到，丢失关中已成定局，只是个时间问题而已。在李自成于十三日返回到西安后，决定立即放弃西

安，经蓝田、商洛地区向河南和湖北交界地区撤退。从当时的情况而言，这是唯一的退路。是因为，四川已被张献忠控制，且在此之前曾和大顺军发生过许多小摩擦，马科不得不率领大顺军北撤，所以南下四川是不可能了。另一个选择就是向西北方向的甘肃、宁夏等地撤退。只是那里十分荒凉，人烟稀少，筹集粮饷更加困难。此外，湖北和河南交界地区依然大都处于大顺政权的控制之下，群众基础比较好，假若撤往甘肃、宁夏一带，势必造成与大后方的联系中断。所以，向河南和湖北交界地区撤退是唯一退路。

2. 放弃关中

在放弃西安时，李自成下令打开府库，"任军士分持去，仓廪则烧之"。李自成命令权将军田见秀断后，并命令他在最后撤离时把无法带走的粮草积蓄全部毁掉，以免被清军得到。但田见秀并没有完全按照李自成的命令办，只是"只烧东城一楼"，他认为"秦人饥，留此米活百姓"，所以只烧毁了一楼以应付。当他向李自成汇报时却说已全部烧毁了。李自成在当时也看到了城内的火光，因此就信以为真。田见秀的这种行为给大顺军留下了不可挽回的祸害，因为清兵到达西安把这些粮草据为己有，解决了粮饷问题，因而，清兵在西安并没有停止，而是马上就继续进击李自成了。可见，小小失误，往往造成无法挽回的败局。

李自成此次撤退所率领的只是大顺军主力部队和中央机构，总兵力大约十多万。这时李过和高一功仍率部拼死抵抗清兵。当他们得知李自成已撤离的消息，意识到孤军奋战难以支撑下去，于是撤退。他们集结在甘肃镇守的党守素部，然后一起经汉中南下四川，转而顺江东下，准备与李自成主力汇合。但是直到李自成牺牲后，这两大主力才汇合在一起。放弃关中是大顺政权的一次战略失误，此后的处境也越来越艰难了。

自西安建国到占领北京，在短短几个月的时间里，大顺政权控制的区域迅速扩大，整个华北地区几乎都在控制之内。由于局势发展迅速，大顺政权对这些地区的控制并不巩固，依然是形同虚设，有的州县只有一两个委派的官吏，没有军队驻扎，延用原明朝官员进行统治，大顺政权几乎是无法节制他们。有的地区虽有一些大顺政权派来的军队，但人数极少。尤其是当李自成在山海关战败后，一些地方官绅便都纷纷反叛，擒杀大顺政权官员，以作为向南明或清廷投降的见面礼。有的虽然反叛了大顺政权，但一时又找不到可靠的新主子，于是就据地称雄，独占一方，俨然一个个小军阀。这种反叛给李自成的大顺政权造成极大危害，就连李自成领导集团核心成员也有不少人发生动摇，以至于逃跑。

有些大顺政权的地方官还在没听到李自成战败的消息时，就被明朝旧官绅擒获。比如河南归德府知府桑开第，他由于守开封有功，被提升为归德知府。因为局势变化不定，他一直没有上任。当李自成在北京撤退后，大顺政权在归德的官员还不知道，而桑开第却已知道了这事，遂立即"由考城疾驱渡河。是夜，即部分兵吏驰州县，执诸伪官，皆获之。翌日献俘于文庙"，随即"献俘于南京"。大顺政权的归德知府贾士美等十人全被俘获。归德周围的许多州县也随之丢失。

一般而言，南京周围一些地方大都忠于南京福王政权，而靠近北京的地方则大都投降了清廷。当时，在南京的福王政权还拟定刑法，准备对投降大顺政权的官员分六等治罪，如宋企郊这样的降官竟然当上了大顺政权的吏政府尚书，罪不可赦，属立即斩首之列。第二等为"长系秋决"，第三等为"应绞拟赎"，第四等为"应成拟赎"，第五等为"应徒拟赎"，第六等为"应杖拟赎"。被列入六等的原明廷官员如果不叛降以立功赎罪，也就成了被别人擒获借以立功的对象。

随着清兵的大力推进和李自成的大溃退，再加上清廷对投降的原明朝旧官员一律委以旧任，所以许多明朝旧官员在反叛大顺政权后马上又投降了清廷。比如原明朝旧将董学礼，他原任宁夏花马池副将，投降李自成后被委以重任，沿运河南下，以招抚各地归降大顺政权。当他得知李自成从北京撤退的消息后，马上又转而投降了清廷，还是和以前替李自成招抚明朝官员那样，此时又积极招抚大顺政权的官员投降清廷。他致信大顺政权的宁夏节度使陈之龙，劝这位明朝旧官投降清廷。陈之龙当时待而未动，因为他还看不清当时形势的发展趋势如何，但当清军进入陕西后，他马上就率领大小官员投靠了清军。在他的影响下，原来一些抗击明廷十分顽强的官吏如牛成虎等也背叛了李自成，转而投降了清廷。当清兵进入陕西后，原明朝降将降官出现了一股降清的高潮。比如白广恩、马科、郑嘉栋等原明朝将领，在归顺李自成后都曾得到重用，这时却又都先后投降了清廷。这种状况不仅严重削弱了大顺政权的力量，同时也严重动摇了人们对大顺政权的信心。

在当时，可以说投降李自成的原明军将领几乎全部反叛，又都投降清廷。各地的旧官绅反叛大顺政权的更加普遍，这使得大顺政权防不胜防。比如在河北涿州，原明大学士冯铨和知州张锦等人在四月三十日发动反叛，杀掉大顺政权的官员。这正是李自成撤离北京的这一天。涿州位于北京附近，这里的反叛对大顺政权的波及就显得特别大。冯铨降清后得到重用，官至弘文馆大学士。在山东德州，明御史卢世㴶和明大学士谢升的弟弟谢陛等也发动反叛，杀死大顺政权的防御使阎杰等，共同推举一明宗室为盟主，号称济王，传檄山东和河北的附近州县各地，动员他们反叛。在曹州，明参将张成福等也发动反叛，杀死大顺政权的官员，拥立明户部尚书郭允厚，后来投降了清廷。在山东日照，明朝旧官绅发动反叛，杀掉大顺政权的日照县令王良翰，拥立原明廷知县孟佳士。像这样明朝旧官

绅反叛的事例举不胜举，他们都很快又脱离了大顺政权。

在这种形势下，李自成的核心成员也躁动不安起来。当李自成从西安撤退后，他的吏政府尚书原明朝降官宋企郊趁机逃跑。牛金星是李自成手下的第一文臣，但这时在大顺危难之际也趁机逃跑，后来由于得到他儿子牛佺的庇护才得以善终。这种情况不能不使李自成变得猜忌多疑起来，他如今不但要对敌作战，而且还要防备自己部下的叛逃，由此严重削弱了大顺军的战斗力。这也是李自成在撤离北京后迅速走向失败的一个重要原因。

3. 亡命湖北

当李自成从西安撤出时，命令贺珍代替马科驻防汉中。马科在前年于川北被张献忠的大西军曾经击败过，退回到汉中。李自成如此部署其用意也很清楚，就是想要贺珍接应李过和高一功，为北路军南下保留一条安全通道。此外，马科是明军降将，面对这一局面，李自成对马科不能不提防，因此就命贺珍取代他镇守汉中。李自成在正月十三日撤出西安，张献忠的大西军在正月十六日就发兵来抢夺汉中。所以，大顺军和大西军便在汉中又再次发生摩擦。大西军虽然在人数上占有绝对优势，但因为"轻敌驰前"，中了贺珍的埋伏，大西军仓惶而逃，主帅艾能奇被俘，其余退回成都。这样，北路大顺军的南撤就有了一条安全通道。据史籍记载，当时，面对大军压境的形势，李自成最初还想和张献忠联合抵抗清军。从这次冲突看来，这种联合已是不可能。这也正是导致这两大支农民军相继被清军消灭的重要原因。

李自成在正月十三日自西安撤退，"出东门，至蓝田，由商州龙驹寨走武关，以入襄阳"。李自成首先向东南方向撤退，但他并没有直接从武关奔襄阳，而是绕道先进入河南，经淅川、内乡到邓州，由邓州再南下襄阳。当李自成抵达内乡时，曾于此"歇马"，一则是为了作短时的休整，二则是为了等候北路大顺军的消息。但由于清兵尾随而至，北路清军也直逼而来，这种情况不允许李自成在内乡久留，最后李自成就撤往邓州，由邓州再退到襄阳。

李自成在襄阳也没有停留很长时间。他二月底到达，三月初即撤离，转移到承天、荆州、德安一带。由于大顺政权在这一带的基础较好，因而许多州县仍处在大顺政权的控制之下。李自成沿途收拢在这一带驻防的大顺军，使兵力得到一定的补充，势力有所加强。据清军统帅阿济格讲，李自成除了从西安带来的人员外，"并湖广襄阳、承天、荆州、德安四府所属各州县原设守御贼兵，共计二十万"。李自成将这些守御地方的大顺军收编起来，目的是扩大力量，一起南撤，以躲避防御清兵的追赶。由阿济格率领的北路清军进军十分迅速。他的任务本来是进攻陕西，因为他在内蒙一带征集马匹，耽误了时间，阿济格为此受到多尔衮的训斥，同时多铎攻破西安。这样，阿济格为了立功赎过，从进入陕北后就火速南下，分兵围攻榆林和延安，自己亲率主力南下追击李自成。而多铎率领的那支清军则回头去进攻南明。在阿济格的追击下，李自成几乎没有一丝喘息的机会。他意识到襄阳无法坚守，所以就将这里的守御兵也收编起来，一起南撤。此时，守德安的大顺军将领是白旺，"兵甚强，且有纪律，能得其下心……一军完且整。兼各寨俱服，而德安城坚，旺谋守之，不肯去。自成固强之，始行"。由此可以看出，李自成已是决定放弃湖北北部的大片土地，以集中优势兵力向南方发展。同时也可以看到，李自成此时的自信心已遭受到严重的创伤。在撤退过程中，他和阿济格率领的清军激战无数次，希望能扭转被动局面，但结果都是以失败而告终，且损失惨重。

当三月初李自成大军到达承天时，镇守武昌的左良玉曾向南京的福王政权紧急告急。由此可以看出，此时左良玉尚没有与福王政权闹翻之意。三月初九日，李自成率大顺军抵达潜江，声称要攻打武昌，因此使得左良玉大为恐慌。在长期的角逐中，左良玉是逢李必败，几乎没有得到什么便宜，所以打心眼里害怕李自成，而对付张献忠他就显得特别有办法，又几乎是逢张必胜。所以，张献忠也一直把左良玉当为劲敌，尽量避免与他发生摩擦。这也就成了左良玉的一个重要资本。在当时，可以说左良玉的这支军队是南明政权中最得宠的一支部队，有着相当强的战斗力。只是，当他一听到李自成率兵来夺取武昌的消息后，心里非常害怕。为了不与李自成发生正面冲突，他就以"清君侧"和救太子为旗号，率兵顺流东下，直逼南京。

左良玉为什么如此做呢？原来，南京福王政权的大权实际上是把持在马士英和阮大铖手里。他们本来都属于阉党集团，此时他们要为以前被崇祯帝定为"逆案"中的人员翻案，想方设法地打击东林党和复社中的人士。而左良玉则和东林党人关系密切，因此对马、阮等人十分不满。监军御史黄澍是东林党人，他极力劝导左良玉讨伐马、阮等阉党集团。此时左良玉身体欠佳，常常得病，因此一时不敢轻举妄动。当听说李自成的大顺军要直逼武昌时，左良玉才决心挥兵东进，其口号是要救太子，清除皇帝身边的奸臣。

当时在南京发生了"伪太子案"。有一个年青人从北京到杭州，又到金华，说自己是死里逃生的崇祯皇帝的太子。如果是事实的话，他将是明朝皇统的正式继承人，南明政权就应该拥立他为皇帝。此时在南京继位的是福王朱由崧，年号弘光，史称南明福王政权。福王听说这件事后十分震惊，立即派人把这个年青人带到南京，然后投入监狱，说他假冒太子，对他施以重刑，想把他害死。南明朝野上下对此事议论纷纷，多数大臣认为是假皇太子，少数大臣则不明确表示自己的态度，一些内侍则认为是真的，但慑于福王的威权，而"莫敢相剖"。但是，当时南京的市民多称是真太子。这件事与朋党之争又掺和在一起，因而就变得愈加复杂化，许多曾遭马士英、阮大铖排斥的在外武将都扬言太子是真的。南明廷为这事特别伤脑筋，一时不敢把这个年青人草率处死。这就给左良玉提供了一个起兵借口，以"奉太子密旨"诛杀权奸马士英为名，在三月下旬大举进兵，顺流东下，放弃了武昌城。一个月后，李自成的大顺军不费一兵一卒就进入武昌。由于当时阴雨连绵，道路泥泞不堪，大顺军中的大量随军家属，老弱病残居多，这给行军造成极大的困难。李自成原想在武昌休整一段时间，他甚至还对附近州县委任了大顺政权的官员。但是，由于清兵进击神速，李自成在武昌仅仅停留了两天，于四月二十四日就顺流东下，向九江转移。

武昌地理位置十分重要，是个著名的军事重镇。李自成刚刚到达武昌时，他就想把武昌作为根据地，在这里据守，所以命令田见秀等率农民军迎击尾随而至的清兵，只是很快便失败了。面对具有如此强大攻势的清军，李自成意识到无法在武昌立足，为了尽快摆脱清军，决定马上撤离武昌城。至于大顺军到底该撤往什么地方，就当时的形势而言有两种，一是顺江东进，二是南下。据《绥寇纪略》等史书记载，李自成当时曾说："西北虽不定，东南讵再失之！"由此可见，李自成的确有想在东南地区求得新发展的念头。应如何实现这一战略目标呢？是从水路沿江东进呢？还是直接从陆路南下湖北、湖南与江西交界地区呢？鉴于左良玉一军已撤到九江东，并且对李自成的大顺军又有畏惧心理，同时李自成在武昌还控制了许多船只，所以李就决定先顺江东进，直逼九江。一直尾随身后的清军统帅阿济格曾讲道："流贼李自成……共计二十万，声言欲取南京，水陆并进。我兵亦分水陆二路蹑其后，追及于……武昌、富池口、桑家口、九江等。"从阿济格的话中可以看出，李自成率领大顺军的确是从武昌先东进九江。

当李自成率部队撤退到富池口时，清兵赶了上来，两军短兵相接，大顺军损失十分惨重。据史料记载，李自成在武昌战败后，清军将领哈宁噶"乘胜蹑击，至富池口，侦知贼营，施简精锐，直逼自成庐账。自成势蹙，投其妾三人于江，潜越富池口而遁。"富池口毗邻江西，是沿江军事要地。李自成在这次战斗中几乎没进行有效的抵抗，就仓促撤往九江西。清兵依然马不停蹄地尾随农民军身后，一点喘息的时间也不给，李自成不得不随之放弃九江西，转而向西南方向撤去。总体而言，大顺军自从武昌撤出以后，虽曾对清军进行过几次反击，但都是以失败而告终，大将刘宗敏和军师宋献策也被清军俘获后杀掉。尽管如此，李自成从九江西转而向西南方向撤退，应该说还是有他的策略的。

九江地处湖北、江西和安徽三省交汇处，是当时著名的军事要地。左良玉抵达九江后没过多久，就由于忧惧、烦闷，引起旧病突发，"呕血数升"而死。他的儿子左梦庚接替左良玉之职带领其众，驻扎在九江东，此后，攻城略地，很快占领了江西和安徽交界处的许多州县。李自成率领大顺军移师九江西后，不敢在此地久留，于是掉头南下，向江西和湖北交界地区转移。从此时的形势而言，李自成正处于前后夹击的危险境地。在他的后面有尾追而至的清兵，前面有左梦庚率领的明军，这股力量也不容忽视，李自成现在很难一举将其消灭。如果不能迫使左军投降，即使将他攻破，自己也会遭受很大损失，那么就对于摆脱清兵的追击起不到任何好处。还有，李自成迅速撤离九江，走出这个夹缝，就可以使清兵和左兵相遇，这样就有可能引起清兵和左兵的冲突。如果真的能这样，李自成就可以得到一个喘息的机会，趁机在南方求得新的发展，壮大自己的力量，以图东山再起。从策略上来说，李自成这样部置是有道理的。但是，事情的发展却使李自成始料不及。当清兵到达后，左梦庚不仅没有对清兵进行任何抵抗，却"偕澍以众降于九江"。于是，李自成的这一计划又落空了。这就使得李自成的境地更加困难。

顺治二年（1645年）夏天，中国政治舞台上几大军事集团都云集在长江中下游，进行殊死的较量，而占绝对优势的则是清兵。多铎统率的清军已在四月二十五日攻克扬州，史可法殉难，南明的福王政权已朝不保夕。李自成此时已处于十分被动的境地，他转而折向西南方向的通山县进击，企图打破这种被动局面。但由于李自成连遭败绩，无数船只都被清军夺走，部下也已散亡过半。

李自成率部退到通山县东南的九宫山一带。此时正值盛夏季节，酷暑难耐，再加之疾病肆掠，农民军的士气尤为低落。此时最大的困难就是军饷的筹措问题，大批人马集中在这一小小山区，打粮特别困难，打粮的士兵还屡屡遭到乡勇的袭击。有些人实在忍受不了，就偷偷地投降了清军。

阿济格率领清军尾随而至，对农民军展开了大规模围攻。这一战役清初一些将领的传记中有记载。比如，在阿积赖的传记中就有，他"随英亲王阿济格……追击自成于武昌，屡破贼垒。闻自成窜入九宫山，复搜剿之，翦其党甚众"。达素也是当时重要将领之一，他率众"直前冲杀，自成奔九宫山，复同尚书觉罗巴哈纳追至山顶败之，获马一百三十匹"。此时李自成的部下

已是士气不振，几乎已没有任何战斗力，连遭败绩。他的两个族叔被清军俘虏，养子张鼐的妻子也成了清军俘虏。跟随自己征战多年的大将也损失殆尽，这一切都对李自成的信心造成很大伤害。

清顺治二年（1645年）五月初的一天，李自成率领几个随从越过九宫山岭时，遭到许多乡勇的袭击，最后他和随从被冲散。李自成一人来到小月山的牛脊岭，结果被乡勇程九伯等人打死。当时他们还不知道这个人是谁，后来才发现，这个被打死的人原来就是赫赫有名的闯王李自成。至此，李自成戎马倥偬的一生到此就结束了，中国历史上硝烟弥漫的明末农民大起义也同时彻底退出了历史的舞台。